Erfolgreiche Existenzgründung

Norman Rentrop

# ERFOLGREICHE EXISTENZGRÜNDUNG

Unter Mitarbeit von Bärbel Petry

FALKEN TaschenBuch

Im FALKEN TaschenBuch sind zahlreiche Titel zum Themengebiet erschienen.
Bitte fragen Sie in Ihrer Buchhandlung.

Dieses Buch wurde auf chlorfrei gebleichtem
und säurefreiem Papier gedruckt.

Der Text dieses Buches entspricht den Regeln
der neuen deutschen Rechtschreibung.

Originalausgabe
ISBN 3 635 60285 X



**Umschlaggestaltung:** Zembsch' Werkstatt, München
**Redaktion:** dm druckmedien, München / Sabine Weeke
**Herstellung:** dm druckmedien, München / Beate Müller-Behrens
**Titelbild:** Comstock, Berlin
**Druck:** Neuwieder Verlagsgesellschaft mbH, Neuwied



817 2635 4453 6271

# Inhalt

# Vorwort

Ein Unternehmen gründen kann in Deutschland so gut wie jeder. Sie gehen einfach zu Ihrer Gemeindeverwaltung und melden Ihr Gewerbe an – für die meisten Gewerbe brauchen Sie nicht einmal eine Genehmigung. Schon sind Sie Unternehmer. Können Sie aber mit Ihrer neuen Firma auch Ihre Existenz sichern? Wie werden Sie also ein erfolgreicher Unternehmer? Erfolgreiche Geschäftsideen gibt es viele. Allein in meiner Zeitschrift „Die Geschäftsidee“ finden Sie in jeder Ausgabe Dutzende von erprobten Unternehmenskonzepten. Warum sind diese Unternehmer so erfolgreich, und warum scheitern viele andere, die ebenfalls eine Vision haben? Sind die Erfolgreichen vielleicht einfach nur „Glückskinder“, die den richtigen Zeitpunkt oder den passenden Standort erwischt haben? Oder kann man Unternehmenserfolg vielleicht planen und zumindest die ärgsten Risiken ausschließen?
Ich will es Ihnen sagen: Neben der guten Idee kommt es vor allem auf das richtige Handwerkszeug an. Damit Ihre Geschäftsidee tragfähig ist, müssen Sie beispielsweise wissen,

- ob Sie sich überhaupt zum Unternehmer eignen,
- wer Sie richtig berät,
- worauf es bei Steuern und Finanzierung ankommt,
- wo Sie besonders viel Geld sparen können, und vor allem:
- wie Sie Ihre Produkte und Leistungen überhaupt an den Mann beziehungsweise die Frau bringen.

Jeder Mensch hat andere Neigungen und Fähigkeiten, seine besonderen Stärken und Schwächen. Und nicht jeder verfügt über dasselbe Startkapital. Deshalb kann Ihnen dieses Buch auch keinen „Fahrplan“ für Ihre Existenzgründung liefern, sondern nur einzelne Schritte darstellen und Ihnen wichtige Tipps geben.
Auch wenn Sie Ihr eigenes Unternehmen vielleicht erst in einigen Jahren gründen wollen, sollten Sie aber jetzt schon mal schnuppern, was dabei auf Sie zukommen wird. Und selbst wenn Sie zu dem Schluss kommen, dass die Selbständigkeit doch nicht das Richtige für Sie ist, war die Lektüre ein Gewinn. Denn sie hat Ihnen dabei geholfen, eine Menge Geld und Nerven zu sparen.
Viele Geschäftsideen können Sie neben Ihrem Beruf starten. Erst wenn Sie sehen, dass Ihr Laden läuft, steigen Sie hauptberuflich ein. Oder Sie verdienen sich dauerhaft ein Zusatzeinkommen. Dabei ist es gar nicht so aussichtsreich, sich in etablierten Branchen selbständig zu machen, wie es manchmal den Anschein hat. Wer hätte beispielsweise noch in den siebziger Jahren gedacht, dass es heute der Uhrenindustrie so schlecht geht? Oder der Textilbranche? Oder den Mittelklasse-Restaurants? Ein

Strukturwandel vollzieht sich meist recht plötzlich. Wählen Sie deshalb lieber eine junge zukunftsträchtige Branche. Und bleiben Sie ständig am Ball, um Ihr Unternehmen rechtzeitig neuen Trends anpassen zu können. Erfolgreiche Unternehmer schaffen sich beizeiten ein „zweites Bein", um für alle Fälle gerüstet zu sein.

Es geht also nicht nur darum, Ihr Unternehmensschiff bei Schönwetter richtig zu steuern, sondern ich sage Ihnen auch, wie Sie selbst in stürmischen Gewässern Kurs halten. Dabei wünscht Ihnen recht viel Tatkraft und unternehmerischen Erfolg

Ihr Norman Rentrop

# So erkennen Sie Ihre Gründungschancen

## Worauf es bei Ihrer Existenzgründung ankommt

Eines gleich vorweg: Es gibt kein Unternehmenskonzept, das für alle gleichermaßen geeignet ist. Denn jeder Mensch bringt andere Fähigkeiten und Voraussetzungen für seine Selbständigkeit mit. Der eine verfügt über umfangreiche Computerkenntnisse, der andere über gute verkäuferische Talente. Der eine hat etwas gespart und gute Kontakte zur Bank, der andere will zunächst einmal nebenberuflich beginnen, um das fehlende Kapital für seinen hauptberuflichen Start zu verdienen. Der eine hat bereits ein florierendes Unternehmen und sucht eine Geschäftsidee für das freiwerdende Ladenlokal nebenan, der andere hat bereits viel verdient und will sein Geld in einem rentablen „zweiten Standbein" anlegen ...

Wollen Sie eine Geschäftsidee verwirklichen, wird das daher immer zu Ihrer ganz persönlichen Angelegenheit. Wie Sie auch zu Ihrer Geschäftsidee kommen – entwickeln Sie Ihr ganz eigenes Unternehmenskonzept.

**TIPP**

Entscheidend dabei ist, dass Sie die Grundprinzipien erfolgreicher Unternehmer auf Ihre Möglichkeiten übertragen.

Denken Sie dabei auch einmal über Branchengrenzen hinweg: Was sich in anderen Geschäftszweigen bewährt hat, kann auch für Sie erfolgreich sein. Und wenn Sie der erste in Ihrer Branche sind, haben Sie einen entscheidenden Wettbewerbsvorteil.

Nehmen Sie zum Beispiel das Unternehmenskonzept „Autoversteigerung". Auch wer mit Autos nichts im Sinn hat, sollte erkennen: Das Versteigerungsprinzip, bisher fast nur vom Kunst- und Antiquitätenmarkt bekannt, wurde hier auf eine völlig andere Ware, nämlich Gebrauchtfahrzeuge, übertragen. Wenn dieses Prinzip aber sogar im Gebrauchtwagenmarkt funktioniert, könnte es doch auch in anderen Branchen für frischen Umsatzschwung sorgen, so wie für einen Berliner Unternehmer, der Schallplatten-Oldies versteigert. Zumindest testen könnten Sie es ja einmal. Hohe Kosten laden Sie sich mit einem solchen Test nicht auf, aber er bietet Ihnen die Möglichkeit, der Konkurrenz eine Nasenlänge voraus zu sein.

Jedes Jahr werden Tausende von Geschäftsideen ausprobiert, doch nicht alle sind erfolgreich. Und meist sind es nicht die, über die man jeden Tag in der Zeitung liest. Die meisten erfolgreichen Geschäftsideen zielen auf Marktlücken – unauffällig und für Außenstehende nur schwer zu erkennen.

Was diese Geschäftsideen für Sie interessant macht: Sie sind bereits erfolgserprobt.

### Wie Sie Ihre Risiken verringern

Ein wichtiges Merkmal unternehmerischen Handelns ist das Risiko. Viele Unternehmer scheitern, weil sie ihre Risiken nicht kennen oder falsch einschätzen. Scheuen Sie sich nicht, immer mal wieder zu fragen: Was würde mit meiner Firma passieren, wenn

- nur 80 Prozent meiner angenommenen Kunden kommen?
- meine Kunden durchschnittlich erst nach sechs anstatt wie angenommen schon nach vier Wochen bezahlen?
- mein Geschäft so floriert, dass ich größere Geschäftsräume benötige?

### Der Unternehmenstest

Ein wichtiges Mittel zur Risikominderung ist der Test: Es gibt kein Unternehmen, das zuviel testet, jedoch viele, die das zuwenig tun. Bereits bei Ihrer Gründung können Sie testen:

- die mögliche Nachfrage: Sprechen Sie mit anderen Unternehmern in Ihrer Gegend über Ihre Geschäftsidee. Stellen Sie auch über eine Anzeige in Ihrer Tageszeitung und im Mitteilungsblatt Ihrer IHK fest, welche Resonanz Ihr Angebot hat.
- Ihre Werbung: Schalten Sie in einigen Tageszeitungen bzw. Fachzeitschriften Kleinanzeigen, um den potentiellen Absatzmarkt für Ihr Angebot auszuloten. Messen Sie, welcher Werbeträger den größten Erfolg hat. Geben Sie dazu im Coupon unterschiedliche Kennziffern an oder schreiben Sie in Ihrer Anzeige: „Sprechen Sie mit Frau Müller", beziehungsweise „Fragen Sie nach Frau Bauer". So erkennen Sie, aus welcher Informationsquelle die Interessenten von Ihrem Angebot erfahren haben.

### Wie können Sie sinnvoll testen?

- Kaufen und nutzen Sie das Produkt, das Sie anbieten wollen, selbst. Das klingt selbstverständlich, aber viele Gründer sprechen von Produkten oder Leistungen, deren Stärken und Schwächen sie nicht persönlich kennen.
- Zeigen Sie Ihr Produkt anderen, beispielsweise Ihren Freunden und Bekannten, und fragen Sie sie nach Ihrer Meinung. Wichtig sind dabei die richtigen Fragen, also nicht: „Was hältst du von diesem Allesschneider?" oder: „Glaubst du, dass man mit diesem Allesschneider ein gutes Geschäft machen kann?" Sondern konkret: „Wieviel wäre dir ein solcher Allesschneider wert, 40 oder 50 Mark?"
- Befragen Sie mögliche Kunden. Das Verkaufen unterscheidet den Unternehmer vom Erfinder. Ob Ihnen das unternehmerische Verkaufen überhaupt liegt, können Sie beim Befragen hervorragend ausprobieren. Nutzen Sie dabei Ihren Status als Unternehmensgründer als Verkaufsargument: Geben Sie Ihren Kunden einen Grund, warum sie gerade bei Ihnen kaufen sollen. Ein niedriger Preis allein macht sie nur stutzig; sie wollen vielmehr wissen, warum Sie preiswerter sein können als andere Anbieter. Räumen Sie ihren Vorbehalt aus, sie müßten den niedrigeren Preis mit schlechterer Qualität bezahlen. Sagen Sie Ihren Kunden daher, dass Sie als Gründer mehr

leisten müssen, um überhaupt ins Geschäft zu kommen.

- Produzieren Sie einen Prototyp, bevor Sie in hohen Auflagen Ihrer technischen Neuerung schwelgen. So stellen Sie fest, ob sich Ihr Produkt überhaupt mit vernünftigem Aufwand herstellen läßt. Auch bei Befragungen erzielen Sie ein aussagekräftiges Ergebnis, wenn Sie etwas zum Anfassen vorzeigen können.

### Warum Gründer scheitern

Machen Sie nicht die Fehler zahlreicher Unternehmer, die ihre Risiken nicht im Griff haben und trotz einer guten Geschäftsidee scheitern. Das Bundeswirtschaftsministerium hat soeben sieben entscheidende Fehler erfolgloser Unternehmer ermittelt. Die Ursachen treten einzeln oder gemeinsam auf. Die Werte gelten vor allem für junge Unternehmer, denn rund 44 Prozent müssen bereits in den ersten fünf Jahren wieder aufgeben. Die wichtigsten Gründe für Unternehmenspleiten sind:

| | |
|---|---|
| 1. Finanzierungsmängel: | 68,6 Prozent |
| 2. Informationsmängel: | 61 Prozent |
| 3. Qualifikationsmängel: | 48 Prozent |
| 4. Planungsmängel: | 30 Prozent |
| 5. Familienprobleme: | 29 Prozent |
| 6. Überschätzung der betrieblichen Leistungen: | 21 Prozent |
| 7. Äußere Einflüsse: | 15,4 Prozent |

### Wer sich zum Unternehmer eignet

Ob Sie zur unternehmerischen Selbständigkeit geeignet sind, können Sie nicht nur auf dem Papier feststellen. Auch die Aussagen von Gründungsberatern, Psychologen, Freunden und Bekannten liefern Ihnen Anhaltspunkte. Denken Sie daran bei Ihrer kritischen Selbstprüfung. Prüfen Sie vor allem, ob andere das Bild teilen, das Sie von sich selbst haben. Die Entscheidung, ob Sie sich zum Unternehmer eignen, kann jedoch schließlich nur der Markt treffen.

Viele Menschen versuchen ihren unternehmerischen Erfolg vorherzubestimmen. Die einen behaupten, es komme nur auf die Branchenerfahrung an: Nur wer vorher viele Jahre in einer Branche tätig gewesen sei, könne Erfolg haben. Andere meinen, es gehe vor allem um die Kapitalausstattung: Nur wer genügend Startkapital habe, könne als Unternehmer im harten Wettbewerb bestehen. Wieder andere behaupten, es komme allein auf die zündende Geschäftsidee an: Unabhängig von persönlichen Voraussetzungen und Fähigkeiten müsse jemand mit der richtigen Geschäftsidee einfach erfolgreich sein.

Erfolg hängt jedoch vom Zusammenspiel mehrerer Faktoren ab. So ist Erfahrung in der Branche, in der Sie sich selbständig machen wollen, sicher vorteilhaft, denn Sie kennen bereits mögliche Kunden und können gute von weniger guten Lieferanten unterscheiden. Diese Erfahrungen dürfen Sie jedoch nicht betriebsblind machen, sondern müssen Ihnen dazu verhelfen, aus dem Erlebten Schlüsse zu ziehen, um die Fehler der anderen zu vermeiden.

Auch Kapital spielt bei der Unternehmensgründung sicher eine bedeutende Rolle: Je mehr Startkapital Sie haben, desto mehr Fehler können Sie sich leisten. Und auch die Banken handeln meist nach dem Motto: Wer hat, dem wird gegeben. Überraschend ist dagegen das Ergebnis einer neuen Untersuchung des Instituts für Mittelstandsforschung in Bonn, wonach erfolgreiche Gründer mit weniger Kapital begonnen haben als gescheiterte. Geld allein schafft also noch keinen Erfolg, denn wer wenig Geld hat, muss sich eben umso mehr anstrengen.

Ihre persönlichen Fähigkeiten und Ihr Engagement stellen ebenso ein wichtiges Kapital dar. Die beste Geschäftsidee nützt Ihnen nichts, wenn Sie sie nicht mit persönlichem Einsatz, mit Fähigkeiten, Verstand und zur richtigen Zeit umsetzen. Daher erzielen nicht zwei Gründer mit demselben Konzept das gleiche Ergebnis.

## CHECKLISTE

**Testen Sie Ihre unternehmerischen Eigenschaften mit 14 Fragen**

- Setze ich mir gern selbst Ziele und verfolge diese auch ohne Druck unbeirrt weiter?
- Kann und will ich in den ersten Jahren auf ein regelmäßiges und stabiles Einkommen verzichten?
- Will ich zumindest in den ersten Jahren meiner Selbständigkeit wöchentlich 60 Stunden und mehr arbeiten?
- Bin ich bereit, für mindestens zwei Jahre weitgehend auf Urlaub, Freizeit und Familienleben zu verzichten?
- Unterstützt mein(e) Ehepartner(in) meine berufliche Selbständigkeit in vollem Umfang?
- Kann mein(e) Ehepartner(in) notfalls für eine gewisse Zeit für den gemeinsamen Lebensunterhalt sorgen?
- War ich in den letzten Jahren immer körperlich fit und leistungsfähig?
- Habe ich auch in Stresssituationen noch brauchbare Lösungen vor Augen?
- Werde ich als Selbständiger ruhig schlafen können, ohne mich ständig von den Unsicherheiten meiner unternehmerischen Existenz verfolgen zu lassen?
- Passt meine Berufsausbildung und/oder meine praktischen Erfahrungen zu meiner unternehmerischen Idee?
- Habe ich eine kaufmännische Ausbildung und/oder Erfahrungen in kaufmännischen Tätigkeiten?
- Verfüge ich über Erfahrungen in der Arbeitsorganisation und im Führen von Mitarbeitern?
- Kenne ich mich mit Fragen des Vertriebs gut aus?
- Reicht meine finanzielle Basis aus, damit ich mein Vorhaben nicht in vollem Umfang von Banken oder anderen Kapitalgebern abhängig machen muss?

# So sollte Ihr Gründerfahrplan aussehen

### Welche Fragen Sie sich selbst unbedingt vorab stellen sollten

Führen Sie bereits vor Ihrer Gründung einen Selbsttest durch, um festzustellen, ob Sie sich wirklich zum Unternehmer eignen. Bringen Sie dieVoraussetzungen mit, ein Unternehmen erfolgreich aufzubauen und zu führen?

**WICHTIG**

Für den optimalen Start zum eigenen Unternehmen gibt es kein Patentrezept, denn jeder Unternehmer beginnt seinen Weg mit anderen Voraussetzungen.

Auch wir können Ihnen daher kein komplettes Rezept für Ihre Selbständigkeit liefern. Das können Sie nur selbst entwickeln, am besten zusammen mit einem Berater. Unsere Checklisten helfen Ihnen aber dabei, nichts Wichtiges zu vergessen.

### So kommen Sie in zehn Schritten zur Selbständigkeit

Schritt 1: Unternehmenskonzept entwickeln
Schritt 2: Rentabilitätsplan erstellen
Schritt 3: Kapitalbedarf bestimmen
Schritt 4: Eigenkapital ermitteln
Schritt 5: Fremdmittel einbauen
Schritt 6: Liquiditätsplan aufstellen
Schritt 7: Rechtsform klären
Schritt 8: Unternehmen anmelden
Schritt 9: Kunden gewinnen und pflegen
Schritt 10: Mitarbeiter einstellen

### Schritt 1: Unternehmenskonzept entwickeln

Hat Ihr unternehmerisches Vorhaben Zukunft? Haben Sie sich vor Ihrer Unternehmensgründung umfassend informiert und wollen nicht nur einem Modetrend nachlaufen? Sichern Sie Ihre Geschäftsidee mit folgenden elf Fragen ab:

- Kann ich meine Geschäftsidee genau beschreiben?
- Kenne ich den Hauptnutzen meines geplanten Angebots?
- Kann ich einen zusätzlichen Nutzen bieten, der mein Angebot von dem der Konkurrenz abhebt?
- Kenne ich die Größe meines möglichen Marktes?
- Kenne ich meine Kunden und deren Wünsche?
- Weiß ich, mit welcher Werbung ich meine Kunden erreichen kann?
- Kenne ich meine wichtigsten Mitbewerber und deren Preise für vergleichbare Waren und Leistungen?
- Kann ich meine Leistungen preisgünstiger anbieten als die Konkurrenz?
- Eignet sich mein geplanter Standort für meine Geschäftsidee?
- Habe ich Verbindungen zu zuverlässigen Partnern wie Lieferanten, Herstellern oder Großhändlern?
- Wird mein Angebot auch in Zukunft nachgefragt werden?

### Schritt 2: Rentabilitätsplan erstellen

Vorab gleich eines: Die Gründung einer selbständigen Existenz lohnt sich nur, wenn Sie auf Dauer ausreichend Gewinn erwirtschaften. Das können Sie durch eine Rentabilitätsvorschau ermitteln, die mindestens Ihre ersten drei Geschäftsjahre umfasst. Denn das dritte Jahr ist besonders kritisch, weil Sie hier bei zinsgünstigen Krediten aus öffentlichen Förderprogrammen meist mit der Tilgung beginnen müssen. Das lässt Ihre finanziellen Belastungen sprunghaft ansteigen. Rechnen Sie sich also aus, ob sich der Einsatz von Geld und Arbeit wirklich lohnt. Fragen Sie am besten bei den zuständigen Kammern und Verbänden nach Erfahrungswerten und Branchenzahlen.

Können Sie also mit Ihrer Firma Ihre Existenz sichern? Berechnen Sie zunächst auf einem Blatt Papier Ihre privaten Ausgaben pro Jahr. Um ganz sicher zu sein, sollten Sie dazu einige Monate lang genau Buch über Ihre Ausgaben führen (und eventuell gleich Einsparungen vornehmen).

Nehmen Sie sich einen Bleistift und tragen Sie die Summe ein. Diesen Betrag müssen Sie mindestens verdienen, um Ihren *Lebensunterhalt* – und möglicherweise den Ihrer Familie – zu sichern:

.....................................................................

Ermitteln Sie nun, wieviel Sie mit Ihrem Unternehmen mindestens erwirtschaften müssen, um Ihre *privaten Kosten* zu decken. Seien Sie auch hier bei der Schätzung Ihres Gewinns vorsichtig und kalkulieren Sie Ihre Kosten mit etwas Polster. Ihr Gewinn muss diesen Jahresüberschuss deutlich übersteigen:

#### Berechnung des Jahresüberschusses

| | |
|---|---|
| **Erwarteter Umsatz** | .................... |
| ./. Wareneinsatz | .................... |
| = **Rohgewinn I** | .................... |
| ./. Personalkosten: | |
| Löhne/Gehälter | .................... |
| Weihnachtsgeld | .................... |
| Urlaubsgeld | .................... |
| Vermögenswirksame Leistungen | .................... |
| *(Übertrag)* | .................... |
| = **Rohgewinn II** | .................... |
| ./. Sachgemeinkosten: | |
| Miete, Pacht, Heizung | .................... |
| Gas, Wasser, Strom | .................... |
| Versicherungen, Steuern, Beiträge | .................... |
| Fahrzeugkosten | .................... |
| Werbung, Reisekosten | .................... |
| Repräsentation | .................... |
| Instandhaltung von Maschinen, Geräten | .................... |
| Bürobedarf, Telefon | .................... |
| Steuerberater, Buchführung | .................... |
| Zinsen | .................... |
| Abschreibungen | .................... |
| = **Jahresüberschuss** | .................... |

### Schritt 3: Kapitalbedarf bestimmen

Berechnen Sie jetzt Ihren Kapitalbedarf nach folgendem Schema:

| Berechnung des Kapitalbedarfs | |
|---|---|
| **Langfristige Investitionen** | |
| Grundstücke und Gebäude | .................. |
| Umbaumaßnahmen | .................. |
| Maschinen und Geräte | .................. |
| Geschäfts-/Ladeneinrichtung | .................. |
| Fahrzeuge | .................. |
| = **Gesamt I** | .................. |
| + **Kurzfristige Investitionen** | |
| Material- und Warenlager | .................. |
| Mietkaution und -vorauszahlung | .................. |
| = **Gesamt II** | .................. |
| + **Betriebsmittel** | |
| Personalkosten | .................. |
| Büro- und Verwaltungskosten | .................. |
| Miete/Pacht | .................. |
| Zinsen | .................. |
| Außenstände | .................. |
| = **Gesamt III** | .................. |
| + **Gründungskosten** | |
| Beratungskosten | .................. |
| Anmeldungen/Genehmigungen | .................. |
| Eintragung ins Handelsregister | .................. |
| Notarkosten | .................. |
| = **Gesamt IV** | .................. |
| **Gesamt IV (Übertrag)** | .................. |
| + **Reserve für Unvorhergesehenes** | .................. |
| + **Privatentnahmen** | .................. |
| = **Gesamter Kapitalbedarf** | .................. |

### Schritt 4: Eigenkapital ermitteln

Prüfen Sie alle Quellen für mögliche Eigenmittel. Ihr Eigenkapitalanteil sollte mindestens 20 Prozent Ihres Gesamtkapitals betragen, damit Sie finanzielle Engpässe vermeiden und Ihren Geldgebern gegenüber kreditwürdig sind. Stellen Sie die fünf wichtigsten Bestandteile Ihres Eigenkapitals zusammen:

| Berechnung des Eigenkapitals | |
|---|---|
| Eigene Ersparnisse | .................. |
| + Weitere kurzfristig verfügbare Kapitalanlagen | .................. |
| + Verwandtendarlehen zu günstigen Konditionen | .................. |
| + Sachmittel (Maschinen, Werkzeuge, Fahrzeuge und anderes) | .................. |
| + Eigenmittel eines oder mehrerer Partner | .................. |
| = **Gesamtes Eigenkapital** | .................. |

### Schritt 5: Fremdmittel einbauen

Die fünf wichtigsten Kreditarten sind:

- *Investitionskredit:* Dieser dient zur Finanzierung Ihres Anlagevermögens, also von Grundstücken, Gebäuden, Maschinen und Fahrzeugen.
- *Kontokorrentkredit:* Diesen sollten Sie nur für die kurzfristige Finanzierung einsetzen. Vereinbaren Sie mit Ihrer Hausbank einen Kreditrahmen in der Höhe von mindestens einem geplanten Monatsumsatz.
- *Lieferantenkredit:* Sie müssen Waren nicht sofort bezahlen, sondern haben ein Zahlungsziel von meistens 30 Tagen.
- *Leasing:* Dabei mieten Sie Investitionsgüter auf Raten. Lösen Sie den Vertrag nicht vorzeitig auf, gehen die Güter in Ihren Besitz über. So bleiben Sie liquide, haben jedoch in der Regel höhere Kosten für alle Leasingraten als beim Sofortkauf.
- *Öffentliche Fördermittel* beantragen Sie über Ihre Hausbank. Stellen Sie den Antrag immer vor Beginn Ihres Vorhabens.

**CHECKLISTE**

**So vermeiden Sie die typischen Finanzierungsfehler: Können Sie die folgenden fünf Fragen mit „Ja" beantworten? Haben Sie**

- genügend Eigenkapital?
- mit Ihrer Hausbank über Ihr Vorhaben gesprochen?
- sich über öffentliche Finanzierungshilfen informiert?
- Ihren Kapitalbedarf gründlich geplant?
- sich nicht durch scheinbar günstige Kapitalangebote beirren lassen?

### Schritt 6: Liquiditätsplan aufstellen

Damit stellen Sie fest, ob Sie jederzeit Ihre laufenden Kosten decken können. Stellen Sie Ihre Einnahmen und Ausgaben einander gegenüber und ermitteln Sie so Ihre voraussichtliche monatliche Über- oder Unterdeckung.

### Schritt 7: Rechtsform klären

Welche Rechtsform Ihres Unternehmens hat für Sie welche persönlichen, finanziellen, steuerlichen und rechtlichen Folgen? Lassen Sie sich hier unbedingt von einem Rechts- und Wirtschaftsexperten beraten. Stellen Sie sich vorab sechs entscheidende Fragen:

- Kann ich ausreichend viel Eigenkapital aufbringen?
- Ist mein Vorhaben risikoreich?
- Will ich mein Unternehmen allein betreiben?
- Will ich allein entscheiden?
- Will ich über die Rechtsform ein hohes Ansehen erzielen?
- Will ich bei der Gründung nur geringe Formalitäten erfüllen?

### Schritt 8: Unternehmen anmelden

Melden Sie Ihr Unternehmen bei folgenden sechs Behörden und Firmen an:

- *Gewerbeamt:* Melden Sie Ihr Gewerbe beim zuständigen Gewerbeamt Ihrer Gemeinde an, das wiederum das Finanzamt, die Berufsgenossenschaft, die Industrie- und Handelskammer beziehungsweise bei Handwerksberufen die Handwerkskammer informiert. Hier erfahren Sie auch, für welche Gewerbe Sie eine besondere Genehmigung brauchen.

- *Finanzamt:* Von ihm erhalten Sie eine Steuernummer und einen Fragebogen zu Ihren künftigen Umsätzen und Gewinnen. Berechnen Sie diese Schätzwerte eher vorsichtig, da sich nach ihnen Ihre Einkommen- und Gewerbesteuer richtet.
- *Berufsgenossenschaft:* Hier sind Sie entweder pflichtversichert oder können sich freiwillig versichern lassen. Nutzen Sie diese Möglichkeit aufgrund der niedrigen Beiträge und günstigen Leistungen.
- *Arbeitsamt:* Beschäftigen Sie Mitarbeiter, erhalten Sie hier eine Betriebsnummer, die Sie in die Versicherungsnachweise Ihrer Arbeitnehmer eintragen müssen. Gleichzeitig erhalten Sie ein Verzeichnis der versicherungspflichtigen Tätigkeiten für Ihre Anmeldung bei der Berufsgenossenschaft.
- *Krankenkasse:* Die zuständigen Krankenkassen erteilen Ihnen ebenfalls Betriebsnummern für Ihre versicherungspflichtigen Mitarbeiter.
- *Versorgungsunternehmen:* Schließen Sie je nach Bedarf einen Liefervertrag für Wasser, Strom und Gas mit dem zuständigen Versorgungsunternehmen sowie für die Entsorgung von Müll und Abwässern mit den jeweiligen Behörden oder Firmen ab.

## Schritt 9: Kunden gewinnen und pflegen

Stimmen Sie Ihr Angebot und die Werbung für Ihre Firma auf Ihre geplante Zielgruppe ab. Stellen Sie sich dazu neun entscheidende Fragen:

- Habe ich die Bedürfnisse und Wünsche meiner möglichen Kunden ermittelt?
- Analysiere ich die Angebote meiner Mitbewerber und stelle meine besonderen Stärken in meiner Werbung klar heraus?
- Vermittle ich meinen Kunden nicht nur ein Produkt oder eine Leistung, sondern einen Nutzen?
- Habe ich meinen Werbeetat kalkuliert? (Faustregel: mindestens zwei bis drei Prozent des Umsatzes, in der Anfangsphase etwas mehr.)
- Habe ich einen Werbeplan erstellt, der nicht nur die Eröffnungswerbung umfasst?
- Habe ich die passenden Werbemittel wie Anzeigen, Prospekte, Werbebriefe, Wurfzettel, Plakate und Werbegeschenke ausgewählt und entwickelt?
- Will ich meine Kunden langfristig an meine Firma binden, vor allem mit gutem Service und ständiger Lieferfähigkeit?
- Halte ich meine Stammkunden mit ihren wichtigsten Daten in einer Adressliste oder -datei fest?
- Informiere ich meine Stammkunden regelmäßig über neue Angebote?

## Schritt 10: Mitarbeiter einstellen

Wollen Sie Mitarbeiter beschäftigen, überlegen Sie zunächst, was Sie von ihnen erwarten und in welcher Form sie ihre Leistungen erbringen sollen. Stellen Sie sich dazu die folgenden Fragen: Weiß ich,

- wie viele Mitarbeiter ich benötige?
- welche Stellen ich besetzen will?
- was die Mitarbeiter im einzelnen tun sollen?
- welche Kenntnisse sie dabei benötigen?
- welche Ausbildung sie haben sollten?
- welche geistigen und körperlichen Anforderungen sie erfüllen müssen?
- ob ich Voll- oder Teilzeitkräfte beschäftigen will?

# So bestimmen Sie Ihre Erfolgsstrategie

Ihr unternehmerischer Erfolg ist nicht zuletzt auch eine Frage der richtigen Strategie. Bestimmte Vorgehensweisen sind einfach erfolgversprechender als andere. Als sehr erfolgreich hat sich die Strategie der *innovativen Imitation* erwiesen. Bei Ihrer Unternehmensgründung haben Sie grundsätzlich zwei Möglichkeiten, die innovative und die imitative Gründung.

## Was eine innovative Gründung ausmacht

Bei der innovativen Form starten Sie mit einer ganz neuen, noch nirgendwo verwirklichten Idee. Dabei muss es sich nicht unbedingt um eine technische Erfindung handeln, auch soziale Innovationen eignen sich oft als Grundlage einer Unternehmensgründung. Bei den sozialen Innovationen unterscheidet man zwischen *Struktur-* und *Kontrakt-*Innovationen.

### Beispiel Struktur-Innovation

Nehmen Sie den Pizza-Bringservice: Pizzerien gibt es schon lange, doch der Bringservice mit der Werbebotschaft „Entweder ist die Pizza in spätestens 30 Minuten bei Ihnen, oder Sie bekommen sie umsonst" ist noch relativ neu und findet schnell überall Nachahmer. Dieser Pizza-per-Telefon-Service hat die Struktur des Pizza-Geschäfts wesentlich verändert.

### Beispiel Kontrakt-Innovation

Maschinen-Reinigungsdienste sind hierin erfolgreich: Immer weniger Unternehmen setzen ihre eigenen Leute ein, um ihre Maschinen zu warten und zu reinigen. Da die Reinigung sinnvollerweise nur außerhalb der normalen Arbeitszeit stattfinden kann und dafür teure Nachtzuschläge anfallen, bietet sich der externe Wartungsdienst geradezu an.

Ein Unternehmer, der solche Aufgaben übernimmt, kann gezielt Nebenverdienstsuchende einstellen, die ja gerade außerhalb der normalen Arbeitszeit tätig werden wollen. Beschäftigt er Teilzeitkräfte, kann er wegen der günstigeren Löhne die Arbeitsstunde preiswerter anbieten. Da diese Idee auf neuen Vertragsformen wie Teilzeitarbeit und sozialversicherungsfreie Beschäftigung beruht, handelt es sich um eine Kontrakt-Innovation.

## Wie eine Unternehmensimitation aussehen kann

Bei der *imitativen Unternehmensgründung* kopieren Sie eine bereits irgendwo verwirklichte Geschäftsidee. Das kommt in Deutschland mit Abstand am häufigsten vor, nämlich in 97 Prozent aller Gründungsfälle. Solche Gründungen haben jedoch bei Bürokraten und Technokraten keinen guten Ruf. Diese Einstellung entspricht dem weit verbreiteten Irrtum, Unternehmer sollten völlig neue Ideen entwickeln. Das ist jedoch eigentlich die Aufgabe der Erfinder. Die Aufgabe des Unternehmers besteht hingegen darin, nutzbringende Ideen zu erkennen und praktisch umzusetzen. Wer die Idee hatte, ist für den unternehmerischen Erfolg unerheblich, und häufig verhindert zuviel Erfindergeist sogar den Markterfolg.

### Der „schnelle Zweite"

Eine gute Strategie ist daher die des „schnellen Zweiten", das heißt: Niemals als erster in einen neuen Markt gehen, sondern erst abwarten, welchen Erfolg andere mit einer neuen Idee erzielen, und dann, wenn sich der Erfolg abzeichnet, als schneller Zweiter einsteigen.
Das Motto „Wer keine eigene Idee zum Gründen hat, sollte nicht gründen" verkennt also die eigentlichen unternehmerischen Aufgaben und verhindert viele Unternehmensgründungen.
Viele Erfinder haben mit ihren ganz neuen Ideen viel Geld verdient, doch die Liste der Gescheiterten ist mindestens ebenso lang. Denn die Risiken einer noch nicht erprobten Idee sind vielfältig. Fragen Sie sich daher:

- Kommt meine Idee zur richtigen Zeit? Vor der Ölkrise waren beispielsweise Sonnenkollektoren zu früh auf dem Markt; Super-Acht-Sofortbildfilme kamen nach dem Siegeszug der Videorekorder zu spät.
- Habe ich meine Preise richtig kalkuliert? Bei noch nicht verwirklichten Geschäftsideen fehlen Ihnen die Vergleichszahlen: Sind Ihre Preise zu hoch angesetzt, kauft keiner; sind sie zu niedrig, droht Ihnen die Pleite.
- Habe ich eine ausreichende finanzielle Grundlage? Erfinder auf der Suche nach Geld sind fast sprichwörtlich geworden.
- Kann ich meine Idee richtig vermarkten? Marketingprobleme erweisen sich um so mehr als Hemmschuh, wenn eine neue Idee sich dem Markt erst noch stellen muss.

Diese vier großen Risiken innovativer Unternehmensgründungen können Sie durch einfaches Kopieren bereits erfolgreich verwirklichter Geschäftsideen minimieren:

- Ob eine Idee zur richtigen Zeit kommt, können Sie beim Beobachten bereits bestehender Unternehmen feststellen.
- Vergleichspreise können Sie sich ebenso besorgen.
- Das gleiche gilt für das Startkapital für Ihre Gründung. In Gesprächen mit Ihrer Bank können Sie so auf die Erfahrungswerte anderer Firmen verweisen.
- Für Ihre Werbung und Ihr gesamtes Marketing können Sie sich Anregungen aus Anzeigen, Prospekten und Verkaufstechniken bereits bestehender Unternehmen holen.

Andererseits haben Sie beim blinden Kopieren vorhandener Ideen zwei Probleme:

- Wollen Sie eine erfolgreiche Geschäftsidee am gleichen Ort verwirklichen, erzielen Sie nicht unbedingt denselben Umsatz und Gewinn wie das bestehende Unternehmen; wahrscheinlicher ist, dass Sie sich den Markt mit anderen teilen müssen.
- Weitere Imitatoren können folgen. Steigen Sie als erster in einen neuen Markt ein, haben Sie zwar auch keinen garantierten Schutz vor der Konkurrenz, können jedoch Ihre Erfahrungen in Kostenvorteile ummünzen. Als Zweiter haben Sie es schon schwerer, sich gegen weitere Nachahmer zu wehren.

Beide Vorgehensweisen, die innovative wie auch die imitative, haben also ihre Vor- und Nachteile. Ideal wäre daher eine Verbindung beider Gründungsformen.

**TIPP**

Gehen Sie mit einer neuen, aber bereits erfolgserprobten Geschäftsidee an einen Ort, der von seiner Größe und Kundenstruktur vergleichbar ist, wo aber noch kein Konkurrent am Markt ist. Damit nutzen Sie alle Vorteile: Sie sind zugleich der erste am Ort mit einer noch neuen Geschäftsidee und Sie stützen sich auf ein bewährtes Unternehmenskonzept, nicht auf eine risikoreiche, weil noch unerprobte Idee.

### Wie Sie die Strategie der innovativen Imitation nutzen können

Die Strategie, sich auf Bewährtes zu stützen und es auf neue Märkte zu übertragen, heißt Strategie der innovativen Imitation. Innovativ ist sie deshalb, weil die Übertragung auf einen neuen Markt eine Neuerung darstellt. Um eine Imitation handelt es sich, weil es nicht um die Umsetzung eines neuen Unternehmenskonzepts geht, sondern um den Rückgriff auf eine bewährte Geschäftsidee. Alle Ketten und Franchise-Systeme wenden diese Strategie an, wenn sie ihr bewährtes Unternehmenskonzept auf neue Märkte übertragen.
Die Strategie der innovativen Imitation ist deshalb so wirkungsvoll, weil sie den natürlichen Verlauf der Durchsetzung von Geschäftsideen nutzt und sich zudem auf bewährte Auswahlmechanismen stützt. Neue Geschäftsideen breiten sich nämlich nicht schlagartig aus, sondern es dauert meist Jahre oder Jahrzehnte, bis sich eine neue Idee durchgesetzt hat. Diese Zeitspanne können Sie zu Ihrem Vorteil nutzen, indem Sie schneller als andere ein bewährtes Unternehmenskonzept auf neue Märkte übertragen. Die Auslese erfolgt dabei nach folgenden Grundsätzen:

- Variation: Im Unternehmen werden immer wieder – geplant oder spontan – Dinge angepasst und verbessert;
- Selektion: Der Markt wählt diejenigen Unternehmen aus, die Kunden, Lieferanten und Mitarbeitern den größten Nutzen bieten. Das sind nicht unbedingt die größten Firmen, sondern solche, die eine tragfähige Marktnische besetzen;
- Bewahrung: Unternehmen mit erfolgreichen Verfahren bleiben bestehen, die übrigen gehen unter.

### Das eigene Profil

Eine der wichtigsten Fragen bei Ihrer Unternehmensgründung lautet: „Wie kann ich mich mit meinen Fähigkeiten, meinen Stärken, aber auch meinen Schwächen von meinen Wettbewerbern abheben?“ Sie benötigen also eine Geschäftsidee, die in Ihrer Stadt noch ohne Konkurrenz ist, von der Sie aber nach Ihrer Prüfung relativ sicher sein können, dass sie in Ihrer Stadt floriert. Schauen Sie sich also in vergleichbaren Städten um, welche Geschäftsideen es dort gibt. Untersuchen Sie zunächst andere deutsche Städte, anschließend bei Bedarf auch vergleichbare Städte im Ausland.

Früher war dieses Ausschauhalten nach neuen Geschäftsmethoden in fremden Städten fest in der handwerklichen Ausbildung verankert. Gesellen mussten auf die Reise gehen, die meist umso ergiebiger war, wenn sie nicht nur die Nachbarstädte umfasste. Heute verbringt kaum noch jemand eine gewisse Zeit im Ausland, um neue Geschäftsideen kennen zu lernen. Aber dank des Ausbaus der Nachrichtenwege und vielfältiger Veröffentlichungen ist es jetzt auch nicht mehr unbedingt erforderlich, persönlich auf Reisen zu gehen, obwohl das immer noch sehr sinnvoll sein kann. Heute können Sie sich auch durch die Lektüre von Marktstudien und einschlägigen Zeitschriften über neue Marktchancen informieren.

Viele Geschäftsideen, die heute bei uns die Wirtschaft bestimmen, stammen aus den USA, beispielsweise Computerläden, Schnell-Restaurants, Kreditkarten und Autovermietungen. Auch aus anderen Ländern kommen brauchbare Geschäftsideen zu uns, beispielsweise Naturkosmetik-Läden aus Frankreich, Haushüter-Agenturen aus Großbritannien und Warentausch-Zentralen aus der Schweiz. Trotz aller Ähnlichkeiten besonders zu den USA gibt es aber auch Unterschiede: Sie können nicht einfach die nächstbeste Geschäftsidee, die Sie dort vorfinden, in Deutschland erfolgreich verwirklichen. Stellen Sie sich daher, unabhängig davon, ob Sie Ihre Idee aus einer deutschen oder ausländischen Stadt beziehen, zwei entscheidende Fragen:

- Ist mein Markt groß genug?
- Hat mein Markt eine vergleichbare Kundenstruktur?

**Warum Sie die Entwicklungsphasen einer Branche beachten sollten**

Wollen Sie als Unternehmer erfolgreich sein, brauchen Sie nicht nur eine gute Vorbereitung, sondern müssen bei passender Gelegenheit auch schnell zugreifen. Denn gerade für Marktlücken gilt: Wer zuerst kommt, mahlt zuerst.

Daher ist es für Sie besonders wichtig zu wissen, in welcher Entwicklungsphase sich der Markt befindet, in den Sie einsteigen möchten. Viele Märkte beginnen gerade erst sich zu entwickeln, während Sie auf anderen Märkten bereits zahlreiche Konkurrenten vorfinden. Man unterscheidet grundsätzlich vier Phasen der Marktentwicklung:

- *Die Pionierphase*: Für die Produkte und Dienstleistungen dieser Unternehmen steckt der Markt noch in den Kinderschuhen. So können Sie von Anfang an dabei sein und mitverdienen, wenn Sie auch Ihr Angebot Ihren Kunden oft noch genau erklären müssen.
- *Die Phase schnellen Wachstums*: Hier steigt die Nachfrage nach den entsprechenden Produkten oder Leistungen sehr stark. Das Unternehmenskonzept hat sich bereits durchgesetzt, und die Konkurrenz ist noch nicht allzu stark.
- *Die Reifephase*: Auf dieser Entwicklungsstufe ist das Produkt oder die Dienstleistung gut eingeführt und der Markt fast überall ausreichend versorgt. Ein Einstieg in dieser Phase eignet sich besonders für Unternehmer, die mit Branchenerfahrung ihr eigener Chef werden wollen und dabei die Schwächen der Konkurrenz nutzen können.

- *Die Phase des Verdrängungswettbewerbs*: Auf diesen Märkten herrscht fast überall ein Überangebot. Hier müssen Sie mit starker Konkurrenz rechnen. Das kann so weit gehen, dass Sie sich nur etablieren können, wenn Sie andere aus dem Markt drängen. Der starke Preiswettbewerb kommt Ihnen zugute, wenn Sie es schaffen, Ihre Wettbewerber mit neuen Ideen zu schlagen. Dann winken große Absatzmengen, und Sie können schnell expandieren. Das ist also der richtige Markt für Kämpfernaturen mit Durchhaltevermögen.

**WICHTIG**

**Sie sehen: Geld können Sie in allen vier Phasen einer Branche verdienen, nicht nur in der Pionierphase und in der Phase schnellen Wachstums, sondern auch in der Reifephase und in der Phase des Verdrängungswettbewerbs. Jede Phase erfordert allerdings für den Einstieg andere Voraussetzungen.**

Starten Sie in der Pionierphase oder in der Phase schnellen Wachstums, benötigen Sie meist nur wenig Startkapital und Branchenerfahrung und schaffen sich schnell Vorteile gegenüber Ihren Konkurrenten, die später anfangen.

Wie die Erfahrung zeigt, können Sie Ihre Kosten um 20 bis 30 Prozent senken, wenn Sie schon doppelt soviel verkauft oder produziert haben wie Ihre später eingestiegene Konkurrenz. Ihre größere Erfahrung zahlt sich dann aus. Ihre Kostensenkung tritt jedoch nicht automatisch ein, sondern will erarbeitet werden. Halten Sie deshalb laufend Ausschau nach Verbesserungsmöglichkeiten sowie nach neuen Geschäfts- und Werbeideen, damit Sie Ihren Wettbewerbern stets die entscheidende Nasenlänge voraus bleiben.

Starten Sie dagegen in der Reifephase oder in der Phase des Verdrängungswettbewerbs, sind die Anforderungen fast immer höher. Sie müssen die Erfahrungsvorteile der Konkurrenz aufholen, und zwar durch eigene Erfahrung, mehr Kapital, bessere Voraussetzungen oder neue Ideen, mit denen Sie sich von den bestehenden Unternehmen abheben.

Sie können nicht immer leicht feststellen, in welcher Entwicklungsphase sich eine Branche gerade befindet. In unserer schnelllebigen Zeit treten Veränderungen in der Technik und bei den Kundenwünschen immer rascher und häufiger auf. Auch finden Sie die vier Entwicklungsphasen nicht in allen Branchen gleichermaßen: Es geht nicht nur um die Zahl der Unternehmer einer Branche, sondern auch um die Kundenzahl, den Gesamtumsatz, die Gewinnspannen und andere Faktoren. Außerdem müssen Sie örtliche Unterschiede berücksichtigen; doch bildet die Einteilung in die vier Entwicklungsphasen einen wichtigen Anhaltspunkt für Ihre Markteinschätzung.

CHECKLISTE

**Mit fünf erprobten Grundsätzen haben Sie bei Ihrer Unternehmensstrategie Erfolg**

- Ich kenne die Vor- und Nachteile der beiden grundlegenden Strategien: die der innovativen und die der imitativen Gründung.
- Ich weiß, warum die Strategie der imitativen Innovation so erfolgreich ist.
- Ich sehe mich bei der Ideenfindung im In- und Ausland um.
- Ich habe mich für eine bestimmte Strategie entschieden und richte meine Unternehmensplanung entsprechend aus.
- Ich weiß, in welcher Entwicklungsphase sich meine Branche befindet, und nutze die entsprechenden Chancen.

## Wie Sie mit Hilfe Ihrer „kritischen Erfolgsfaktoren" Ihre Stärken richtig nutzen

### Die Vorbereitungsphase

Ein Unternehmen zu gründen gehört zu den schwierigsten Aufgaben, die es im Geschäftsleben überhaupt gibt. Nirgendwo sonst müssen Sie in so kurzer Zeit so viele Entscheidungen mit weitreichender Bedeutung treffen: in den ersten sechs bis zwölf Monaten müssen Sie unter anderem entscheiden:

- Mit welchen Produkten bzw. Dienstleistungen will ich welche Zielgruppen ansprechen?
- Welchen Standort und welche Lage wähle ich?
- Welche Rechtsform soll mein Unternehmen haben?
- Wie finanziere ich die Gründung und den weiteren Ausbau meiner Firma?
- Wie steuere ich meinen Verkauf, welche Vertriebskanäle will ich nutzen?
- Wie organisiere ich meine Mitarbeiter?
- Wie und mit welchen Lieferanten baue ich meinen Einkauf auf?
- Wie organisiere ich mein Büro, meine Produktion und mein Lager?

Ein Manager im Großunternehmen hat für solche Entscheidungen meist viel Zeit und zudem einen Stab von Fachleuten, der ihn berät. Selbst erfahrene Führungskräfte müssen daher bei der Gründung ihres eigenen Unternehmens völlig umdenken, weil sie ohne die gewohnte Unterstützung auskommen müssen. Zwar verursacht die einzelne Entscheidung bei der Gründung weniger Kosten als beim Großunternehmen, doch ist sie im Verhältnis zur Unternehmensgröße wichtiger und auch nicht einfacher. Wollen Sie beispielsweise einen PC kaufen, haben Sie es mit mehr Anbietern zu tun als der Großbetrieb, der eine Großrechenanlage anschaffen will. Hinzu kommt: Sie müssen Ihre Entscheidungen nicht nur in Ihrem Spezialgebiet treffen, sondern auf vielen anderen Feldern, auf denen Sie nicht so bewandert sind. Während für eine Karriere im Großunternehmen oft Fachwissen ausreicht, verlangt unternehmerischer Erfolg gesundes „Halbwissen" in zahlreichen kaufmännischen Bereichen. Dabei laufen Sie Gefahr, sich zu verzetteln. Gerade dann, wenn Sie die ersten Aufträge erhalten, Material beschaffen müssen, neue Mitarbeiter benötigen, mehr finanzielle Mittel brauchen, neue Anzeigen texten müssen und gleichzeitig noch eine wichtige Maschine ausfällt, also gerade dann, wenn Ihr Unternehmen anfängt zu laufen, können Sie mitten in der Hektik leicht Dringendes mit Wichtigem verwechseln und Unwichtiges nicht mehr von wirklich Wichtigem unterscheiden.

## So konzentrieren Sie sich auf das Wesentliche

Um der Gefahr des Verzettelns zu begegnen, gibt es eine spezielle Methode. Mit ihr stellen Sie sicher, dass Sie bei der Vorbereitung Ihrer Gründung keine wesentlichen Punkte übersehen. Beim weiteren Ausbau Ihres Unternehmens können Sie diese Methode weiter einsetzen, damit Sie selbst sich stets auf Ihre wichtigsten Aufgaben konzentrieren können. Diese Methode ist die *KEF-Methode*; KEF steht für „*K*ritische *E*rfolgs*f*aktoren".

Die Methode ist sehr einfach zu lernen und innerhalb weniger Stunden einsetzbar. Entwickelt hat sie Ron Daniel, der ehemalige Chef der Unternehmensberatungsgesellschaft McKinsey. Der Grundgedanke ist: In jeder Branche gibt es drei bis sieben Faktoren, die über Erfolg oder Misserfolg einer Firma entscheiden, eben die kritischen Erfolgsfaktoren. So geht es bei vielen Gründungen darum, geeignete Räume in passender Lage zu günstigem Preis zu finden. Bei der Anmietung verliert dieser Faktor aber an Bedeutung und ist deshalb nur ein „zeitweiliger" kritischer Erfolgsfaktor.

Je nachdem, wie Sie Ihr Unternehmen gegenüber Ihren Konkurrenten abheben wollen, welche Voraussetzungen an Kapital, Kontakten und persönlichen Fähigkeiten Sie mitbringen und wie sich Kunden, Lieferanten und Behörden Ihrer Firma gegenüber verhalten, ergeben sich weitere kritische Erfolgsfaktoren. Haben Sie „Ihre" kritischen Faktoren für die Gründung ermittelt, sind Sie ein ganzes Stück weitergekommen: Sie können nicht nur Wichtiges von Unwichtigem unterscheiden, sondern aus den kritischen Erfolgsfaktoren auch ein einfaches, aber wirkungsvolles Steuerungs- und Kontrollsystem für Ihr Unternehmen entwickeln.

Wenn Sie für jeden kritischen Erfolgsfaktor Messgrößen, Standards und Steuerungsmöglichkeiten bestimmen, haben Sie Ihr Unternehmen anhand einiger weniger, aber entscheidender Größen – auch ohne Computer – sicher im Griff. So können Sie die Kenntnis der kritischen Erfolgsfaktoren nicht nur bei Ihrer Planung, sondern auch bei der Umsetzung Ihrer Pläne in die Tat und bei der Kontrolle der Ergebnisse nutzen.

## Der Mangelfaktor

Stellen wir uns ein einfaches Modell vor, in dem bei der Unternehmensgründung nur fünf Faktoren eine Rolle spielen, nämlich Räume, Kapital, Management, Mitarbeiter und Markt. Nehmen wir weiter an, der Markt sei getestet worden und ausreichend groß und Kapital sei ausreichend vorhanden. Der Gründer startet zunächst von der eigenen Wohnung aus, hat also Raumkapazität, bringt Managementerfahrung mit und hat in seiner stundenweise mitarbeitenden Ehefrau eine gewisse Mitarbeiterkapazität. Der Ausmaß des Erfolgs eines Unternehmens hängt vom jeweils kleinsten Faktor ab, dem *Mangelfaktor.*
Das ist hier der Faktor Räume, wie die folgende Grafik zeigt:

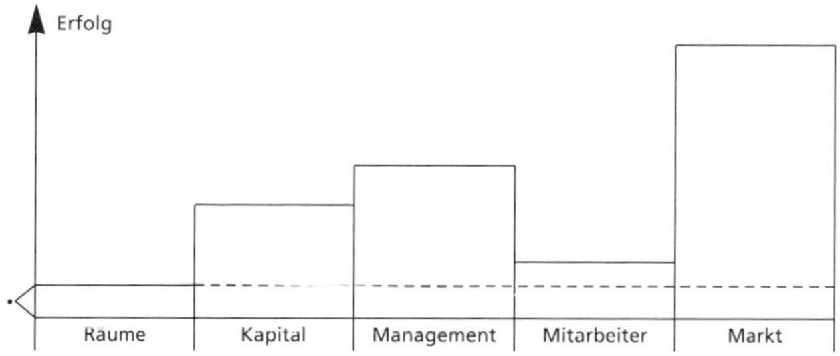


Dieser Faktor stellt zunächst den kritischen Erfolgsfaktor dar. Das Raumproblem ist jedoch durch Abschluß eines Mietvertrags für neue Geschäftsräume relativ leicht zu lösen. Nach dem Einzug sieht das Gründungsmodell so aus:

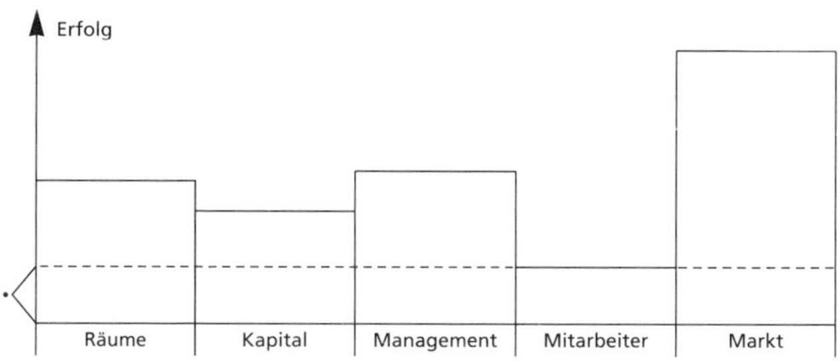

Jetzt ist der Faktor Mitarbeiter der kleinste Faktor oder Mangelfaktor, der das Ausmaß des Erfolgs bestimmt. Nach Einstellung von zwei Mitarbeitern steigt dieser Faktor auf das Dreifache, und Engpassfaktor wird damit das Kapital:

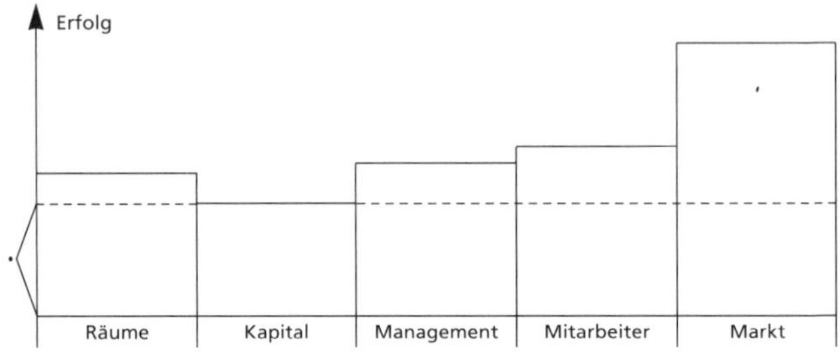


Nachdem der Unternehmer seinen Kapitalbestand durch einen Kredit auf das Doppelte aufgestockt hat, bestimmt wieder der Faktor Räume das Ausmaß seines Erfolgs:

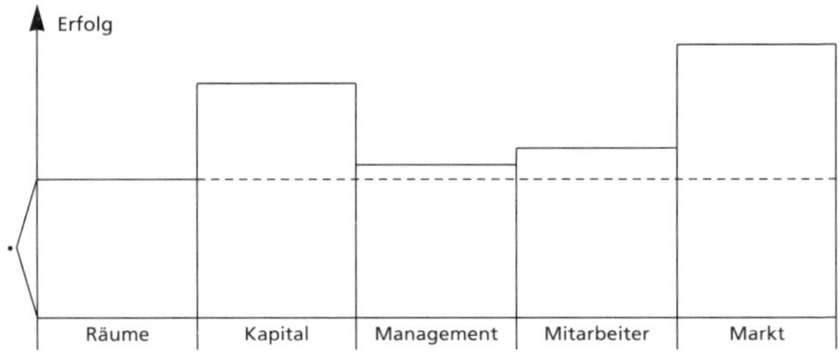


Nach erneutem Umzug in größere Räume wird plötzlich das Management zum kritischen Erfolgsfaktor. Dieser Mangelfaktor bestimmt jetzt den Erfolg:

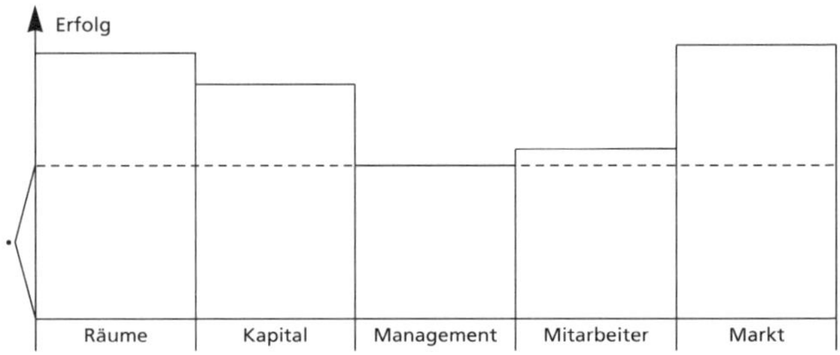

Jetzt reicht die Managementkapazität des Gründers nicht mehr aus, und er muss zusätzliche Führungskräfte ins Unternehmen holen. Das ist ein äußerst kritischer Punkt, an dem viele anfangs erfolgreiche Unternehmer scheitern. Die weitere Expansion muss also mit Bedacht und finanziellen Reserven betrieben werden.

**WICHTIG**

**Gerade in der Aufbauphase des Unternehmens verändern sich die kritischen Erfolgsfaktoren sehr schnell. Der Gründer muss sich blitzschnell dem nächsten Engpass zuwenden.**

Hätte er sich im Beispielfall die ganze Zeit nur um die Räume gekümmert, so hätte er die beiden zwischenzeitlich auftretenden Engpässe Mitarbeiter und Kapital nicht beheben können, und sein Unternehmen wäre nie so groß geworden.
Warum hat der Modell-Gründer jedoch nicht gleich ausreichend große Räume angemietet, damit er nicht drei Stufen später schon wieder umziehen musste? Die Antwort ist einfach: Es hätte ihn viel Geld gekostet, die Räume einige Zeit ungenutzt vorzuhalten. Auch konnte er die weitere Entwicklung seiner Firma nicht genau vorhersehen. Es gehört zum unternehmerischen Alltag, dass Planungen übertroffen oder unterschritten werden.
Im Modell gibt es jeweils nur einen Engpass, der zum kritischen Erfolgsfaktor wird. In der Wirklichkeit haben Sie es jedoch mit zahlreichen Faktoren zu tun, die den Erfolg Ihres Unternehmens beeinflussen. Auch sind nicht alle Faktoren so offensichtlich erkennbar wie im Modell. Außerdem sind nicht alle Faktoren feste Größen. Beispielsweise schwankt der Faktor Mitarbeiter erheblich, da er nicht nur von der Zahl, sondern auch von der Motivation der Beschäftigten abhängt. Häufig wird deshalb der Faktor Mitarbeitermotivation als zusätzlicher kritischer Erfolgsfaktor genannt.
Beachten Sie auch: Strömen viele Probleme auf unser Gehirn ein, kann es nicht alle gleichrangig behandeln und neigt dazu, neuere Eindrücke überzubewerten. So entsteht die Versuchung, den dringendsten Problemen, die am lautesten schreien, zuerst nachzugeben, nicht aber den wichtigsten. Wollen Sie diese Schwäche ausgleichen, müssen Sie selbst die fünf bis neun wichtigsten Faktoren für Ihre Unternehmensgründung ermitteln. Dabei hilft Ihnen die KEF-Methode.

### Wie Sie Ihre eigenen kritischen Erfolgsfaktoren ermitteln

Die KEF-Methode ist eine subjektive Methode, mit der Sie die für Sie persönlich entscheidenden Erfolgsfaktoren ermitteln. Es gibt also keine richtigen oder falschen kritischen Erfolgsfaktoren, sondern nur eine sinnvolle oder eine weniger sinnvolle Anwendung der Methode. Um Ihre persönlichen Erfolgsfaktoren zu ermitteln, benötigen Sie einen halben bis einen ganzen Tag. Dazu sollten Sie sich für einen Tag zurückziehen. Dieser eine Tag, an dem Sie über Ihre Zukunft nachdenken, kann Ihnen mehr bringen als Monate harter Arbeit. Besonders fruchtbar wird Ihre KEF-

Analyse, wenn Sie sie gemeinsam mit einem in der Methode geschulten Berater vornehmen. Aber auch, wenn Sie die Analyse allein durchführen, erlangen Sie durch das systematische Vorgehen Einblicke in die Wirkungszusammenhänge Ihrer Branche und Ihres Unternehmens, die Ihnen einen wesentlich rationelleren Einsatz Ihrer Kräfte ermöglichen. Gegenüber anderen Methoden hat die KEF-Methode entscheidende Vorteile. Sie bietet Ihnen

- mit einem kleinen überschaubaren Aufwand
- sehr große Erfolgsaussichten
- bei hoher Qualität der Ergebnisse.

Gehen Sie bei Ihrer KEF-Analyse in sieben erprobten Schritten vor:

### 1. Schritt: Den strategischen Bezugsrahmen Ihres Unternehmens ins Bewusstsein holen

Ermitteln Sie den strategischen Bezugsrahmen Ihres Unternehmens und fragen Sie sich: Mit welchem Unternehmenskonzept will ich mich am Markt durchsetzen? Wie will ich Konkurrenzvorsprünge aufbauen? Wie will ich auch langfristig den größtmöglichen Kundennutzen sicher stellen? Wie gestalte ich mein Unternehmen attraktiv für Mitarbeiter, Lieferanten und Kunden? Welche Entwicklungen werden sich voraussichtlich in meiner Branche langfristig ergeben, und wie wirken sie sich auf mein neues Unternehmen aus? Welche Stärken und welche Schwächen weist mein Unternehmen auf, und wie kann ich dieses Stärken-Schwächen-Profil am sinnvollsten nutzen?

### 2. Schritt: Ziele analysieren

Viele Gründer haben ihre Ziele noch nicht zu Papier gebracht, sondern stellen sich diese nur mehr oder weniger konkret vor. Die KEF-Analyse zwingt Sie dazu, Ihre eigenen Ziele schriftlich festzuhalten, beispielsweise: „Ich will den besten Hamburger der Stadt anbieten." Das ist ein *strategisches Ziel.* Und: „Meine Firma soll nach der Anlaufphase 15 Prozent Umsatzrendite abwerfen." Das ist ein *operatives Ziel.* Entscheidend ist, dass Sie konkret festhalten, was Sie eigentlich mit der Gründung Ihres Unternehmens erreichen wollen.
Sie können nur ein einziges oder auch mehrere Ziele formulieren.
Das zeichnet ein Ziel aus: Es ist

- realistisch und erreichbar,
- konkret und messbar,
- zeitlich begrenzt,
- motivierend und sinnvoll,
- flexibel sowie
- möglichst schriftlich fixiert.

Innerhalb Ihrer KEF-Analyse kann die Zielanalyse sehr viel Zeit beanspruchen. Diese Zeit sollten Sie sich jedoch unbedingt nehmen, da die Zielanalyse Sie erfahrungsgemäß viel sicherer und umsichtiger vorgehen lässt.

### 3. Schritt: Kritische Erfolgsfaktoren ermitteln

Erstellen Sie jetzt eine Liste aller Faktoren, die für den Erfolg Ihres Unternehmens wichtig sein könnten. Schreiben Sie zunächst möglichst viele Faktoren auf und ermitteln Sie erst im zweiten Durchgang diejenigen fünf bis neun Faktoren, die für

Ihren Erfolg entscheidend sind. Die folgende Übersicht hilft Ihnen dabei, alle Faktoren zu erfassen und sie in fünf Arten einzuteilen, nämlich branchentypische, gründungsspezifische, strategiebestimmte, zeitweilige und umweltbestimmte Erfolgsfaktoren:

- *Branchentypische Erfolgsfaktoren* treten am häufigsten auf und umfassen die Punkte, die für alle Unternehmen einer Branche kennzeichnend sind.
- *Gründungsspezifische Erfolgsfaktoren* sind individuell wie beispielsweise die Standortwahl und die Wahl der Rechtsform.
- *Strategiebestimmte Erfolgsfaktoren* ergeben sich zusätzlich entsprechend Ihrer Wettbewerbsstrategie.
Beispiel: Sie wollen einen Computerladen gründen und sich durch einen besonderen Kundennutzen von Ihrer Konkurrenz abheben. Dazu wählen Sie folgende Strategie: Sie beziehen immer die neueste Software sofort nach Erscheinen aus den USA und machen so Ihre Software-Aktualität zu Ihrem Erfolgsfaktor.
Wollen Sie hingegen Ihren Konkurrenzvorsprung durch Spezialisierung auf bestimmte Berufsgruppen erreichen, stellen Ihre guten Kontakte beispielsweise zu Rechtsanwälten Ihren Erfolgsfaktor dar.
- *Zeitweilige Erfolgsfaktoren* treten nur für einen genau bestimmbaren Zeitraum auf. So stellt beispielsweise die Beschaffung eines Spezialgeräts, ohne das Ihr Unternehmen nicht läuft, solange einen kritischen Erfolgsfaktor dar, bis Sie das Gerät gekauft haben und es in Ihrer Firma zum Einsatz bringen.
- *Umweltbestimmte Erfolgsfaktoren* können Behörden, Lieferanten, Kunden, aber je nach Geschäftszweig beispielsweise auch das Wetter sein. Dazu gehören auch geplante Straßenbau-Maßnahmen vor einem Geschäft oder drohende Veränderungen der Rechtslage für bestimmte Branchen.

Wählen Sie jetzt aus der Liste aller möglichen Erfolgsfaktoren für Ihr Unternehmen diejenigen fünf bis neun kritischen Faktoren aus und legen Sie einen strengen Maßstab an.

### TIPP

**Fragen Sie sich immer: „Ist mein Erfolg auch ohne diesen Faktor möglich?" Und: Berücksichtigen Sie bei der Ermittlung Ihrer kritischen Erfolgsfaktoren auch Ihre Ziele.**

Ein Ziel kann mehrere Erfolgsfaktoren bedingen, ebenso wie mehrere Ziele ein und denselben Erfolgsfaktor zur Grundlage haben können.

### Beispiel

Für Ihr Ziel, den besten Hamburger der Stadt anzubieten, kommen mehrere mögliche Erfolgsfaktoren in Frage, etwa die Zubereitung, die Küchenausstattung und die Einkaufsqualität. Aus Erfahrung wissen Sie jedoch, dass jeder das Zubereiten von Hamburgern innerhalb von wenigen Stunden lernen kann; daher kann die Zubereitung nicht so entscheidend sein. Auch wissen Sie von Besuchen in Hamburger-

Schnellrestaurants, dass die Küchenausstattung überall ziemlich gleich und beim Großhandel leicht zu beschaffen ist. Daher ist auch dieser Faktor nicht entscheidend. Anders sieht es mit der Einkaufsqualität aus: Darauf kommt es entscheidend an, wenn Sie den besten Hamburger der Stadt anbieten wollen. Nehmen Sie deshalb diesen Faktor in Ihre Liste der Erfolgsfaktoren auf.

### 4. Schritt: Messkriterien bestimmen

Am Beispiel Hamburger-Restaurant lassen sich gut die weiteren Schritte erläutern. Versuchen Sie jetzt, Messgrößen für die Einkaufsqualität zu ermitteln. Dazu gehören beim Hamburger der Geschmack, der Rindfleischgehalt und die Knusprigkeit der Brötchen. Es geht also nicht nur um quantitative Größen wie den Rindfleischgehalt, sondern auch um qualitative wie den Geschmack. Bei der KEF-Methode handelt es sich ja um eine subjektive Methode, bei der andere Größen als die in Zahlen messbaren für den Unternehmenserfolg oft eine größere Rolle spielen.

### 5. Schritt: Standards festlegen

Als nächstes benötigen Sie Vorgaben, welche Standards Sie erreichen wollen. Legen Sie für die Messgröße Geschmack beispielsweise fest: Der Hamburger muss mir schmecken. Oder: Er muss acht von zehn testweise befragten Passanten schmecken. Für die Messgröße Rindfleischgehalt halten Sie fest: 100 Prozent reines Rindfleisch. Für die Messgröße Knusprigkeit der Brötchen benötigen Sie kein aufwendiges Verfahren, sondern führen einen einfachen Crash-Test durch: Wählen Sie aus jeder Anlieferung fünf beliebige Brötchen aus, die Sie mit der flachen Hand zerdrücken. Knacken und knirschen sie beim Zerdrücken, hat die Lieferung den Crash-Test bestanden. Das hört sich simpel und beinahe lustig an, ist aber das Rezept vieler erfolgreicher Unternehmen: Mach's einfach! Ihr Brötchen-Test, den jeder Mitarbeiter schnell und einfach durchführen kann, spricht sich bei Ihren Lieferanten schnell herum, und sie werden sich um einwandfreie Qualität bemühen.

### 6. Schritt: Steuergrößen ermitteln

Ihre nächste Frage lautet: Wie schaffe ich es, den Erfolgsfaktor zu erreichen? Für den Faktor Einkaufsqualität ergeben sich als Steuergrößen:

- der Preis: Je mehr Sie bezahlen, desto bessere Qualität erhalten Sie in der Regel;
- die Lieferantenbeziehungen: Je genauer Sie der Großbäckerei Ihre Anforderungen schildern, je mehr Sie gemeinsam über geeignete Produktionsverfahren nachdenken, desto eher bekommen Sie die Qualität, die Sie für Ihre Brötchen wünschen;
- das Ausmaß der Qualitätskontrollen: Je häufiger Sie die Qualität des Rindfleisches überprüfen, je mehr Gewicht Sie auf die Qualität legen, desto stärker kommt Ihre Botschaft bei Ihren Lieferanten und Mitarbeitern an.

### 7. Schritt: Immer wieder neu analysieren, Veränderungen erfassen

Wie gezeigt verändern sich die kritischen Erfolgsfaktoren gerade in der Gründungs- und Aufbauphase eines Unternehmens laufend. Führen Sie deshalb die KEF-Analyse vor der Gründung und im ersten Geschäftsjahr Ihres Unternehmens alle drei Monate durch, später alle zwölf Monate.

## Wie Ihre Analyse schrittweise wächst

In den Schritten 3 bis 6 haben wir die KEF-Analyse für einen Erfolgsfaktor vollständig erarbeitet. Um das Beispiel zu erweitern, führen wir zwei weitere Erfolgsfaktoren ein, die Personalkostenkontrolle und den Standort. Ob es sich um einfache oder kritische Erfolgsfaktoren handelt, entscheidet sich wiederum über die Frage: Ist mein Erfolg auch ohne diesen Faktor möglich? Beide Faktoren leiten sich aus dem Ziel „15 Prozent Umsatzrendite" ab.

### Die Personalkostenkontrolle

Hierfür ergeben sich als Messkriterien:

- das Verhältnis der Personalkosten zum Umsatz. Als Standard legen Sie fest: Ihre Personalkosten dürfen höchstens 22 Prozent Ihres Umsatzes ausmachen.
- die Fluktuationsrate. Ihr Standard soll sein: 15 Prozent bei den Ganztagskräften und 80 Prozent bei den Aushilfen.
- die Auslastung der Mitarbeiter. Als Standard legen Sie hier 73 Prozent fest.

Um den Faktor Personalkostenkontrolle sicher zu erreichen, bieten sich folgende Steuergrößen an:

- die finanzielle Beteiligung der Führungskräfte am Erfolg der Personalkostenkontrolle,
- die Personalorganisation: Teilzeitkräfte sind für Führungsaufgaben weniger geeignet, bringen aber beim Zubereiten und Kassieren oft eine hohe Motivation mit; zudem sind deren Kosten wegen der Sozialversicherungsfreiheit geringer als bei Festangestellten. Je genauer Sie Ihre Mitarbeiter unter diesen Gesichtspunkten einsetzen, desto besser erreichen Sie das Ziel niedrige Personalkosten.
- die Einstellungspolitik: Stellen Sie beispielsweise Studenten ein, die kurz vor dem Examen stehen, dürfen Sie sich über eine hohe Fluktuationsrate nicht wundern.

### Der Standort

Ihre Messkriterien für den kritischen Erfolgsfaktor Standort/Räumlichkeiten sind:

- die Passantenfrequenz: Als Standard halten Sie mindestens 12 000 Passanten pro Tag fest;
- die Raumgröße: Ihr Standard ist mindestens 200 Quadratmeter;
- die Straßenfrontbreite: Ihr Standard liegt bei mindestens zehn Metern;
- die Miete: Dabei beträgt Ihr Standard höchstens 19 200 DM.

Als Steuergrößen ermitteln Sie die Suchintensität und Ihre Beziehungen zu Immobilienmaklern, die Ihnen die erforderlichen Räumlichkeiten rasch und zuverlässig vermitteln können. Auf diese Weise bauen Sie Ihre KEF-Analyse schrittweise auf und weiter aus. Um Ihre Analyse übersichtlich zu gestalten, empfiehlt es sich, mehrere DIN-A4-Blätter quer zu nehmen und fünf Spalten einzutragen. Der KEF-Analysebogen auf der folgenden Seite zeigt Ihnen das Beispiel „Hamburger-Restaurant" in übersichtlicher Form:

## BEISPIEL HAMBURGER-RESTAURANT

| Ziele | Kritische Erfolgsfaktoren | Messkriterien | Standards | Steuergrößen |
|---|---|---|---|---|
| Besten Hamburger der Stadt anbieten | Einkaufsqualität | Geschmack | Muss mir schmecken | Preis |
| | | Rindfleischgehalt | 100 Prozent | Lieferantenbeziehungen |
| | | Knusprigkeit der Brötchen | Crash-Test | Umfang der Qualitätskontrollen |
| 15 Prozent Umsatzrendite | Personalkostenkontrolle | Verhältnis Personalkosten zu Umsatz | 22 Prozent | Finanzielle Beteiligung der Führungskräfte am Kontrollerfolg |
| | | Fluktuationsrate | 15 Prozent bei Ganztagskräften, 80 Prozent bei Teilzeitkräften | Personalorganisation, Einstellungspolitik |
| | | Auslastung der Mitarbeiter | 73 Prozent | |
| | | Passantenfrequenz | 12 000 Passanten pro Tag | Suchintensität, Beziehungen zu Immobilienmaklern |
| | | Raumgröße | 200 qm | |
| | | Straßenfrontbreite | 10 m | |
| | | Miete | 19 200 DM | |

### Wie Sie ein wirksames Steuerungs- und Kontrollsystem aufbauen

Einer der Hauptgründe für unternehmerische Spitzenleistungen besteht darin, sich im eigenen Unternehmen umzusehen

Der tägliche persönliche Kontakt zu allen Stellen, regelmäßige Gespräche mit den Mitarbeitern sowie das Untersuchen von ungewöhnlichen Vorfällen schärfen Ihren Blick für alles, was sich in Ihrem Betrieb eigentlich tut.

Erstellen Sie dazu eine umfassende Checkliste, in der Sie festhalten, was Sie täglich prüfen wollen.

Merken Sie erst am Ende eines Geschäftsjahres, dass Ihre Personalkosten zu hoch sind, ist es meist zu spät. Wollen Sie dagegen sinnvoll kontrollieren und mit den Kontrollergebnissen Ihr Unternehmen steuern, müssen Sie mögliche Abweichungen früh entdecken und schnell reagieren. Überprüfen Sie deshalb täglich beispielsweise den Auslastungsgrad Ihrer Mitarbeiter und den Personalplan, um Fehler sofort abzustellen. Dafür müssen Sie zwar mehr an Ihrer Buchführung arbeiten, können aber Fehlentwicklungen unmittelbar gegensteuern.

CHECKLISTE

**So analysieren Sie in sieben Schritten Ihre kritischen Erfolgsfaktoren**

- Ich habe den strategischen Bezugsrahmen meines Unternehmens bestimmt.
- Ich habe mir für mein Unternehmen feste Ziele gesetzt, und zwar
  - □ strategische Ziele,
  - □ operative Ziele.
- Ich habe die kritischen Erfolgsfaktoren für mein Unternehmen ermittelt, und zwar
  - □ branchentypische, gründungsspezifische, strategiebestimmte, zeitweilige und die umweltbestimmte Erfolgsfaktoren,
  - □ die 5 bis 9 wichtigsten (= kritischen) Faktoren, die für mein Unternehmen entscheidend sind.
- Ich habe objektive und subjektive Messkriterien, um meine kritischen Erfolgsfaktoren zu überprüfen.
- Ich habe die Standards bestimmt, die ich bei jeder Messgröße einhalten will.
- Ich weiß, mit welchen Steuergrößen ich den jeweiligen kritischen Erfolgsfaktor aller Voraussicht nach erreichen kann.
- Ich erfasse die Veränderungen meiner Erfolgsfaktoren regelmäßig und verwende sie als Steuerungsgrößen für mein Unternehmen.

## Wie Sie mit rechtzeitiger Planung Ihre unternehmerischen Risiken verringern

Der Begriff „planen" hat im Deutschen immer noch einen negativen Beigeschmack. Er klingt nach Planwirtschaft, also nach dem Gegenteil dessen, was Sie mit Ihrer Gründung erreichen wollen.

WICHTIG

Richtig planen bedeutet jedoch vorbereiten und durchdenken, also Vordenken: Nicht das Ergebnis, der Plan, ist wichtig, sondern die gedankliche Vorbereitung.

Wie Untersuchungen zeigen, sind Unternehmer, die planen, einfach erfolgreicher als solche, die das nicht tun – aber nicht etwa, weil die Planung hundertprozentig eintrifft. Planwerte werden unterschritten und überschritten. Aber darauf kommt es nicht an; entscheidend ist vielmehr, dass Sie wissen, was zu tun ist, wenn es anders kommt.

### Was Sie mit Ihrer Unternehmensplanung erreichen

Mit einer realistischen Unternehmensplanung bekommen Sie die Zukunft Ihrer Firma sicher in den Griff. Ihre Planung hilft Ihnen – und auch Ihrer Bank – dabei zu erkennen, wie sich Ihr Unternehmen in nächster Zeit entwickeln wird. Weichen Ihre Plan- von den Istzahlen ab, können Sie rechtzeitig Maßnahmen einleiten, um Ihren Umsatz zu steigern, Ihre Kosten zu senken und Ihre Liquidität zu sichern. Erstellen Sie daher – am besten mit Hilfe eines Tabellen-Kalkulationsprogramms – einen Unternehmensplan, der aus den folgenden Teilen besteht:

- Absatzplan,
- Umsatzplan,
- Geldeingangsplan,
- Einkaufsplan,
- Kostenplan,
- Ertragsplan,
- Liquiditätsplan,
- Werbeplan.

Bei Ihrer Planung legen Sie die Ziele fest, die Sie mit Ihrer innerbetrieblichen Organisation und Ihren Mitarbeitern erreichen wollen. Die laufende Erfolgskontrolle, der Soll-Ist-Vergleich, zeigt Ihnen, ob Sie mit Ihrem Unternehmen Gewinne erzielen. Dazu benötigen Sie zahlreiche aktuelle Daten, die Ihnen ein geordnetes Rechnungswesen liefert.
Mit Ihrer Unternehmensplanung können Sie:

- Kredite für Investitionen oder Betriebsmittel besser beantragen,
- längerfristige Geldanlagen rechtzeitig auflösen,
- die Zahlungsziele Ihrer Kunden durch ein strafferes Mahnwesen verkürzen,
- längere Zahlungsziele mit Lieferanten vereinbaren und dabei notfalls auf Skontoerträge verzichten,
- geplante Investitionen oder Einkäufe aus Liquiditätsgründen verschieben.

**INFO**

**Mit den passenden Plänen haben Sie auch bei Ihrer Bank jederzeit gute Karten, denn diese ist verpflichtet, sich nach § 18 des Kreditwesengesetzes (KWG) „fortlaufend aktuell über Ihre wirtschaftlichen Verhältnisse zu unterrichten", sofern Ihr Kreditengagement 100 000 DM oder mehr beträgt.**

Häufig müssen Sie sich zusätzlich verpflichten, bestimmte Auflagen zu erfüllen, denn Ihre Bank möchte

- Ihre Geschäftsbücher jederzeit – sehr weitgehend – prüfen,
- regelmäßig Ihre Zwischenzahlen erhalten, beispielsweise EDV-Summen- und Saldenlisten sowie betriebswirtschaftliche Auswertungen,
- Ihre Planungsunterlagen einsehen.

Eine gut aufbereitete plausible Planung öffnet Ihnen die sonst vielleicht eher zugeknöpften Taschen Ihres Hausbankers. Präsentieren Sie Ihre Unterlagen in einer sauberen übersichtlichen Form. Fassen Sie Ihre Pläne kurz und übersichtlich, liefern Sie also keinen Zahlenfriedhof. Je kürzer und prägnanter Ihre Planung ist, umso größer ist Ihre Chance, dass Ihr Bankberater Ihre Zahlen wirklich gründlich studiert und zu einem positiven Ergebnis gelangt. Auf jeden Fall sollten Sie folgendes beachten:

**WICHTIG**

Ihre Planung unterliegt den gleichen Vorschriften wie alle Kreditunterlagen. Sie muss nach bestem Wissen und Gewissen Ihrem derzeitigen Informationsstand entsprechen und darf nicht „frisiert" sein.

### Wie Sie bei Ihrer Planung im einzelnen vorgehen

In Ihrem *Absatzplan* legen Sie fest, welche Produkte und Leistungen Sie zu welchen Preisen verkaufen wollen. Berücksichtigen Sie dabei die Marktsituation in Ihrem Geschäftsbereich wie Kaufkraft, Konkurrenz, Kundenwünsche, -struktur und Standortqualität, die Aussichten Ihrer Branche in naher Zukunft sowie die gesamtwirtschaftliche Situation.

**INFO**

Grundlage Ihres Absatzplans sind Verbands- oder Branchenstatistiken von Wirtschaftsforschungsinstituten, statistische Jahrbücher oder auch Statistiken Ihrer örtlichen Industrie- und Handels- beziehungsweise Handwerkskammer.

Steht Ihr Absatzplan, machen Ihnen Ihr *Beschaffungs(Einkaufs)plan* sowie gegebenenfalls Ihr *Produktionsplan* wenig Mühe. Auch Ihr *Personal(bedarfs)plan* beruht auf Ihrem Absatzplan sowie Ihren betrieblichen Erfordernissen für Organisation und Verwaltung. Können Sie mit den vorhandenen Kapazitäten Ihre Ziele nicht erfüllen, müssen Sie weitere Sachanlagen beschaffen und einen entsprechenden Investitionsplan aufstellen.

Ihr Absatzplan bildet die Grundlage für Ihren *Ertrags- und Einnahmenplan*. Zum Ertragsplan gelangen Sie über den Erlös- und Kostenplan. Einnahmen- und Ausgabenplan ergeben Ihren *Liquiditätsplan*, aus dem Sie bei Bedarf Ihren *Kreditplan* ableiten. Reichen Ihre Kreditlinien nicht aus, müssen Sie rechtzeitig weitere Mittel beschaffen, damit Sie jederzeit zahlungsfähig bleiben.

In Ihrem *Umsatzplan* berechnen Sie Ihre Umsätze für das kommende Geschäftsjahr. Dabei berücksichtigen Sie die einzelnen Monate entsprechend den prozentualen Anteilen am Gesamtjahr.

Den *Geldeingangsplan* ermitteln Sie entsprechend der Zahlungsweise Ihrer Kunden. Ihr Einkaufsplan zeigt Ihre Wareneinkäufe und Ihren durchschnittlichen Wareneinsatz.

Einfacher als Ihre Umsätze und Einnahmen können Sie im *Kostenplan* Ihre Kosten planen und diesen Plan bei disziplinierter Betriebsführung auch einhalten. Grundlage sind Ihre Kosten des Vorjahres. Berücksichtigen Sie die absehbaren Änderungen im kommenden Jahr. Verteilen Sie die Kosten auf die Monate, in denen sie anfallen. Kleinere Beträge können Sie als monatlichen Durchschnittswert über das ganze Jahr aufteilen.

Vom Ertrags- zum *Liquiditätsplan* ist es nur ein kleiner Schritt. Ihre Umsätze werden zu Geldeingängen. Außerdem bezahlen Sie Ihre Einkäufe und berücksichtigen – bei Einzelfirmen und Personengesellschaften – Ihre Privatentnahmen. Dazu gehört in den meisten Fällen auch die Mehrwertsteuer.
Hinzu kommen:

- Darlehenstilgungen,
- Investitionsausgaben,
- Auszahlungen von Darlehen,
- Einnahmen aus dem Verkauf von Anlagegütern.

Erstellen Sie zu Ihrem Ertragsplan im Laufe Ihres Geschäftsjahres einen *Soll-Ist-Vergleich* und vergleichen Sie dabei Ihre Plandaten mit Ihren tatsächlichen Ergebnissen. So können Sie feststellen, ob Ihre Planung wirklich sicher ist, und können bei Abweichungen sofort entsprechende Maßnahmen einleiten.
Bei den meisten Banken und Sparkassen erhalten Sie gegen eine geringe Schutzgebühr Broschüren zum Thema Planung mit entsprechenden Mustervordrucken.
Ganz wichtig ist auch noch folgendes, das gerade Jungunternehmer gerne übersehen: Denken Sie bei der Planung Ihrer Abschreibungen unbedingt an Ihre Investitionen, die Sie im Planjahr tätigen wollen – sonst reißen unvermeidliche Ausgaben große Lücken in Ihr Konzept.

## CHECKLISTE

**Was benötigen Sie noch?**

- Zum Nachweis Ihrer persönlichen und fachlichen Eignung:
  - ☐ beruflichen Werdegang, berufliche Urkunden wie Arbeitszeugnisse, Diplom, Meisterbrief, behördliche Zulassung,
  - ☐ Referenzen.
- Zu Ihrer Existenzgründung:
  - ☐ eine Schilderung des Vorhabens,
  - ☐ eine Marktbeschreibung, selbst oder von Dritten erstellt,
  - ☐ eine Markteinschätzung, eine Konkurrenzanalyse und eine Einschätzung der Zukunftsaussichten Ihrer Firma,
  - ☐ das Gutachten eines Existenzgründungsberaters oder einer Kammer,
  - ☐ Gewerbeerlaubnis,
  - ☐ gegebenenfalls den Gesellschaftsvertrag,
  - ☐ einen Handelsregisterauszug oder die Registeranmeldung,
  - ☐ sonstige wichtige Verträge, zum Beispiel mit dem Vermieter, Kunden und Lieferanten.
- Bei Beteiligung oder Übernahme eines Unternehmens:
  - ☐ zusätzlich dessen drei letzte Jahresbilanzen beziehungsweise die Zwischenzahlen.
- Zum Standort:

*Beim Bau und Kauf*

  - ☐ allgemeine Informationen über den Standort,
  - ☐ Grundbuchauszug,

- ☐ Kaufvertrag,
- ☐ Baugenehmigung,
- ☐ Gebäudeberechnung,
- ☐ Baukostenvoranschlag,
- ☐ Werkverträge (möglichst mit Festpreisen),
- ☐ Fotos (bei Kauf),
- ☐ Versicherungsnachweis.

*Bei Miete*

- ☐ Mietvertrag mit Mietkosten und Vertragslaufzeit,
- ☐ Objektzeichnungen.

■ Für Ihre Finanzierung:

- ☐ Ausgangszahlen, und zwar letzte Bilanzen, EDV-Auswertung des laufenden Jahres, betriebswirtschaftliche Auswertung, Absatzstatistik, Branchen- oder Betriebsvergleichszahlen,
- ☐ Planzahlen, insbesondere Umsatzplanung, Einkaufsplanung, Kosten- und Finanzierungsplan, Ertragsplan, Liquiditätsplan, Kapitaldienstplan unter Berücksichtigung öffentlicher Mittel und den Eigenkapitalnachweis.
- ☐ Zahlungsverpflichtungen, insbesondere: Aufwendungen, Investitionsausgaben, Anlagenverkäufe, Darlehenstilgungen, Kredit- und Bürgschaftsverpflichtungen, Privatentnahmen (bei Einzelfirmen oder Personengesellschaften), sonstige Ausgaben, die keinen Aufwand darstellen.

■ Zum Innenbetrieb:

- ☐ den Aufbau Ihres Rechnungswesens,
- ☐ Bilanz oder Einnahme-Überschuss-Rechnung,
- ☐ die Methoden Ihrer Vor- und Nachkalkulation,
- ☐ Unterlagen zum Controlling und Mahnwesen.

■ Versicherungen:

- ☐ gegen Feuer, Einbruch, Wasser, Sturm, Hagel für Gebäude und betriebliche Einrichtungen,
- ☐ Betriebs- und Produkthaftpflichtversicherung,
- ☐ Betriebsunterbrechungsversicherung,
- ☐ Kfz-Versicherung,
- ☐ Rechtsschutzversicherung,
- ☐ gegen Zahlungsausfälle Ihrer Kunden.

## Wie Sie sich selbst richtig motivieren

Unternehmer zu sein heißt auch sich selbst zu führen. Dafür brauchen Sie mindestens die gleiche Aufmerksamkeit, die Sie Ihrer unternehmerischen Aufgabe widmen. Nehmen Sie sich daher für die Antworten auf unsere Fragen ruhig mehrere Tage Zeit.
Als Unternehmer gehören Sie zu den Menschen, denen andere folgen, die etwas in

Angriff nehmen, andere mitziehen und motivieren. Dazu brauchen Sie besondere mentale Fähigkeiten. Ganz wesentlich ist dabei, sich in jeder Lage immer wieder selbst zu motivieren, sich selbst aus dem Sumpf hochzuziehen, auch wenn andere längst verzweifelt aufgeben würden. Haben Sie genügend Kraft und Willen dazu? Bitte überprüfen Sie das selbst mit den folgenden vier Testfragen.

Wichtig: Beantworten Sie jede Frage schriftlich, bevor Sie die Auswertung lesen. Reicht der Platz nicht aus, nehmen Sie ein Blatt zu Hilfe.

## So erkennen Sie Ihre Motive

### Testfrage 1

Was ist für mich bei meiner beruflichen Tätigkeit wichtig? Worauf kommt es mir besonders an?

Antwort: ..................................................

..................................................................

..................................................................

Auswertung: Um Ihre Motive zu beschreiben, haben Sie Begriffe verwendet, die Ihre Wertvorstellungen bei Ihrer beruflichen Tätigkeit kennzeichnen, beispielsweise: „Geld", „Selbständigkeit", „Spaß", „gestalten können", „kein Vorgesetzter mehr", „Freiheit", „Umgang mit Menschen", „Selbstverwirklichung", „Sicherheit". Das sind Merkmale, die Sie für Ihre Entscheidungen nutzen. Sie zeigen, ob irgendetwas es „wert" ist, getan zu werden.

Anhand dieser Merkmale beurteilen Sie auch später, ob Sie mit Ihrer Tätigkeit zufrieden sind. Sie leisten jedoch nicht nur Ihre Arbeit – auch Ihr Privatleben wirkt ständig auf Ihr berufliches Leben ein. Machen Sie sich deshalb bewusst, welche Werte Ihr Privatleben bestimmen.

### Testfrage 2

Was ist für mich in meinem Privatleben wichtig? Worauf kommt es mir dabei an?

Antwort: ..................................................

..................................................................

..................................................................

Auswertung: Schauen Sie sich Ihre beiden Antworten daraufhin an, wie oft Sie Begriffe wie „nicht", „nicht mehr", „kein" oder „weniger" benutzt haben. Haben Sie beschrieben, was nicht eintreten wird, was Sie vermeiden konnten? Verhalten Sie sich wie der Arzt, der sich solange gelangweilt und gewohnheitsmäßig mit seinem Patienten beschäftigt, bis er eine Krankheit findet, die ihn fesselt? Dann sind Sie vor allem durch Schwierigkeiten zu motivieren. Was Sie an Ihrem Unternehmen interessiert, sind eher die Schwachstellen, die Sie gern beseitigen wollen. Der Aufbau Ihres Unternehmens und dessen zukünftiges Gesicht beschäftigt Sie dabei weniger. Erlauben Sie eine Frage: Wie weit sind Sie bis jetzt mit Ihrer Firma gekommen? Wie haben Sie es geschafft, sich nicht von der Arbeit auffressen zu lassen? Sich nicht ablenken zu lassen? Hatten Sie vielleicht einen Partner, auf den Sie vieles abladen konnten?

Haben Sie in Ihrer Antwort beschrieben, was Sie später erreicht haben werden? Was möglich wird? Was Sie haben werden? Suchen Sie vergeblich nach Verneinungen in Ihrer Antwort? Dann sind Sie ziel- und ergebnisorientiert: Sie sind ein typischer Unternehmer. Überlegen Sie: Neigen Sie eher dazu, mögliche Hindernisse so lange zu verdrängen, bis sie kaum noch zu überwinden sind? In diesem Fall kann Sie ein echter Partner unterstützen.

### Was Sie steuert

Testfrage 3

Woher weiß ich, dass ich gut bin?

Antwort: ..................................................

..................................................

..................................................

Auswertung: Wissen Sie, dass Sie gut sind, weil andere Personen (Vorgesetzte, zufriedene Kunden, Freunde) es Ihnen sagen oder zeigen? Freuen Sie sich ganz allgemein über Zustimmung? Suchen Sie nach Anerkennung? Dann sind Sie eher außengeleitet. Bildhaft gesprochen: Der Richter Ihres Handelns steht außerhalb Ihrer selbst. Ihre Aufgaben und Ziele bekommen Sie vor allem von anderen.

Haben Sie sich über diese Frage gewundert, weil Ihnen sowieso klar ist, dass nur Sie wissen können, dass Sie gut sind? Verstehen Sie gar nicht, wie jemand Anerkennung suchen kann? Bedeutet Kundenzufriedenheit für Sie überwiegend reine Erfolgskontrolle? Dann sind Sie innengeleitet. Was andere sagen oder schreiben, nehmen Sie erst an, wenn Sie es selbst geprüft und als richtig erkannt haben: Sie sind ein typischer Unternehmer.

### Was einen „richtigen" Unternehmer ausmacht

Testfrage 4

Wie verhalte ich mich? Neige ich eher dazu, abzuwarten und zu überlegen, bevor ich handle? Warte ich günstigere Bedingungen ab? Untersuche ich erst einmal meine Lage, bevor ich mich zum Handeln entschließe? Oder springe ich sofort ins Wasser und sehe dann zu, wie ich mich darin halte?

Antwort: ..................................................

..................................................

..................................................

Auswertung: Im ersten Fall sind Sie eher der Feuerwehrmann, der solange nichts unternimmt, bis tatsächlich ein Feuer ausbricht. Oder der Gendarm, der solange ruht, wie alle friedlich sind. Sie warten auf andere. Sie reagieren eher. Im zweiten Fall sind Sie – um im Bild zu bleiben – eher der Feuerleger oder der Räuber. Sie sind aktiv. Sie nehmen von sich aus etwas in Angriff: Sie sind der typische Unternehmer.

### Welche mentalen Eigenschaften Sie mitbringen müssen

Mit den bisherigen Tests konnten Sie feststellen, welche wesentlichen Persönlichkeitszüge eines Unternehmers Sie besitzen, ob Sie also

- wissen, was für Sie wichtig ist,
- zielgerichtet denken,
- sich Ihre Ziele selbst setzen,
- aus eigenem Antrieb handeln.

**WICHTIG**

Haben Sie festgestellt, dass Ihnen die eine oder andere mentale Fähigkeit fehlt, spricht das nicht gegen Ihr Unternehmertum. Sorgen Sie in diesem Fall nur dafür, dass auch diese Fähigkeit in Ihrer Firma vertreten ist.

Genauso wichtig für Ihr Unternehmen sind die anderen: Jemand, der ständig auf mögliche Gefahren und Nachteile von Entscheidungen hinweist, Menschen, die nachdenken, bevor sie handeln, Menschen, die sich ihre Ziele von anderen (auch von Ihnen) setzen lassen. Damit sind Ihre persönlichen Erfolgsfaktoren jedoch nicht ausgeschöpft. Wesentlich sind auch die Fähigkeiten,

- auf Menschen zuzugehen, auch auf ganz fremde: Wer die persönlichen und kulturellen Eigenarten seiner Kunden, Lieferanten, Geschäftspartner und Mitarbeiter nicht wertfrei stehen lassen kann, also nicht tolerant ist, braucht sich über ein eingeschränktes Betätigungsfeld nicht zu wundern. Wer aber die Fremdartigkeit anderer Menschen begrüßt, für andere offen ist, dem steht auch die Welt – der Markt – offen. Auch diese Fähigkeit können Sie bei sich selbst entwickeln.
- sich selbst emotional zu steuern, sich selbst zu motivieren. Motivieren bedeutet sich in Bewegung setzen: Um uns zu bewegen, brauchen wir einen Grund, ein Motiv – etwas, das wir unbedingt haben oder erreichen wollen. Um dieses Bedürfnis zu befriedigen, sind wir bereit, unsere Ruhelage aufzugeben. Wer seine Motive kennt, nimmt mit größerer Sicherheit solche Aufgaben in Angriff, deren Ergebnisse ihn befriedigen. Er verzettelt sich nicht.

### Wie Sie Ihre Ziele richtig ordnen

Die einzelnen Stufen zur Bedürfnisbefriedigung, zur Erfüllung unserer Werte, bestehen aus (Zwischen-)Zielen. Als Unternehmer bauen Sie sich Ihre Gesamttreppe selbst. Sie brauchen eine hohe Motivation für jede Stufe, auch wenn es gelegentlich Rückschläge gibt. Dazu müssen Sie Ihre Ziele genau bestimmen und aussagefähig formulieren.

Sie können nicht alle Ziele gleichzeitig anpacken – Sie brauchen eine gewisse Ordnung. Ein Ordnungsgesichtspunkt ist deren Wert im Hinblick auf die unterschiedliche Bedeutung Ihrer Motive. Ein anderes, fürs erste einfachere Merkmal ist die Zeit. Nehmen Sie Papier und Bleistift und tragen Sie Ihre Ziele so ein, wie sie Ihnen einfallen. Ordnen Sie sie anschließend in langfristige oder Lebensziele, mittelfristige und kurzfristige Ziele. Wollen Sie diese Ziele sicher erreichen, sollten Sie einige Regeln beachten, die sich in der Praxis bewährt haben.

### So erreichen Sie sicher Ihre selbst gesteckten Ziele

Führen Sie sich ein Erlebnis vor Augen, das mit Sicherheit bei Ihnen eintreten wird, beispielsweise einen zukünftigen erfreulichen Termin, etwas Schönes, das Sie auf jeden Fall in wenigen Stunden oder Tagen tun werden. Das kann ein fest eingeplantes Essen sein, die kommende Fahrt zum Büro oder die Arbeit an Ihrem Lieblingsprojekt. Wollen Sie, dass Ihr vorgenommenes Ziel mit gleicher Sicherheit eintritt?

Bevor Sie eine Treppe Stufe für Stufe bauen, fragen Sie sich: Auf welchem Boden baue ich? Wo? In einem bestimmten Gebäude oder im Freien? An welcher Stelle liegt die gerade anstehende Stufe? Wer soll sie benutzen? Mit wem zusammen baue ich? Wann soll diese Stufe fertig sein? Wieviel Zeit will ich dafür einsetzen?

Denken Sie wieder an das Erlebnis, das Sie mit Sicherheit haben werden: Wissen Sie, wer dabei ist? Wo? Wann? Auf die eigene Planung übertragen, lautet die Regel: Machen Sie sich klar, in welchen räumlichen, zeitlichen und menschlichen Zusammenhang Sie Ihr Ziel setzen wollen. Beantworten Sie nun die Fragen: Wo? Wann? Mit wem?
Welchen Sinn hat es, sich Elemente einer Treppe zu merken, die Sie nicht wollen? Was hilft es, wenn Sie angeben: „Kein Teakholz" oder „nicht grün"? Sind Sie mit allem anderen zufrieden? Auch mit Stroh? Außerdem: Wissen Sie genau, dass Sie mit Zement bauen wollen, wie sinnvoll ist die Angabe „mehr Zement"? Meinen Sie zehn Gramm oder eine Tonne mehr? Beschreiben Sie das Erlebnis, das auf jeden Fall eintreten wird, plakativ in einem kurzen Satz. Verwendeten Sie Verneinungen oder Vergleiche? Wohl kaum.
Also lautet die erste Regel: Formulieren Sie Ihr Ziel als bejahende Aussage, als Bestätigung. Vermeiden Sie negative Aussagen wie „nicht" oder Vergleiche wie „weniger" oder „mehr". Streben Sie das an, was Sie wollen, nicht das, was Sie nicht wollen. So machen Sie es sich leichter, weil Sie direkter vorgehen.
*Mein Ziel* ..................................................

..................................................................

..................................................................

Denken Sie wieder einen Augenblick lang an das sichere zukünftige Erlebnis: Sind Sie dabei von anderen abhängig? Wenn ja: In welchem Umfang? Überprüfen Sie, ob diese Abhängigkeit die Sicherheit des Eintretens beeinflußt. Dic Regel lautet: Formulieren Sie Ihr Ziel jetzt so, dass Sie es selbst einleiten und im Griff haben. Fragen Sie sich: Gehe ich mein Ziel selbst an? Habe ich die Kontrolle darüber? Weiß ich, wie ich mir bei Bedarf die Unterstützung anderer sichern kann? Oder mache ich mich vom Wohlverhalten anderer Menschen abhängig, die ich nicht beeinflussen kann? Hängt Ihr Erfolg davon ab, dass Mitarbeiter, Geschäftspartner, Politiker sich aus eigenem Antrieb „richtig" verhalten, oder dass sich die Konjunktur zufriedenstellend entwickelt? Dann erreichen Sie Ihr Ziel erst, wenn es anderen gefällt. Im Extremfall machen Sie sich zum Spielball anderer.
*Formulieren Sie hier Ihr Ziel besser*:

..................................................................

..................................................................

..................................................................

Erinnern Sie sich wieder an das erfreuliche Erlebnis, das Sie haben werden. Sie können sich klar vorstellen, was Sie dabei hören und spüren werden. Dabei stellen Sie fest: Das Ereignis ist umso wahrscheinlicher, je deutlicher Sie es sich vorstellen. Stellen Sie sich das Erlebnis sehr intensiv vor, ist es fast Wirklichkeit. Beantworten Sie sich jetzt die Frage: Was sehe, höre, spüre ich, wenn ich mein Ziel erreiche? Damit stärken Sie übrigens auch Ihr *Vorstellungsvermögen*:

..................................................................

..................................................................

..................................................................

Viele Menschen streben und kämpfen weiter und längere Zeit, als sie müßten. Sie reden noch auf ihren Gesprächspartner ein, obwohl er längst überzeugt ist. Andere tun zu wenig: Sie geben vorzeitig auf. Beide sind unzufrieden. Sie wussten nicht, woran sie erkennen sollten, wann sie ihr Ziel erreicht haben. Sie hatten keine klare Vorstellung davon. Halten Sie fest, woran Sie erkennen werden, dass Sie Ihr *Ziel erreicht* haben: ..................................................

..................................................................

..................................................................

Sind Sie in Berlin, können Sie nicht gleichzeitig in Hamburg sein. Sind Sie abends um neun Uhr im Büro, können Sie nicht gleichzeitig mit Ihrer Frau (Ihrem Mann) gemütlich zu Abend essen. Bauen Sie ein Unternehmen auf, können Sie kaum auch noch täglich eine Stunde lang mit Ihren Kindern spielen, Freundschaften pflegen und dreimal pro Woche Sport treiben. Das heißt: Streben Sie ein Ziel an, beeinflusst das Ihre übrigen Lebensbereiche.

Bedenken Sie: Jedes Ziel, das Sie erreichen wollen, hat bestimmte Folgen. Oft müssen Sie auf etwas verzichten, einen Preis zahlen. Ihr Ziel sollte mit Ihren Motiven übereinstimmen, besonders mit denen, die Sie hoch bewerten. Dann tun Sie das, was Sie sich vorgenommen haben, energisch und sind voll davon überzeugt. Machen Sie sich diese Tatsache bewusst! Tun Sie das nicht jetzt, während Sie Ihr Ziel bestimmen, fordert das Leben später seinen Tribut von Ihnen.

Fragen Sie sich also: Wie ändert sich mein Leben, wenn ich für mein Ziel arbeite und es erreiche? Wie wird mein Umfeld darauf antworten? Stimmt dieses Ziel mit meinen Prioritäten überein? Bekommen Sie Zweifel oder sehen Sie Nachteile, entscheiden Sie: Entweder Sie stimmen zu, den Preis für Ihr Ziel zu zahlen, oder Sie formulieren Ihr Ziel neu. Dann können Sie Ihre ganzen Kräfte sammeln und zuversichtlich Ihr Ziel anpeilen: ..................................................

..................................................................

..................................................................

Sie haben ein Ziel bestimmt: Sie haben sich vorgenommen, „eine Stufe zu bauen“. Die Stufe einer Treppe zu bauen, ist erst dann befriedigend, wenn wir sie als einen Schritt auf dem Weg zur ganzen Treppe sehen, wenn sie damit einen Sinn hat. Aber auch die ganze Treppe zu bauen, ist erst dann wirklich reizvoll, wenn sie einem Zweck dient, wenn sie einen erstrebenswerten Ort erreichbar macht. Ebenso gehen Sie erst mit Freude und Eifer an Ihre Aufgabe heran, wenn Ihr gesetztes Ziel einen Sinn hat, wenn es etwas möglich macht, wenn sich Ihnen dadurch neue Möglichkeiten eröffnen.

Es lohnt sich deshalb, sich den Sinn des Ziels bewusst zu machen. Formulieren Sie in wenigen Sätzen das „Wozu“ Ihres Ziels. Vergegenwärtigen Sie sich den Vorteil, den Nutzen, den Gewinn, den Sie aus dem erreichten Ziel ziehen werden:

..................................................................

..................................................................

..................................................................

### Wie Sie sich Ihr Ziel wie ein Werbeprofi verkaufen

Gestalten Sie Ihren mentalen Werbefilm. Sie wissen, mit wieviel Kreativität die Werbung Produkte und Dienstleistungen veranschaulicht, wie sehr sie Farbe, Licht und Schatten, Klänge, ja Tast-, Riech- und Geschmacksempfinden einbezieht. Das hat einen Sinn. Das macht das Produkt oder die Dienstleistung anziehender als reine Tatsachen. Das Gleiche können Sie mit Ihrem Ziel tun. Nehmen Sie sich etwas Zeit, in der Sie ungestört sind. Denken Sie an Ihr Ziel. Stellen Sie es sich mit allen Sinnen vor: Sehen Sie, hören Sie, spüren Sie, riechen Sie, schmecken Sie, was zum Ziel gehört! Da niemand Ihre Mal- oder Zeichenkünste beurteilt, machen Sie sich den Spaß: Malen oder zeichnen Sie Ihr Ziel. Oder erfinden Sie spontan ein passendes Bild, ein Motto oder ein Symbol.

Jetzt haben Sie Ihrem Ziel einen stärkeren Zielanreiz geschenkt. Sie haben Ihr Gehirn geprägt, ihm eine Bahn gegeben, die das Ziel verlockend gemacht hat. Es wird nach den Gesetzen der Autosuggestion alles tun, um dieses Ziel zu erreichen.

Einem Schiffskapitän nutzt der Leuchtturm als Richthilfe am besten, wenn er ihn schnell auf seiner Navigationskarte bestimmen kann. Ihnen nutzt Ihr Ziel als Richthilfe am besten, wenn Sie es schnell auf Ihrer Zeit-Navigations-Karte festhalten können. Beim Formulieren des Ziels haben Sie schon einen Zeitrahmen angegeben. Tragen Sie nun Ihr Ziel in Kurzform oder als Symbol in Ihren Kalender oder Ihr Zeitplan-Buch ein. So haben Sie Ihr Ziel dauernd im Blick.

### Wie Sie Ihre unternehmerische Zukunft programmieren

Führen Sie ein mentales Zeitplan-Buch: Das führt Ihnen Ihr Ziel nicht nur immer wieder, sondern dauerhaft vor Augen, wenn auch nicht immer bewusst. Wie Sie mit einem Zeitplan-Buch oder einem Kalender die Zeit sichtbar machen, so stellt sich auch Ihr Gehirn Ihre persönliche Zeit vor. Leider benutzen die wenigsten Menschen dieses Zeitbuch im Kopf so wirksam, wie es möglich wäre. Lernen Sie Ihr mentales Zeitplan-Buch kennen: Öffnen Sie es. Holen Sie es in Ihr Bewusstsein und tragen Sie dort Ihr Ziel ein. Dieses Zeitbuch wiegt nichts und begleitet Sie überallhin.

Beantworten Sie zuerst folgende Fragen: Wo ist meine Zukunft? Wo ist meine Vergangenheit? Wo ist meine Gegenwart? Sehen Sie die Antworten nicht gleich, lassen Sie Ihr Gefühl mitspielen: Stellen Sie sich die Frage nach der Zukunft und zeigen Sie spontan mit dem Finger auf die Stelle, wo die Zukunft für Sie liegt.

Machen Sie das Gleiche mit der Vergangenheit und der Gegenwart. Manche Menschen haben die Zukunft vor sich, für andere ist es die Vergangenheit, andere wieder sehen Ihre Zukunft neben sich oder über sich – manche erleben die Gegenwart um sich herum, andere vor sich, andere wiederum hinter sich. Gehen Sie jetzt in die Einzelheiten: Wählen Sie etwas Alltägliches, das Sie immer schon getan haben – und immer tun werden – wie beispielsweise das Zähne putzen. Denken Sie an diese Tätigkeit gestern und zeigen Sie, „wo" diese Tätigkeit gestern liegt. Dann morgen. Danach, als Sie etwa einen Monat jünger waren. Dann ungefähr einen Monat in der Zukunft. Anschließend je ein halbes Jahr in der Vergangenheit und in der Zukunft. Es folgen: ein Jahr, fünf Jahre und, wenn Sie wollen, zehn Jahre und mehr. Verbinden Sie nun die einzelnen Ereignisse mit einer vorgestellten Linie. Das ist dann

Ihr mentales Zeitplan-Buch oder Ihre Zeitlinie.

Tragen Sie jetzt Ihr Ziel in Ihr mentales Zeitplan-Buch ein, beispielsweise so: Stellen Sie sich Ihre Linie auf dem Boden ausgebreitet vor. Begradigen Sie sie dabei. Legen Sie auf der Linie fest, wo die Gegenwart (G) und der Zeitpunkt der Zielerreichung (Z) liegen. Legen Sie dazu je einen Zettel auf den Boden. Stellen Sie sich auf den Platz der Gegenwart und blicken Sie in Richtung Zukunft. Führen Sie sich dort das Ziel vor Augen, sehen Sie sich selbst im Ziel. Benutzen Sie als Hilfe ruhig die entsprechenden Zettel.

Gehen Sie jetzt zu Ihrem Ziel: Sehen Sie, was Sie sehen, hören Sie, was Sie hören, spüren Sie, was Sie spüren, wenn Sie Ihr Ziel erreicht haben – im Grunde ist es ein Wiedererkennen, da Sie Ihr Ziel ja schon vorher bestimmt und beschrieben haben.

Gehen Sie jetzt über das Ziel hinaus weiter. Von diesem neuen Standpunkt aus erkennen Sie auf einen Blick Ihr nun vergangenes Ziel, den Weg dahin und den Ort G, die damalige Gegenwart. Entdecken Sie von hier aus:

- Sind Sie unzufrieden? Dann überprüfen Sie Ihr Ziel. Haben Sie alle möglichen Folgen berücksichtigt, den Preis angenommen? Wenn nicht: Jetzt können Sie Ihr Ziel noch neu bestimmen und es verbessern. Gehen Sie zurück zur Gegenwart und tun Sie es.
- Was haben Sie gebraucht, um Ihr Ziel zu erreichen: welche Fähigkeiten, welche Hilfsmittel, welche Unterstützung?
- Woher haben Sie sich diese Unterstützung geholt?
- Was war der erste Schritt, den Sie damals gegangen sind?

Blicken Sie jetzt auf Ihr Ziel und auf die frühere Gegenwart zurück.

Kommen Sie nun wieder zurück in die Gegenwart und blicken Sie in die Zukunft. Entscheiden Sie jetzt: Werde ich den ersten Schritt tun?

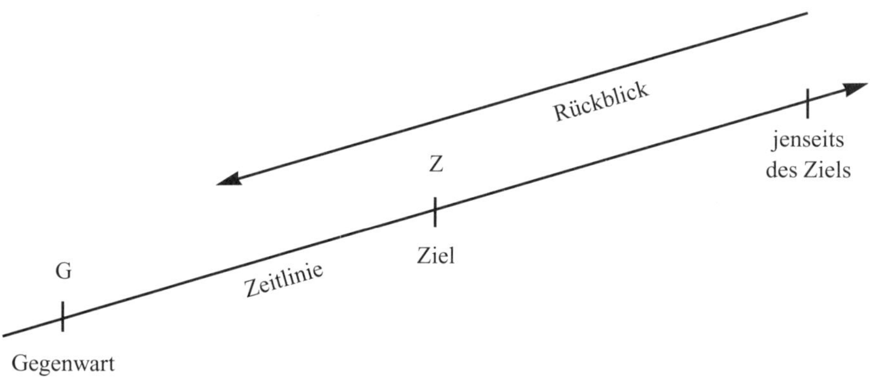

# Wie Sie den richtigen Start erwischen

## Welche Gründungshelfer Sie einsetzen können

Bei Ihrer Unternehmensgründung und auch beim weiteren Aufbau Ihrer Firma stehen Ihnen zahlreiche Helfer zur Seite. Dazu gehören Ämter und Beratungsstellen der Kammern, spezielle Gründungs- und Unternehmensberater, Wirtschafts- und Steuerberater, Bankberater und Rechtsanwälte. Viele Gründungshelfer arbeiten ohne weitere Formalitäten kostengünstig oder kostenfrei für Sie, doch kommen Sie bei einem Unternehmens- oder Steuerberater beziehungsweise einem Rechtsanwalt um einen Beratungsvertrag nicht herum.

**WICHTIG**

**Schließen Sie mit Ihrem Berater – am besten schriftlich – einen Geschäftsbesorgungsvertrag entsprechend den Vorschriften des Bürgerlichen Gesetzbuchs (BGB) ab. Bestimmen Sie in Ihrem Vertrag genau die Tätigkeiten und den Zeitaufwand, den Ihr Berater für Sie leisten soll.**

Auch Ihre Konto- und Kreditverträge mit Ihrer Bank sollten Sie genau klären, vor allem Art und Höhe Ihrer Kreditlinien und Darlehen, die Kosten für die von Ihnen in Anspruch genommenen Kredite, Ihre Kontogebühren sowie Ihre Informationspflichten gegenüber Ihrem Kreditinstitut.

**INFO**

**Die Deutsche Ausgleichsbank (DtA) empfiehlt, bereits in der Phase der Gründungsvorbereitung ein erstes Finanzierungsgespräch mit der Hausbank zu führen, um mögliche Fristen zu wahren.**

Machen Sie alle Angaben wahrheitsgemäß, damit Sie sich nicht wegen Subventionsbetrugs strafbar machen.

### Gründungshelfer von A bis Z: nützliche Paten und Sponsoren für Ihr junges Unternehmen

*Ämter für Wirtschaftsförderung* finden Sie in den meisten Städten und Gemeinden. Lassen Sie sich dort vor allem in Fragen der Ansiedlung Ihres Unternehmens und des Standorts beraten und prüfen Sie Kauf-, Miet- und Pachtangebote über Gewerbegrundstücke und -objekte. Das für Sie zuständige Amt für Wirtschaftsförderung hilft Ihnen auch beim „Marsch durch die Institutionen“ und unterstützt Sie beim Umgang mit kommunalen Behörden.

Die *Beratungsstellen von Industrie, Handel und Handwerk* sind die zentralen Anlaufstellen des Bundesverbandes der Deutschen Industrie (BDI), des Deutschen Groß- und Außenhandels, des Einzelhandels und des Handwerks. Darüber hinaus ist das Rationalisierungskuratorium der Wirtschaft (RKW) mit Beratungszentralen in einigen Großstädten vertreten.
Die *Bundesanstalt für Arbeit* (BA) fördert Existenzgründungen von Arbeitslosen und gibt Finanzierungsmittel zur Einstellung von Arbeitslosen und Schwerbehinderten.
Eine umfangreiche *Fachliteratur* befasst sich mit allen Fragen der Unternehmensgründung. Auch eine Reihe von Kreditinstituten sowie das Bundeswirtschaftsministerium liefern Ihnen – teilweise kostenlose – Broschüren.
Nutzen Sie auch Ihr *Finanzamt* als Gründungshelfer. Der für Sie zuständige Sachbearbeiter in der Einkommen- oder Umsatzsteuerstelle ist ein wichtiger Gesprächspartner und unterstützt Sie – kostenlos!
Die *Franchisegeber* (siehe Kapitel Franchising) verkaufen ihr Konzept jeweils für ein bestimmtes Marktgebiet an die Franchisenehmer, die ihre Kunden mit bekannten Markenartikeln oder Dienstleistungen versorgen. Ihr Franchisegeber sollte Sie umfassend beraten.

**INFO**

**Nehmen Sie öffentliche Fördermittel in Anspruch, muss Ihr Vertrag die Auflagen der Deutschen Ausgleichsbank erfüllen. Lassen Sie ihn daher durch Ihre Hausbank prüfen.**

Wollen Sie sich als Handwerksmeister selbständig machen, ist die *Handwerkskammer* Ihres Bereichs Ihre erste Anlaufstelle. Die Beratungsstelle unterstützt Sie beim Erstellen Ihres Gründungskonzepts, bei der Finanzierung und gegebenenfalls beim Ausfüllen der Formulare. Die Kosten halten sich im Rahmen. Beantragen Sie öffentliche Mittel wie Eigenkapitalhilfedarlehen, erstellt die Kammer ein Gutachten.
Haben Sie Ihr Gründungskonzept und einen ersten Kostenplan entwickelt, wenden Sie sich an Ihre *Hausbank.* Das Institut sollte bereits erfolgreich mit mittelständischen Unternehmen zusammenarbeiten.
Ist Ihr Gründungskonzept schlüssig und das finanzielle Engagement der Bank überschaubar, haben Sie als langjähriger Kunde gute Chancen. Das Verhältnis zu Ihrer Hausbank muss dabei auf gegenseitigem Vertrauen beruhen.

**WICHTIG**

**Bereiten Sie Ihre Kreditgespräche gründlich vor und legen Sie ausreichendes Beurteilungsmaterial vor. So verkürzen Sie die Bearbeitung Ihres Kreditantrags.**

Fragen Sie Ihren Bankberater auch nach Ihnen zustehenden öffentlichen Kreditmitteln und lassen Sie sich beim dafür erforderlichen „Papierkrieg“ helfen.
Auch als Kleingewerbetreibender sind Sie Mitglied Ihrer örtlichen *Industrie- und Handelskammer* (IHK) und zahlen Beiträge, die sich nach Ihrem Umsatz richten.

IHKs bieten ebenfalls eine fachkundige Gründerberatung und preisgünstige Seminare an.
Beantragen Sie öffentliche Mittel wie Eigenkapitalhilfedarlehen, erstellt die IHK ein Gutachten zu Ihrer Existenzgründung.
*Kapitalbeteiligungsgesellschaften* (KBG) liefern – meist als stille Gesellschafter – Existenzgründern haftendes Kapital zur Verstärkung Ihrer Eigenkapitalbasis. Die Hürden, die Sie nehmen müssen, um dieses „Venture Capital“ zu erhalten, sind jedoch sehr hoch. Neben der Wagnisfinanzierungsgesellschaft (WFG) gibt es in einigen Bundesländern solche KBGs.
*Kreditgarantiegemeinschaften* und Bürgschaftsbanken wurden für Existenzgründer, die für die benötigten Kredite ihrer Bank keine ausreichenden Sicherheiten stellen können, von Handel, Handwerk und gewerblicher Wirtschaft gegründet. Diese Institutionen übernehmen nach positiver Prüfung Ihres Antrags gegenüber Ihrem Kreditinstitut, das Ihr Vorhaben finanziert, Ausfallbürgschaften für bis zu 80 Prozent der Kreditsumme. So können Sie Ihr Vorhaben eventuell doch noch durchführen.
Nutzen Sie für Ihre Existenzgründung ein Bündel öffentlicher Fördermittel, die Ihnen auf Ihren Antrag hin die *öffentlichen Banken*, insbesondere die DtA und die Kreditanstalt für Wiederaufbau (KfW), zur Verfügung stellen. Dabei geht es vor allem um günstige Existenzgründungsdarlehen, ERP-Darlehen und Eigenkapitalhilfedarlehen aus Bundes- oder ERP-Mitteln. Daneben gibt es zahlreiche weitere Fördertöpfe, beispielsweise die der Bundesländer und der Europäischen Union (EU).

Füllen Sie Ihren Antrag am besten mit Hilfe Ihres Existenzgründungsberaters, der Kammer oder Ihrer Bank aus und reichen Sie ihn bei Ihrer Hausbank ein. Nutzen Sie *PC-Programme* und -Arbeitshilfen zur Planung und Durchführung Ihrer Existenzgründung. Es gibt günstige Büropakete, mit denen Sie von der Auftragsbearbeitung über die Rechnungsstellung bis zum Mahnwesen und der Abwicklung des Zahlungsverkehrs kostengünstig arbeiten können. Fragen Sie Ihren Existenzgründungsberater nach speziellen PC-Programmen für alle relevanten Fördermittel.

**WICHTIG**

Sie erhalten die Fördermittel nur, wenn Sie bei Abgabe des Antrags mit Ihrem Vorhaben noch nicht begonnen haben. Vorher dürfen Sie keinerlei Gründungshandlungen vornehmen, also keine wesentlichen Verpflichtungen eingehen sowie keine Kauf-, Liefer- und Bauverträge abschließen.

Ihr *Steuerberater* oder Wirtschaftsprüfer sollte sich in Ihrer Branche gut auskennen, Sie auch über Steuerfragen hinaus beraten und gegebenenfalls bei Ihren Bankgesprächen unterstützen. Fragen Sie bei Branchenkollegen oder Ihrem Berufsverband nach Empfehlungen.
*Technologieberatungsstellen* sind meist bei Universitäten angesiedelt. Wollen Sie ein „High-Tech“-Unternehmen gründen, erhalten Sie hier Hilfe bei Ihrem Antrag auf Zu-

schüsse, Darlehen sowie Beteiligungskapital aus dem Programm „Förderung technologieorientierter Unternehmensgründungen (TOU)".

Die *Technologiezentren* werden durch kommunale Wirtschaftsverbände oder Gebietskörperschaften getragen und sollen der jeweiligen Region den High-Tech-Nachwuchs erhalten. Als Jungunternehmer und Existenzgründer können Sie hier günstig Büro- und Gewerbeflächen mieten sowie die passende Büroinfrastruktur kostenlos oder preisgünstig nutzen.

*Unternehmensberater* sind neben Steuerberatern und Wirtschaftsprüfern Ihre wichtigsten Gründungsberater.

Sprechen Sie auch mit einem *Versicherungsberater.* Zwar können Sie sich nicht dagegen versichern, dass Sie mit Ihrem Geschäft Schiffbruch erleiden. Alle anderen Risiken können Sie jedoch versichern. Folgende Versicherungen kommen für Sie in Frage:

- Bauherrenhaftpflichtversicherung,
- Bauleistungsversicherung,
- Betriebshaftpflichtversicherung,
- Betriebsunterbrechungsversicherung,
- Gebäudeversicherung,
- Inventar- und Warenversicherung,
- Kraftfahrzeugversicherung,
- Kreditversicherung,
- Rechtsschutzversicherung.

Selbst Fachleute überblicken oft nicht die Vielfalt der einzelnen Versicherungsarten. Ein *Versicherungsmakler,* der selbständig arbeitet und an keine bestimmte Versicherungsgesellschaft gebunden ist, kann Ihnen helfen, das für Sie günstigste Angebot herauszufinden. Es gibt auch Versicherungsberater, die keine Versicherungen verkaufen und Sie daher objektiv – gegen ein entsprechendes Honorar – beraten.

*Wirtschaftsförderungsgesellschaften* (WfG) sind meist Gesellschaften mit beschränkter Haftung, deren Träger und Gesellschafter öffentliche Gebietskörperschaften wie Kreise oder Bundesländer sind. Während die Ämter für Wirtschaftsförderung auf kommunaler Basis arbeiten, helfen die WfG überörtlich bei der Ansiedlung Ihres Unternehmens durch qualifizierte Beratung zu Standortfragen und öffentlichen Fördermitteln für Ihr Ansiedlungsgebiet sowie beim Umgang mit kommunalen Behörden.

Zentrale Anlaufstellen für Existenzgründer sind neben den öffentlichen Banken des Bundes und der Länder vor allem die *Zentralverbände* von Industrie, Handel, Handwerk, freien Berufen und Landwirtschaft sowie die Verbände der Unternehmensberater.

## Welche Ansprechpartner Ihnen weiterhelfen

### Fördermittel

- Bundesanstalt für Arbeit
Regensburger Str. 104, 90478 Nürnberg
Tel.: 0911/179-0, Fax: 0911/179-21 23
- Deutsche Ausgleichsbank (DtA)
Wielandstr. 4, 53170 Bonn
Tel.: 0228/831-0, Fax: 0228/831-25 59
- Kreditanstalt für Wiederaufbau (KfW)
Palmengartenstr. 5-9, 60325 Frankfurt a.M.
Tel.: 069/74 31-0, Fax: 069/74 31-29 44
- Bundesministerium für Wirtschaft
Villemombler Str. 76, 53123 Bonn
Tel.: 0228/615-0, Fax: 0228/615-34 78

### Investitionszulagen

■ Bundesministerium der Finanzen
Graurheindorfer Str. 108, 53117 Bonn
Tel.: 0228/682-0, Fax: 0228/682-44 20
Sprechen Sie dazu auch Ihr Finanzamt an.

### Bürgschaften

■ Verband der Bürgschaftsbanken e.V.
c/o Landesgarantiekasse
Schleswig-Holstein GmbH
Muhliusstr. 38, 24103 Kiel
Tel.: 0431/59 07-0, Fax: 0431/59 07-60
Hier erhalten Sie auch die Adressen der einzelnen Bürgschaftsbanken und Garantiegemeinschaften.

### Technologieförderung und -zentren

■ Bundesverband der Technologie- und Gründerzentren, ADT e.V.
Rudower Chaussee 5, 12489 Berlin
Tel.: 030/63 92-62 21, Fax: 030/63 92-62 22

### Beteiligungskapital (unter anderem)

■ Bundesverband deutscher Kapitalbeteiligungsgesellschaften e.V.
Karolingerplatz 10-12, 14052 Berlin
Tel.: 030/30 69 82-0, Fax: 030/30 69 82-20

■ Westdeutsche Kapitalbeteiligungsgesellschaft (WestKB)
Friedrichstr. 56, 40217 Düsseldorf
Tel.: 0211/826-30 66, Fax: 0211/826-61 68

### Existenzgründungsberatungen

■ Alt hilft jung e.V.
Kennedyallee 62-70, 53175 Bonn
Tel.: 0228/889-236, Fax: 0228/889-348

■ BBE Betriebliche Beratungsstelle für den Einzelhandel
Lothringer Str. 56-68, 50677 Köln
Tel.: 0221/33 97-1, Fax: 0221/32 82 10

■ Bundesverband der Deutschen Industrie (BDI) e.V.
Gustav-Heinemann-Ufer 84-88,
50968 Köln
Tel.: 0221/3708-1, Fax: 0221/3708-730

■ Bundesverband der Wirtschaftsberater
Schützweg 3, 73087 Bad Boll
Tel.: 07164/41 22, Fax: 07164/41 77

■ Bundesverband Deutscher Unternehmensberater BDU e.V.
Friedrich-Wilhelm-Str. 2, 53113 Bonn
Tel.: 0228/23 80 55, Fax: 0228/23 06 25

■ Deutscher Industrie- und Handelstag (DIHT)
Adenauerallee 148, 53113 Bonn
Tel.: 0228/104-0, Fax: 0228/104-158

■ Rationalisierungs-Kuratorium der Deutschen Wirtschaft (RKW) e.V.
Düsseldorfer Str. 40, 65760 Eschborn
Tel.: 06196/49 53-55, Fax: 06196/49 53-03

### Franchising und Franchisegeber

■ Deutscher Franchise Verband e.V.
Paul-Heyse-Str. 33-35, 80336 München
Tel.: 089/53 50 27, Fax: 089/53 13 23

### Unternehmensgründung allgemein

■ Bundesverband Junger Unternehmer der ASU e.V.
Mainzer Str. 238, 53179 Bonn
Tel.: 0228/95459-0, Fax: 0228/95459-90

■ Verband Deutscher Unternehmerinnen e.V.
Gustav-Heinemann-Ufer 94, 50968 Köln
Tel.: 0221/37 50 74, Fax: 0228/34 31 71

■ Wirtschaftsjunioren Deutschland
Adenauerallee 148, 53113 Bonn
Tel.: 0228/104-514, Fax: 0228/135-40 20

CHECKLISTE

**Mit zehn erprobten Grundsätzen bereiten Sie Ihre Unternehmensgründung richtig vor**

- Ich weiß, dass ich bei meiner Gründung nicht alles selbst machen muss, sondern Helfer einsetzen kann.
- Ich nutze meine(n) Berater auch bei meinem Unternehmensaufbau.
- Ich kenne die wichtigsten Ansprechpartner und Adressen, an die ich mich wenden kann.
- Ich weiß, welche Beratungsleistungen ich von den einzelnen Ansprechpartnern erwarten kann.
- Ich informiere mich vor Abschluss eines Beratungsvertrags genau über die Kosten, die bei der Beratung auf mich zukommen.
- Ich schließe mit meinen Beratern rechtssichere Verträge ab, die genau deren Leistungen festlegen.
- Ich weiß, was ich in den Konto- und Kreditverträgen mit meiner Bank regeln muss.
- Ich führe schon bei meiner Gründungsvorbereitung ein erstes Bankgespräch.
- Ich stelle die jeweils erforderlichen Unterlagen, insbesondere meine Planzahlen, vor jedem Gespräch in übersichtlicher Form zusammen und bereite mich auf die Gespräche gründlich vor.
- Ich beantrage öffentliche Fördermittel immer, bevor ich mit meinem Vorhaben begonnen habe.

## Was ein Unternehmensberater für Sie tun kann

Ein guter Unternehmensberater ist einer Ihrer wichtigsten Helfer beim Auf- und Ausbau Ihrer Firma. Niemand kann in jedem Bereich Bescheid wissen. Um aber dauerhaft erfolgreich zu sein, müssen Sie sich auf sehr vielen Gebieten auskennen: Produktplanung, Finanzierung, Einkauf, Werbung, Steuern, Unternehmensstrategie, Personalwesen, EDV ... Mit den Jahren schleicht sich in vielen Betrieben auch eine gewisse Betriebsblindheit ein, etwa nach dem Motto: „Das haben wir schon immer so gemacht und deshalb muss es gut sein.“

### Wie Sie den richtigen Unternehmensberater finden

In der Beraterbranche tummeln sich leider auch schwarze Schafe, denn die Berufsbezeichnung des Unternehmensberaters ist nicht geschützt: Jeder kann sich einen Titel wie Unternehmens-, Wirtschafts- oder Betriebsberater auf seine Visitenkarte schreiben. Ihr Berater sollte einem renommierten Verband, beispielsweise dem Bundesverband Deutscher Unternehmensberater (BDU) oder dem Rationalisierungs-Kuratorium der Deutschen Wirtschaft (RKW), angehören. Auch die meisten IHKs und Handwerkskammern führen Listen von Beratern aus der jeweiligen Region. Beim Verband der Branche, in der Sie tätig sind, sind oft auf Ihren Geschäftszweig spezialisierte Berater bekannt. Fragen Sie auch Geschäftsfreunde und Branchenkollegen nach Beratern, mit denen diese bereits gut zusammengearbeitet haben.

## Wie Sie sich auf die Beratung richtig vorbereiten

Bei einer Gründung soll Ihr Unternehmensberater Problempunkte in Ihrem Gründungskonzept ausfindig machen, bei einer allgemeinen Beratung Schwachstellen in Ihrer Firma und Ihren unternehmerischen Abläufen entdecken und Ihnen dazu fundierte Lösungen anbieten. Ein Berater unterstützt Sie auf vielen Gebieten, etwa bei:

- Ihrer Unternehmensplanung /-strategie,
- Ihrer Standortwahl,
- Ihrer Produktwahl und Sortimentsgestaltung,
- Ihrer Finanzierung,
- Ihrer Organisation,
- Ihren Personalfragen,
- Ihrem Einkauf und Ihrer Lagerhaltung,
- Ihrem Rechnungswesen und Ihrer Kalkulation,
- Ihren Kostensparplänen,
- Ihrem EDV-Einsatz,
- Ihrer Werbung.

Zu diesen Fragen können Sie Einzelberater, kleine Beratungsbüros oder eine Beratungsgesellschaft ansprechen. Die Anbieter haben sich meist auf bestimmte Branchen, Spezialgebiete oder Unternehmensgrößen spezialisiert. Sehen Sie sich nach einem Anbieter um, der sich mit kleinen und mittleren Unternehmen auskennt.

**INFO**

**Erwarten Sie von einem Unternehmensberater keine Rechts- oder Steuerberatung, Wirtschaftsprüfung, Versicherungsvermittlung, Anlageberatung und auch keine Vermögensverwaltung. Für diese Aufgaben sind andere Fachleute zuständig.**

Lassen Sie sich von mehreren Beratern Informationsmaterial zusenden. Ziehen Sie drei Ansprechpartner in Ihre engere Wahl und vereinbaren Sie mit ihnen Gesprächstermine. Seriöse Berater verlangen für das Erstgespräch kein Honorar. Klären Sie im Vorgespräch sieben Fragen:

- das *Beratungsziel* und den *-inhalt:* Erläutern Sie dem Berater, was Sie von ihm erwarten;
- den *Beratungsbeginn* und *-ablauf:* Lassen Sie sich den Ablauf genau erklären und sprechen Sie auch den Zeitaufwand an;
- die *regionale Präsenz*: Informieren Sie sich über den Wohnsitz des Beraters. Vorteilhaft ist es, wenn er in Ihrer Region wohnt oder eine Niederlassung der Beratungsgesellschaft in Ihrer Nähe liegt: „Brennt“ es einmal, entfallen lange Anfahrtzeiten und hohe Reisekosten;
- die *Beraterqualifikation:* Fragen Sie den Berater nach seiner Ausbildung und Berufserfahrung.

- die *Referenzen:* Fragen Sie nach Adressen von Betrieben, bei denen der Berater erfolgreich tätig war. Beachten Sie jedoch: Viele Berater wollen die Namen ihrer Kunden nicht nennen, weil sie zur Geheimhaltung verpflichtet sind.
- die *Umsetzung* und *Betreuung:* Klären Sie, ob der Berater Sie auch bei der Umsetzung Ihrer Neuerungen unterstützen und Sie laufend betreuen kann.
- das *Honorar* und die *Nebenkosten:* Fragen Sie nach der Höhe und Zusammensetzung des Honorars und informieren Sie sich auch über die Zahlungsbedingungen.

Ihr Berater sollte im Vorgespräch auf vorschnelle Lösungsvorschläge verzichten: Fundierte Konzepte kann er Ihnen nur mit gründlichen Kenntnissen über Ihren Betrieb vorlegen.
Verlangen Sie nach dem ersten Gespräch ein schriftliches Angebot und entscheiden Sie sich erst dann. Achten Sie darauf, dass die „Chemie“ zwischen Ihnen und Ihrem Berater stimmt. Nur wenn Sie dem Berater vertrauen und ihn sympathisch finden, sollten Sie ihn engagieren.
Haben Sie sich für einen Unternehmensberater entschieden, schließen Sie unbedingt einen schriftlichen Vertrag ab, der folgende Punkte enthält:

- Aufgabe und Ziel der Beratung,
- Beratungsinhalt und Vorgehensweise,
- Zeitpunkt des Beginns der Beratung und ihre Dauer,
- Regelung zur vorzeitigen Beendigung der Beratung,
- Höhe des Honorars und Zahlungsbedingungen.

Legen Sie vor der Beratung alle erforderlichen Unterlagen bereit und enthalten Sie dem Berater keine Informationen vor. Offenheit ist eine wichtige Voraussetzung für den Erfolg einer sinnvollen Unternehmensberatung.
Erklären Sie Ihren Mitarbeitern vor Beratungsbeginn Ihr Vorhaben. Erläutern Sie ihnen dabei Ihre Gründe. Vermeiden Sie, dass die Mitarbeiter die Beratung als Gängelungsmaßnahme ansehen. Beziehen Sie die betreffenden Mitarbeiter deshalb von Anfang an in die Beratung mit ein.

**TIPP**

**Ergeben sich während der Beratung neue Fragen, oder möchten Sie bestimmte Themen intensiver behandeln lassen, halten Sie auch diese Änderungen schriftlich fest.**

Sie selbst bestimmen den Beratungsinhalt. In der Praxis ist jedoch vielen Unternehmern die Ursache ihrer Schwierigkeiten nicht klar. Sie erklären daher oft die Symptome der dahinterliegenden Ursachen zum Hauptproblem. Die tatsächlichen Schwächen einer Firma findet der Berater meist jedoch nur mit einer gründlichen Analyse der wichtigsten Unternehmensbereiche.

### Wie Sie aus der Beratung den meisten Nutzen ziehen

Das Gründungskonzept, das Sie gemeinsam mit Ihrem Berater erarbeiten, bildet eine wichtige Grundlage für Ihre Verhandlungen mit Banken und anderen Kapitalgebern sowie für Anträge auf öffentliche Finanzierungshilfen. Die Geschäftsidee selbst und das Grobkonzept müssen jedoch von Ihnen kommen. Der Berater

- stellt fest, ob Sie sich von Ihrer Persönlichkeit und Ihrem Fachwissen her für das Unternehmerdasein eignen,
- prüft mit Ihnen zusammen, ob Sie die Idee auch umsetzen können,
- drückt Ihre Konzeption in Zahlen aus, erstellt also mit Ihnen gemeinsam Ihre Umsatz-, Kosten- und Erfolgspläne,
- verfeinert Ihr Konzept und entwickelt es weiter,
- prüft den Standort auf seine Eignung für Ihr Vorhaben,
- hält die Ergebnisse in einem Beratungsbericht fest.

Beachten Sie: Berater müssen häufig auch unbequeme Wahrheiten aussprechen. Bei Ihrer Unternehmensberatung erhalten Sie nur dann das gewünschte Ergebnis, wenn Sie dazu selbst Ihren Beitrag leisten: Arbeiten Sie mit dem Berater zusammen – und nicht gegen ihn. Nehmen Sie sich Zeit und sorgen Sie dafür, dass Sie während des Beratungsgesprächs ungestört sind.
Der Erfolg der Beratung schlägt sich erst einige Zeit später in Ihrem Betrieb nieder. Erwarten Sie deshalb keine Wunder, denn Unternehmensberater sind weder Zauberer noch Propheten. Sie nehmen Ihnen weder Ihre unternehmerischen Entscheidungen noch die Verantwortung ab. Der Unternehmer bleiben immer Sie selbst. Setzen Sie die gemeinsam erarbeiteten Vorschläge auch in die Tat um. Gute Berater bieten Ihnen dabei ebenfalls ihre Hilfe an und betreuen Sie auf Wunsch auch später weiter.

### Was Sie eine Beratung kostet

Für Unternehmensberater gibt es keine Gebührenordnung wie für Steuerberater oder Rechtsanwälte. Die Berater können die Honorare deshalb nach eigenem Gutdünken festsetzen. Es ist üblich, das Honorar in „Manntagen" zu berechnen. Unter einem Mann- oder „Frautag" versteht man die Arbeit eines Beraters an einem Arbeitstag mit acht Stunden. Setzen zwei Berater für einen Auftrag je vier Tage ein, ergeben sich acht Manntage.

**INFO**

Veranschlagen Sie für eine Existenzgründungsberatung, die Ihre Geschäftsidee auf Herz und Nieren prüft, im Durchschnitt drei bis neun Manntage. Das Honorar für einen Manntag liegt zur Zeit bei 1 200 bis 3 500 DM. Die Höhe hängt von der Ausbildung und Erfahrung des Beraters ab.

Auch die Spezialisierung auf bestimmte Branchen oder Gebiete und die technische Ausstattung des Beraters wirken sich auf den Tagessatz aus.
Beachten Sie: Der Berater mit dem niedrigsten Tagessatz kann Sie teurer zu stehen kommen als ein solcher mit hohen Beratungssätzen, weil er vielleicht mehr Zeit braucht, um Ihre Entscheidungsgrundlagen zu erarbeiten.

Meist ist ein festes Honorar vorteilhaft: Sie können Festpreisangebote besser vergleichen und wissen von vornherein, was auf Sie zukommt. Tauchen jedoch während der Beratung völlig neue Fragen auf, kann der Berater möglicherweise sein Festpreisangebot nicht einhalten, um das gewünschte Beratungsergebnis zu erzielen. Lassen Sie sich von Ihrem Berater in einem solchen Fall erklären, warum und um wie viele Manntage er seine Beratung erweitern muss.

Halten Sie unbedingt alle Honorarvereinbarungen schriftlich fest. Und Vorsicht: Berater, die sich nicht zu den Kosten der Beratung äußern wollen, sind unseriös. Lassen Sie sich nicht auf den Hinweis ein, das werde sich während der Beratung schon herausstellen! Hände weg von Beratern, die Erfolgshonorare oder gar -provisionen verlangen! Dies ist bei seriösen Beratern nicht üblich.

Bei zahlreichen Beratungen kleiner und mittlerer Betriebe übernimmt der Staat einen Teil der Kosten. Sprechen Sie das Wirtschaftsministerium Ihres Bundeslandes oder Ihre Industrie- und Handelskammer (IHK) zu den Landeshilfen für Ihr Beratungsvorhaben an. Der Bund greift Ihnen vor allem bei einer Existenzgründungsberatung, bei allgemeinen Beratungen zur organisatorischen und technischen Unternehmensführung sowie bei Umweltschutz- und Energieeinsparberatungen unter die Arme.

Bei allgemeinen Beratungen und Umweltschutzberatungen sind Sie antragsberechtigt, wenn Sie ein rechtlich selbständiges Unternehmen führen, das sich nicht im Mehrheitsbesitz von anderen Unternehmen befindet, und wenn Sie nicht an anderen größeren Unternehmen nennenswert beteiligt sind.

### INFO

Der Bund fördert einzelne Beratungen durch Zuschüsse. Dazu dürfen Sie bestimmte Umsatzgrenzen nicht überschreiten und müssen die Beratungsrechnung zunächst selbst bezahlen. Wenden Sie sich zu den Einzelheiten, auch den Zuschussprogrammen der Bundesländer, an Ihren Fachverband.

Sie erhalten auf Antrag einen Zuschuss zu den vom Berater in Rechnung gestellten Beratungskosten. Dazu gehören das Honorar sowie die Auslagen und Reisekosten des Beraters, nicht jedoch die Mehrwertsteuer.

### WICHTIG

Sie dürfen den Zuschuss erst nach Abschluss der Beratung beantragen und müssen zunächst das gesamte Honorar selbst begleichen. Ansprechpartner für die Beratungsförderung sind die Leitstellen, die Ihnen Ihre IHK nennt. Dort erhalten Sie die Förderrichtlinien und die Antragsformulare für den Zuschuss.

CHECKLISTE

**Mit elf Prüfpunkten gestalten Sie die Beratung für Ihr Unternehmen erfolgreich**

- Ich kenne das Beratungsziel für meine Firma beziehungsweise mein Vorhaben.
- Ich stelle passende Adressen von Beratern und Beratungsgesellschaften zusammen.
- Ich führe mit drei ausgewählten Beratern ein kostenloses Vorgespräch.
- Ich bitte um ein detailliertes Angebot mit den entsprechenden Kosten.
- Ich entscheide mich für ein bestimmtes Angebot, weil
  - ☐ ich diesem Berater vertraue,
  - ☐ ich sein Vorgehen plausibel finde,
  - ☐ es eine Niederlassung der Beratungsfirma in meiner Nähe gibt oder der Berater in meiner Region wohnt,
  - ☐ er mich auch bei der Umsetzung des Konzepts unterstützt,
  - ☐ eine langfristige Betreuung möglich ist.
- Ich schließe einen schriftlichen Beratungsvertrag ab.
- Ich nehme mir ausreichend Zeit für den Berater und stelle mich auch unangenehmen Wahrheiten.
- Ich stelle ihm alle benötigten Unterlagen zur Verfügung und enthalte ihm keine Informationen vor.
- Ich beziehe meine Mitarbeiter in die Beratung mit ein.
- Ich nutze bei den dafür vorgesehenen Beratungen die Zuschüsse des Bundes und der Länder.
- Ich setze das Beratungsergebnis in die Tat um und überprüfe regelmäßig den Erfolg der Neuordnung meiner Firma.

## So starten Sie nebenberuflich mit Erfolg

Ein gutes Sprungbrett für den Start in Ihre Selbständigkeit kann eine nebenberufliche Tätigkeit sein. Das ist ein guter Weg, um als Arbeitnehmer in aller Ruhe und ohne alles auf eine Karte setzen zu müssen, eine Geschäftsidee und das Gründungskonzept zu testen beziehungsweise zu verfeinern. Mehr als drei Millionen Deutsche gehen heute einem Nebenjob nach – mit steigender Tendenz. Die wichtigsten Gründe dafür sind:

- steigende Preise, Steuern und Abgaben,
- stagnierende, sogar sinkende Einkommen im Hauptberuf,
- der Wunsch, sich mehr leisten zu können,
- wachsende Arbeitslosigkeit,
- unausgefüllte Freizeit durch Vorruhestandsregelungen.

## Welche rechtlichen Vorschriften für Sie gelten

Das Arbeitsrecht unterscheidet bei einem Nebenjob zwischen einem zweiten Arbeitsverhältnis und einer *selbständigen Nebentätigkeit*.

### Die selbständige Nebentätigkeit

Nach Ansicht der Finanzbehörden sprechen folgende Punkte für eine selbständige Nebentätigkeit:

- Sie setzen Ihr eigenes Kapital ein.
- Sie tragen das Unternehmer- und Haftungsrisiko.
- Sie sind nicht weisungsgebunden.
- Sie haben keinen Anspruch auf Urlaub und Lohnfortzahlung.
- Sie sind in keiner Form in den Betrieb Ihres Auftraggebers eingegliedert.

Bei der Unterscheidung zwischen Arbeitsverhältnis und selbständigem Nebenerwerb kommt es entscheidend auf das Gesamtbild an. Ein Merkmal für sich allein hat noch keine Aussagekraft. Selbst eine Gewerbeanmeldung reicht nicht aus, wenn nicht auch die genannten Merkmale vorliegen. Das im Grundgesetz verankerte Recht der freien Berufsausübung gilt auch für selbständige Unselbständige. Danach gilt grundsätzlich:

- Sie sind nicht verpflichtet, Ihren Chef über eine selbständige Nebentätigkeit zu informieren.
- Ihre Firma kann Ihnen eine nebenberufliche Selbständigkeit nicht verbieten.

Abweichend von diesen Grundsätzen gibt es jedoch für Arbeitnehmer eine Reihe von gesetzlichen Vorschriften und Ausnahmen, die auch einen selbständig ausgeübten Nebenverdienst einengen oder sogar ganz verbieten können. Das häufigste Hindernis steht in vielen Arbeitsverträgen in Form der sogenannten Nebentätigkeitsklausel, beispielsweise: „Nebenbeschäftigungen – auch unentgeltliche – dürfen nur nach vorheriger Zustimmung des Arbeitgebers ausgeübt werden, es sei denn, die Interessen des Arbeitgebers werden durch die Nebenbeschäftigung nicht berührt."

„Eine sehr schwammige Formulierung", werden Sie sagen. Aber das erwähnte Grundrecht auf freie Berufsausübung lässt sich per Arbeitsvertrag nicht so einfach generell einschränken. Auch in Tarifverträgen und Betriebsvereinbarungen kann es Klauseln zur Nebenbeschäftigung geben. Und schließlich spielt auch gemäß Arbeitsrecht die Treuepflicht des Arbeitnehmers gegenüber seinem Arbeitgeber eine wichtige Rolle.

Beachten Sie: Ihre Nebentätigkeit – egal ob selbständig ausgeübt oder nicht – verletzt die Interessen Ihres Arbeitgebers, wenn

- Sie Ihrem Chef mit dieser Tätigkeit direkt Konkurrenz machen;
- Sie Ihre Pflichten als Arbeitnehmer in Ihrem Hauptberuf nicht hundertprozentig erfüllen, etwa, wenn Sie für Ihre nebenberufliche Selbständigkeit ständig bis spät in die Nacht arbeiten und morgens unausgeschlafen am Arbeitsplatz erscheinen;
- Sie während des Erholungsurlaubs Ihrer Nebenbeschäftigung nachgehen;
- der Arzt Sie arbeitsunfähig geschrieben hat und Sie in dieser Zeit nebenher arbeiten.

**INFO**

Im Gegensatz zu den nebenberuflichen Arbeitsverhältnissen schränkt die Arbeitszeitordnung den zeitlichen Rahmen einer selbständigen Nebentätigkeit in keiner Weise ein.

Riskieren Sie im Zweifelsfall nicht leichtfertig Ihren Arbeitsplatz. Sprechen Sie auf jeden Fall vorher mit Ihrem Chef. Treffen Sie klare schriftliche Vereinbarungen, beispielsweise darüber, dass Sie auch während Ihres Urlaubs nebenher arbeiten dürfen. Die Praxis zeigt, dass viele Firmen nichts dagegen einzuwenden haben.

## Was Staatsdiener, Rentner, Arbeitslose, Hausfrauen und Studenten beachten müssen

Bis auf wenige Ausnahmen benötigen Mitarbeiter des öffentlichen Dienstes für eine nebenberufliche Selbständigkeit die Genehmigung ihres Dienstherrn. Den genauen Wortlaut der entsprechenden Bestimmung finden die Bediensteten in der für ihre Behörde vom Bund oder dem Land erlassenen Nebentätigkeitsverordnung. Die Genehmigung müssen sie immer schriftlich beantragen und dabei die Art sowie den Umfang des selbständigen Nebenverdienstes angeben.

Wird die Erlaubnis für einen selbständigen Nebenjob verweigert, muss die Behörde dem Antragsteller die Gründe für die Ablehnung nachvollziehbar erläutern. Verweigert der Dienstherr die Genehmigung willkürlich oder ohne schlüssige Begründung, können Sie dagegen Widerspruch einlegen und in letzter Konsequenz sogar vor dem zuständigen Verwaltungsgericht klagen. Keine Genehmigung brauchen Sie bei einer künstlerischen, wissenschaftlichen oder schriftstellerischen Nebentätigkeit. Auch für eine Dozenten- oder Vortragstätigkeit ist die Zustimmung des Dienstherrn nicht erforderlich. Ist eine nebenberufliche Arbeit nur von geringfügiger Bedeutung, gilt die Genehmigung laut der Nebentätigkeitsverordnung als automatisch erteilt. Leider legen die meisten Verordnungen die Geringfügigkeitsgrenze nicht genau fest.

**INFO**

Ein selbständiger Nebenjob gilt in der Praxis als nicht mehr geringfügig, wenn der Zeitaufwand über acht Stunden pro Woche liegt und der Verdienst im Verhältnis zum Gehalt lukrativ wird.

Genehmigungsfrei sind alle Nebentätigkeiten unter acht Wochenstunden und mit einem Jahresverdienst unter 2 400 DM. Allerdings muss auch hier der Dienstherr über die Nebentätigkeit Bescheid wissen. Hausfrauen und Studenten unterliegen keinerlei Beschränkungen hinsichtlich der Art und des Umfangs einer selbständigen Tätigkeit. Beachten Sie jedoch die steuerrechtlichen Vorschriften der Finanzämter und die Gewerbeordnung.

Auch Rentner dürfen sich selbständig machen. Alle Renter, die ihre Regelaltersrente wegen Vollendung des 65. Lebensjahres erhalten, dürfen grundsätzlich so viel und so lange hinzuverdienen, wie sie wollen – die Altersrente wird in voller Höhe weitergezahlt. Natürlich müssen sie dann ihr Einkommen aus der selbständigen Tätigkeit versteuern.

Wenn Sie den Weg in die Selbständigkeit planen und eine der folgenden Renten beziehen, fordern Sie am besten bei der zuständigen Landesversicherungsanstalt die ausführliche und kostenlose Broschüre „Rente und Hinzuverdienst" an:

- Altersrente vor Vollendung des 65. Lebensjahres,
- Rente wegen Berufs- oder Erwerbsunfähigkeit,
- Erziehungsrente,
- Witwen-, Witwer- oder Waisenrente.

Weiter hilft auch der Verband Deutscher Rentenversicherungsträger e.V. (VDR), Eysseneckstr. 55, 60322 Frankfurt a. M., Tel.: 069/15 22-0, Fax: 069/15 22-320.

Wer beim Arbeitsamt arbeitslos gemeldet ist und Arbeitslosengeld oder -hilfe erhält, darf ebenfalls einer selbständigen Nebentätigkeit nachgehen. Halten Sie sich jedoch unbedingt an diese beiden Spielregeln, damit Sie nicht Ihren Leistungsanspruch verlieren oder gar eine Strafe riskieren:

- Die Dauer Ihrer selbständigen Nebentätigkeit muss unter 18 Stunden pro Woche liegen.
- Sie müssen Ihre selbständige Nebentätigkeit dem Arbeitsamt melden, da andernfalls unerlaubte Schwarzarbeit vorliegt.

## Worauf es bei der Sozialversicherung und beim Finanzamt ankommt

Während für nebenberufliche Arbeitsverhältnisse zahlreiche sozialrechtliche Vorschriften gelten, ist dies für freiberufliche und gewerbliche Nebentätigkeiten eindeutig geregelt: Nebenberuflich Selbständige, die von zu Hause aus arbeiten, müssen keine Beiträge zur Sozialversicherung leisten. Eine Ausnahme besteht nur, wenn Sie Aushilfskräfte oder feste Mitarbeiter beschäftigen.

### INFO

Als Arbeitnehmer sind Sie ja bereits renten-, kranken-, arbeitslosen- und unfallversichert. Auch bei einer selbständigen Tätigkeit bleiben diese Versicherungen bestehen, solange Sie neben Ihrer Selbständigkeit noch einen Hauptberuf als Arbeitnehmer ausüben.

Mit dem Finanzamt können Sie dagegen schnell in Streit geraten: Wenn Sie in den ersten Jahren Ihrer selbständigen Nebentätigkeit in Ihrer Einkommensteuererklärung laufend Verluste ausweisen, stuft die Behörde Ihren Nebenjob möglicherweise als „Liebhaberei" ein. Besonders häufig passiert das bei Tätigkeiten, die mit Freizeitaktivitäten zu tun haben, zum Beispiel Schriftstellerei, Fotografie, Kleintierzucht oder Yachtcharterbetrieb. Viele Steuerzahler haben versucht, den Fiskus an den Ausgaben für ihr Hobby zu beteiligen. Sie deklarierten ihre Freizeitbeschäftigung einfach als selbständige Nebentätigkeit und wiesen die anfallenden Kosten als Verluste aus. Die Finanzämter prüfen deshalb die Verhältnisse sehr genau, wenn lange hohe Verluste eingefahren werden.

Aber selbst nach einigen Jahren Verlust heißt es beim Finanzamt nicht automatisch „Hobbyfirma". Entscheidend ist, ob Sie glaubhaft machen können, dass Sie mit der selbständigen Nebentätigkeit ernsthaft Umsätze und Gewinne erzielen wollen. Folgende Merkmale sprechen dafür:

- Sie weisen nach, dass Sie Geschäftsbeziehungen zu Kunden geknüpft haben beziehungsweise unterhalten.
- Sie können Kundenumsätze nachweisen, oder Ihre Verluste nehmen von Jahr zu Jahr langsam ab.
- Sie betreiben Ihre selbständige Nebentätigkeit dauernd und auf kaufmännisch professionelle Art und Weise.

Oft versucht das Finanzamt im fünften Verlustjahr, die nebenberuflichen unternehmerischen Aktivitäten als „steuerlich unbeachtliche Liebhaberei" abzustempeln. Lassen Sie sich dadurch jedoch nicht beeindrucken, sondern weisen Sie Ihre klare Absicht nach, Gewinne zu erzielen. Es gibt zahlreiche Urteile der Finanzgerichte, die Verluste auch über einen Zeitraum von fünf Jahren hinaus als steuerlich anzuerkennen werten.

Im übrigen haben Sie es auch als „Feierabend-Selbständiger" mit den Steuern zu tun: Das Finanzamt behandelt Ihren Umsatz aus der selbständigen Nebentätigkeit grundsätzlich getrennt von Ihrem Haupteinkommen als Arbeitnehmer. Mit der jährlichen Einkommensteuererklärung melden Sie dem Finanzamt Ihre geschäftlichen Umsätze und den erzielten Gewinn beziehungsweise Verlust.

Fast alle selbständigen Nebenberufler haben am Anfang ihrer Nebentätigkeit den Status von Kleingewerbetreibenden. Bei der Gewerbesteuer behandelt Sie Ihre Gemeinde wie jeden anderen Unternehmer.

## CHECKLISTE

**Sieben Grundsätze für Ihre nebenberufliche Selbständigkeit**

- Ich habe als Arbeitnehmer geklärt, ob mein Arbeitsvertrag eine Nebenbeschäftigungsklausel enthält.
- Ich habe vorher mit meinem Chef oder Vorgesetzten über mein Vorhaben gesprochen.
- Ich habe als Mitarbeiter des öffentlichen Dienstes die Genehmigung meines Dienstherrn eingeholt.
- Ich beachte als Rentner oder Arbeitsloser die besonderen Richtlinien und Hinzuverdienstgrenzen.
- Ich weiß, dass ich als nebenberuflich Selbständiger nur dann Sozialversicherungsbeiträge zahlen muss, wenn ich Mitarbeiter beschäftige.
- Ich kenne mich wie jeder Unternehmer mit der Einkommen-, Umsatz- und Gewerbesteuer aus.
- Ich habe für meine gewerbliche Nebentätigkeit einen Gewerbeschein beantragt beziehungsweise meinen freiberuflichen Nebenverdienst dem Finanzamt mitgeteilt.

### Wie Sie als Existenzgründer von zu Hause aus beginnen

Der Geschäftsanfang von der eigenen Wohnung oder vom eigenen Haus aus verringert Ihre Risiken beim Start und spart Ihnen eine Menge Kosten. Prüfen Sie im Fall einer *Mietwohnung* zunächst Ihren Mietvertrag auf eine mögliche Verbotsklausel. Beginnen Sie Ihre Tätigkeit in keinem Fall ohne die Einwilligung Ihres Hauswirts. Erklären Sie ihm – am besten im persönlichen Gespräch – ruhig und sachlich, dass Sie keinen oder nur wenig Kundenverkehr haben und die Nachbarn mit Ihrer Tätigkeit nicht stören werden.

> **TIPP**
>
> Zeigt sich Ihr Hauswirt unwillig, schlagen Sie ihm eine Testphase vor. Das hat schon manchen Vermieter umgestimmt.

### So finden Sie den besten Heimarbeitsplatz

Auch wenn Sie keinen abgeschlossenen Raum ganz zu Ihrem Heimbüro umfunktionieren können, müssen Sie nicht auf das Arbeiten von zu Hause aus verzichten. Denken Sie genau über Ihre Wohnung nach und entscheiden Sie sich dann für einen bestimmten Platz. Fragen Sie sich: Wie kann ich das vorhandene Platzangebot bestmöglich nutzen? Wie komme ich zurecht, ohne die private Atmosphäre der Wohnung völlig zu stören?

Gästezimmer sind die besten Kandidaten für die Umnutzung zum Heimbüro. Auch Kellerräume eignen sich unter bestimmten Voraussetzungen als Arbeitszimmer. Erforderlich ist hier jedoch eine ausreichende Deckenhöhe, eine Heizung, ein Stromanschluss, ein Fenster oder eine andere Frischluftzufuhr und auch etwas Geld, um den Kellerraum beispielsweise durch einen Teppich etwas „wohnlicher" herzurichten. Das Wohnzimmer zum Heimbüro zu machen, hat viele Vorteile: Tagsüber wird dort gearbeitet, und abends erfüllt es wieder seine ursprüngliche Aufgabe. Viele Küchen sind sehr klein und daher für das Arbeiten von zu Hause aus nur als Notlösung interessant, vor allem dann, wenn Sie auch abends arbeiten wollen. Eher eignet sich ein Esszimmer, das Sie nicht täglich nutzen müssen, weil Sie auch in der Küche essen können. Prüfen Sie auch Ihren Schlafraum. Manche Schlafzimmer sind groß genug, um problemlos einen Schreibtisch unterzubringen. Schauen Sie sich auch Ihren Flur einmal genau an. Abstellräume eignen sich gut, um Aktenordner und anderes Büromaterial zu lagern.

#### Die Einrichtung

Damit Sie beim Einrichten Ihres Heimbüros keine Fehler machen, gehen Sie am besten in drei Schritten vor:

- Zeichnen Sie einen Grundriss.
- Ermitteln Sie die erforderlichen Einrichtungsgegenstände.
- Spielen Sie verschiedene Arbeitsvarianten im Kopf durch.

Investieren Sie am Anfang nicht zu viel Geld in teure *Büromöbel.* Es kommt vor allem auf Größe und Funktionalität der Mö-

bel an. Ein wichtiges Merkmal beispielsweise für die Schreibtisch- und Bürostuhlwahl ist deren tägliche Nutzungsdauer.
Will kein handelsüblicher Schreibtisch in die von Ihnen vorgesehene Ecke passen, bauen Sie sich den Tisch einfach selbst.
Eine stabile Holzplatte in den benötigten Maßen und vier Füße aus Metallrohr bekommen Sie in jedem guten Baumarkt.
Ein Notebook oder Laptop eignet sich nicht für dauernde oder umfangreiche Tätigkeiten, da es wegen des kleinen Bildschirms und der unbequemen Tastatur schnell ermüden lässt.
Jedoch macht auch ein stabiler Computerrollwagen Ihren PC beweglich. Ein solcher Rollwagen kann auch das Problem des fehlenden Platzes für einen Schreibtisch lösen.
Beseitigen Sie den Platzmangel durch einen klappbaren Schreibtisch. So können Sie selbst Flure oder Durchgänge nutzen.
Leider erhalten Sie solche Klappschreibtische nur selten im Handel; Sie müssen sie also selbst herstellen oder anfertigen lassen.

*CHECKLISTE*

**So vermeiden Sie die haüfigsten Fehler beim Einrichten Ihres Heimbüros**

- Ich habe meinen Mietvertrag auf eine Verbotsklausel hin geprüft.
- Ich kann auch unter den gegebenen Wohnbedingungen konzentriert arbeiten.
- Ich habe alle Winkel in meiner Wohnung wegen ihrer möglichen Eignung als Arbeitsplatz geprüft.
- Ich habe verschiedene Heimbürovarianten aufgezeichnet und im Kopf durchgespielt.
- Ich habe die Ersteinrichtung meines Heimbüros festgelegt, nachdem ich das Zimmer vermessen habe.
- Ich verfüge über die für meine Tätigkeit geeigneten und nötigen Hilfsmittel.
- Ich kann meinen PC einschließlich Drucker sicher unterbringen.

## Warum Franchising als beispielhaftes Konzept gilt

Ein Beispiel für ein erfolgreiches Unternehmenskonzept ist das Franchising, deutsch etwa „Konzessionsvergabe“. Hierbei können Sie als Existenzgründer und Franchisenehmer auf ein erprobtes und eingeführtes Unternehmenskonzept zurückgreifen, bekommen also den Betriebstyp sozusagen „schlüsselfertig“ geliefert. Produktgestaltung, Markenbildung, Werbung und vieles mehr sind Sache Ihres Franchisegebers, während Sie sich ganz auf das laufende Geschäft konzentrieren können. Beispiele für erfolgreiche Franchiselösungen sind Aldi, MacDonald’s, die Drogeriemärkte Spinnrad und die Kosmetikkette Douglas.

### Worauf es bei Ihrem Franchisevertrag ankommt

Ihre Rechte als Franchisenehmer ergeben sich aus dem Franchisevertrag. Ist Ihr künftiger Franchisegeber Mitglied des Deutschen Franchiseverbandes, verpflichtet er sich, den europäischen Verhaltenskodex für Franchising einzuhalten. Diese Richtlinie empfiehlt den Mitgliedern der europäischen Franchiseverbände, bestimmte Grundsätze einzuhalten, beispielsweise ihre Franchisenehmer nicht mit irreführenden Angaben zu gewinnen. Auch müssen die für die Werbung von Franchisenehmern verwendeten Unterlagen insbesondere zur Wirtschaftlichkeit eines Konzepts sachlich richtige und unmissverständliche Angaben enthalten. Der Franchisegeber muss einem künftigen Franchisenehmer vor Vertragsabschluss sämtliche Unterlagen so rechtzeitig aushändigen, dass dieser ausreichend Gelegenheit hat, sie zu prüfen.

Für Vor- und Optionsverträge gelten die Verhaltensregeln ebenfalls. Solche vorvertraglichen Vereinbarungen können für beide Seiten sinnvoll sein, da sie sich erst nach Ablauf einer Probezeit langfristig vertraglich binden müssen. Auch bei einem Vorvertrag gibt Ihnen ein Franchisegeber seine Geschäftsgeheimnisse preis und trifft daher zum Schutz der anderen Systempartner Geheimhaltungs- und Wettbewerbsabreden. Bei Verstoß ist eine Vertragsstrafe fällig.

Nach dem Verhaltenskodex soll der Franchisegeber nur Partner auswählen, die über ausreichende Grundkenntnisse, die erforderliche Ausbildung, die persönliche Eignung und die finanziellen Mittel für ihre Tätigkeit verfügen. Die Auskunfts- und Aufklärungspflichten eines Franchisegebers sind umso höher, je unerfahrener ein zukünftiger Franchisenehmer ist.

**TIPP**

**Prüfen Sie auf jeden Fall vorab die Seriosität eines Franchisegebers.**

Die Liste der rund 300 Mitglieder erhalten Sie beim Deutschen Franchiseverband e.V., Paul-Heyse-Str. 33-35, 80336 München, Tel.: 089/53 50 27, Fax: 089/53 13 23.

### Was an Kosten auf Sie zukommt

Bei Ihren Kosten als Franchisenehmer geht es um die Einstiegs- oder Systemeingliederungsgebühren für das Konzept, die Gebühren für die Leistungen des Franchisegebers während der Vertragsdauer, die Werbegebühren und sonstige Kosten. Dazu kommen häufig Investitionen für Einrichtung, Ausstattung und Lagerbestand.

Achten Sie bei den Einstiegsgebühren besonders darauf, welche Leistungen der Franchisegeber dafür erbringt. Die Gebühren sollen sein Erfahrungswissen und den Nutzen einer bekannten Marke vergüten. Tatsächlich jedoch fehlt häufig Know how und erst recht die eingeführte Marke. Denken Sie aus steuerlichen Gründen an einen schriftlichen Einzelnachweis der Leistungen des Franchisegebers für die Abschluss- oder Einstandsgebühr, vor allem wegen der schwierigen Abschreibungsregelungen. Prüfen Sie alle Gebühren auf ihre Angemessenheit, am besten zusammen mit Ihrem Steuerberater. Lassen Sie sich keinesfalls auf pauschale Gebühren für unklare Werte und Vorleistungen sowie für spekulative Chancen ein. Schwarze Schafe kassieren häufig nur die Einstandsgebühr, ohne angemessene Gegenleistungen zu erbringen.

Für Leistungen des Franchisegebers während der Vertragsdauer können ebenfalls Gebühren entstehen. Klären Sie auch hier, was Sie im einzelnen dafür erhalten. Fragen Sie bei Werbegebühren nach Vergleichsdaten in Ihrem Vertragsgebiet und den Werbeaufwendungen des Franchisegebers. Beteiligen sich beispielsweise alle Franchisenehmer an einem Werbefonds, wird das Geld meist zweckgebunden für die Systemwerbung angelegt. Achten Sie dabei auf Ihre Mitwirkung und Kontrolle bei der Verwendung dieser Mittel.

### Wie Sie den richtigen Franchisepartner finden

Franchisegeber inserieren regelmäßig in den Wirtschaftsteilen der überregionalen Tageszeitungen. Auch die genannte Mitgliederliste des Franchiseverbandes liefert Ihnen wichtige Anhaltspunkte. Prüfen Sie vor dem Eintritt in ein Franchisesystem selbstkritisch, ob Sie den Anforderungen einer langjährigen aktiven Partnerschaft genügen. Entwickeln Sie Ihre persönlichen Vorstellungen, Ihre Stärken und Schwächen und suchen Sie die Branche, in der Sie sich in den nächsten Jahren mit Erfolg betätigen wollen.

Grundsätzlich will jeder Franchisegeber sein Konzept verkaufen und stellt daher sein System immer als die beste Chance dar. Prüfen Sie deshalb das Angebot unbedingt gründlich auch im Hinblick auf den von Ihnen vorgesehenen Standort. Vorsicht ist geboten bei Anzeigen, die großspurig „Selbständigkeit ohne Risiko“ oder „enorme Verdienstmöglichkeiten ohne Risiko“ anpreisen. Angelockt durch den Erfolg des Franchising werben auch unseriöse Anbieter um Ihre Gunst, die schnelles Geld mit Ihrer Einstiegsgebühr verdienen wollen, ohne dafür angemessene Gegenleistungen zu bieten.

**TIPP**

**Verhandeln Sie mit dem möglichen Franchisegeber im Beisein eines Zeugen, der im Streitfall aussagen kann.**

Unterschreiben Sie nie einen Vertrag während einer Veranstaltung, die Sie gezielt auf den Abschluss einstimmen soll. Oft handelt es sich um sittenwidrige „Schneeballsysteme“, die sich irreführend als Franchisesysteme ausgeben, jedoch nur weitere Partner gewinnen wollen.

Auch Strukturvertriebe treten gern unter dem Namen Franchising am Markt auf, mit dem Ziel, zahlungswillige Kunden zu gewinnen.

Sprechen Sie solche Anbieter gar nicht erst an und lassen Sie die Angebote von einem Fachmann prüfen. Ein Anruf beim Deutschen Franchiseverband hilft Ihnen schnell weiter. Stellen Sie sich 14 wichtige Fragen:

- *Wer ist mein künftiger Vertragspartner?*

Der Deutsche Franchiseverband, Ihre Hausbank, Ihr Anwalt oder Ihr Steuerberater helfen Ihnen bei der Bewertung.

- *Wie lange gibt es diese Firma schon?* Auch junge Firmen bieten durchaus interessante Konzepte an.
- *Wie viele Franchisenehmer hat der betreffende Anbieter bereits und wo liegt seine Zielgröße?* Fragen Sie ihn auch nach seinen Pilot- oder Testbetrieben und nehmen Sie Kontakt zu anderen Franchisenehmern auf, um deren Erfahrungen mit dem betreffenden System und dem Systemgeber kennen zu lernen.
- *Welche Erfolge hat das System bisher?* Es geht dabei nicht allein um den wirtschaftlichen Erfolg, sondern auch um die Qualität des Franchiseangebots und die Strategie des betreffenden Franchisegebers. Lassen Sie sich bereits vorhandene Betriebe nennen. Musterrechnungen allein reichen nicht aus, es sei denn, der Franchisegeber steht für deren Ergebnisse gerade.
- *Welche Wettbewerbsvorteile kann der Anbieter nachweisen?* Auf diese Vorteile müssen Sie als Franchisenehmer langfristig setzen, um erfolgreich zu bleiben. Der Franchisegeber muss seine Vorteile stetig ausbauen und neue entwickeln. Andernfalls verliert sein System schnell an Anziehungskraft am Markt und bei den Franchisenehmern.
- *Welcher Markt besteht für die Leistungen des Franchisesystems, insbesondere an dem vorgesehenen Standort?* Prüfen Sie anhand von Zielgruppen- und Standortanlaysen sorgfältig Ihr künftiges Geschäftspotential. Verlassen Sie sich nicht auf die Aussagen des Anbieters, sondern untersuchen Sie selbst den möglichen Markt.
- *Richtet sich das Franchisekonzept nach dem langfristig vorhandenen Bedarf seiner Zielgruppe?* Lebt das System nur von einem, möglicherweise kurzlebigen Produkt, oder orientiert es sich am langfristig bestehenden Grundbedarf ausreichend großer Kundenzahlen?
- *Welche Anforderungen stellt der Franchisegeber an seine Franchisenehmer?* Seriöse Franchisegeber prüfen ihre Kandidaten anhand von ausführlichen Profilen. Dabei geht es neben Ihren finanziellen Daten um Ihre fachliche Qualifikation, Ihre persönlichen Eigenschaften und Ihren beruflichen Hintergrund.
- *Wie schult der Franchisegeber seine Partner?* Wichtig sind Art und Umfang der Schulungsangebote vor dem Vertragsabschluss und während der Vertragslaufzeit. Der Deutsche Franchiseverband händigt Ihnen auf Wunsch die Schulungsrichtlinien aus.
- *Ist nur ein haupt- oder auch ein nebenberuflicher Einstieg in das Franchisesystem möglich?* Darf ich als Franchisenehmer auch andere Produkte oder Dienstleistungen nebenher vertreiben? Kann ich möglicherweise auch als Angestellter eines anderen Betriebs risikolos nebenberuflich in das Franchisenetz einsteigen?
- *Welche Investitionen muss ich für dieses Franchisesystem leisten?* Erfassen Sie die Investitionen möglichst vollständig vom Beginn bis zum Ende des Franchisevertrags. Die meisten Franchisegeber unterstützen Sie dabei. Wenden Sie sich bei Unsicherheiten an Ihre Bank und Ihren Steuerberater.
- *Welchen Aufwand muss ich beim Einstieg in das System und beim anschließenden Betrieb leisten?* Viele Franchise-Inter-

essenten sehen nur den Aufwand für den Systemeinstieg. Informieren Sie sich deshalb rechtzeitig, was im Laufe eines Franchiseverhältnisses noch auf Sie zukommen kann. Müssen Sie beispielsweise ständig neue EDV-Anlagen anschaffen oder – bei Einzelhandelssystemen – häufig den Laden neu einrichten?

- *Wie sehen die betriebswirtschaftlichen Daten des fraglichen Anbieters aus?* Kümmern Sie sich um verlässliche Zahlen, mit deren Hilfe Sie die Wirtschaftlichkeit Ihrer Beteiligung an einem Franchisesystem prüfen. Seriöse Franchisegeber geben Ihnen nachprüfbare Unterlagen von bereits laufenden Franchisebetrieben. Erstellen Sie auf dieser Grundlage eine Musterrechnung für den von Ihnen vorgesehenen Standort.

**TIPP**

Schätzen Sie Ihren möglichen Umsatz und Ertrag vorsichtig ein, da Sie nicht unbedingt von einem erfolgreichen Standort auf einen anderen schließen können. Stimmen Sie Ihre Wirtschaftlichkeitsrechnung mit Ihrer Hausbank und Ihrem Steuerberater ab. Prüfen Sie auch andere Angebote, wie etwa für Kauf oder Pacht eines Betriebs.

- *Was enthält der angebotene Franchisevertrag?* Er bildet den entscheidenden rechtlichen Rahmen des Franchisekonzepts, das Sie hier mit allen Bestandteilen wiederfinden sollten. Der Franchisegeber muss Ihnen ausreichend Zeit geben, um sich mit dem Vertragsangebot zu befassen.

## Wie Sie das Franchisekonzept prüfen

Der Franchisevertrag spiegelt die Interessen der Mitglieder des Systems wider, schützt die gewerblichen und geistigen Eigentumsrechte des Franchisegebers und wahrt das Ansehen des Franchisesystems sowie der Marke. Es geht dabei um den gegenseitigen Leistungsaustausch. Lassen Sie sich genau Ihre Pflichten und die finanziellen Folgen des Vertrags erläutern. Vergleichen Sie die Aussagen in den Werbeunterlagen mit dem Vertrag. Sehen Sie sich zudem genau die Betriebsrichtlinien oder -handbücher des Franchisesystems an. Stellen Sie dabei fest:

- Sind die Richtlinien für mich verständlich und nachvollziehbar?
- Welche Wettbewerbsvorteile verschafft mir der Anbieter?
- Wie will der Franchisegeber diese Vorteile in Zukunft erhalten?

Wesentliche Bestandteile von Franchisekonzepten sind *gewerbliche Schutzrechte*, etwa Warenzeichen, Marken, Namen und Ausstattungen. Lassen Sie sich solche Rechte von Ihrem künftigen Vertragspartner genau nachweisen, etwa durch Vorlage der Eintragung der Warenzeichen beim Deutschen Patentamt. Hat ein Franchisegeber solche Zeichen nur angemeldet, reicht das nicht aus.

Prüfen Sie den Umfang der Nutzungsrechte an solchen Schutzrechten. Wie können Sie diese an Ihrem Standort und in Ihren Betrieb einbringen? Gerade bei eingeführten Franchisegebern sind diese Rechte und Marken für Ihren Erfolg als Franchisenehmer entscheidend. Ihr Systempartner sollte diese Markenrechte daher besonders schützen und pflegen. Verlangen Sie von Ihrem Franchisegeber schriftliche Mindestangaben zur Wirtschaftlichkeit eines Betriebs in seinem System, bezogen auf den von Ihnen gewünschten Standort oder das angestrebte Vertragsgebiet. Lassen Sie diese Angaben von Ihrem Steuerberater, Ihrer Hausbank oder einem Fachmann aus der Branche prüfen.

Die meisten Franchiseverträge enthalten Anlagen, vor allem Betriebshandbücher oder -richtlinien, die das Erfahrungswissen des Franchisegebers zusammenfassen. Sehen Sie sich die folgenden Unterlagen unbedingt vor Vertragsabschluss an:

- die Sortiments- und Preislisten sowie Kataloge,
- die Allgemeinen Geschäftsbedingungen,
- die Werberichtlinien,
- das Handbuch zum Firmenbild,
- die Gebietskarten,
- die Schiedsordnung,
- die Beiratsordnung,
- den Mietvertrag,
- den Leasingvertrag,
- den Darlehensvertrag,
- die Bestell- und Auftragsformulare.

### WICHTIG

**Beachten Sie die Preisgestaltung von Vertragsprodukten oder -leistungen.**

Ein Franchisegeber darf nur unter bestimmten Voraussetzungen, etwa bei Markenartikeln, dem Franchisenehmer unverbindliche Preisempfehlungen geben. Im übrigen gilt das Preisbindungsverbot der zweiten Hand, das es dem Franchisegeber verbietet, die Preise eines selbständigen Franchisenehmers zu beeinflussen sowie Preisempfehlungen direkt oder indirekt durchzusetzen. Der Franchisegeber darf jedoch bei der Kalkulation helfen und bestimmen, dass Vertragsprodukte nicht verschleudert oder zu deutlich überhöhten Preisen angeboten werden dürfen.

### INFO

**Enthält ein Franchisevertrag Bezugsbindungen oder sonstige Wettbewerbsbeschränkungen, ist der Vertrag gemäß § 34 Satz 1 des Gesetzes über Wettbewerbsbeschränkungen (GWB) nur schriftlich wirksam.**

Enthält Ihr Vertrag *Bezugsbindungen* und/oder Darlehensvereinbarungen und sind Sie beim Vertragsabschluss noch nicht gewerblich tätig oder selbständig, gilt für Sie das Verbraucherkreditgesetz. Danach können Sie Ihren Franchisevertrag innerhalb einer Woche nach Vertragsabschluss ohne Angabe von Gründen widerrufen.

Der Franchisegeber muss Ihnen mit dem Vertrag eine formgerechte Widerrufsbelehrung übergeben, die drucktechnisch hervorgehoben auf einem gesonderten Blatt stehen und auch den Beginn der Widerrufsfrist enthalten muss.

Prüfen Sie bei Bezugsbindungen für bestimmte Waren auf jeden Fall, ob vergleichbare Waren anderswo billiger zu beziehen sind. Bezugsbindungen, die dem

Franchisegeber eine höhere Handelsspanne sichern sollen, sieht die Rechtsprechung als unbillig an. Der Franchisegeber darf den Bezug von bis zu 80 Prozent der Vertragswaren vorschreiben, wenn er die gebundenen Waren selbst herstellt oder für das Franchisesystem herstellen lässt und eine solche Bezugsbindung für die Identität des Systems erforderlich ist.
Wichtig: Der Franchisegeber darf den Bezug der gebundenen Waren von anderen Franchisenehmern nicht verbieten, sondern nur dessen Ablauf regeln.
Achten Sie beim Abschluss eines Franchisevertrags auf eine ausreichend lange Vertragsdauer, damit Sie Ihre Investitionen auch sicher verdienen können. Die Verträge laufen meist über fünf bis zehn Jahre. Bauen Sie auch eine Verlängerungsoption ein und denken Sie daran, dass Sie möglicherweise weitere Franchisebetriebe eröffnen wollen. Klären Sie die Voraussetzungen dazu schon vorab.
Ein Franchisesystem nimmt Sie zeitlich für die nächsten Jahre voll in Anspruch und erfordert von Ihnen einen erheblichen Kapitaleinsatz. Lassen Sie das Konzept und den Vertrag daher von einem darauf spezialisierten Rechtsanwalt prüfen. Der Deutsche Franchiseverband nennt Ihnen auf Anfrage spezialisierte Anwälte. Die Kosten einer solchen Vertragsprüfung richten sich nach der Bundesrechtsanwaltsgebührenordnung (BRAGO). Vereinbaren Sie am besten ein Zeithonorar und rechnen Sie mit einem Stundensatz zwischen 300 und 600 DM zuzüglich Auslagen und Mehrwertsteuer. Formulieren Sie klar Ihre Fragen, um den Prüfungsaufwand möglichst gering zu halten. Nehmen Sie lieber diese Vorsorgekosten in Kauf, um späteren Ärger mit dem Franchisegeber zu vermeiden.

## *CHECKLISTE*

**Mit acht Schritten finden Sie das passende Franchiseangebot**

- Ich habe aus den einschlägigen Veröffentlichungen fünf Angebote ausgewählt und mir Informationen dazu schicken lassen.
- Ich habe Leistungen und Anforderungen der einzelnen Franchisegeber gründlich miteinander verglichen.
- Ich habe geprüft, ob das gewählte Konzept auch an meinem Standort funktionieren kann.
- Ich habe Informationsveranstaltungen der ausgewählten Franchisegeber und die einschlägigen Franchisenehmer besucht.
- Ich habe mich über den von mir ins Auge gefassten Franchisegeber beim Deutschen Franchiseverband und bei meiner Hausbank informiert.
- Ich prüfe vor Abschluss eines Vertrags die rechtlichen, steuerlichen und finanziellen Fragen und spreche darüber auch mit einem Rechtsanwalt.
- Ich stelle dem Franchisegeber, mit dem ich zusammenarbeiten will, ausführlich dar, was ich ihm biete.
- Ich habe einen Finanzierungs- und Liquiditätsplan erarbeitet und diesen von meiner Bank und meinem Steuerberater prüfen lassen.

## Wie Sie sich auch ohne Meisterbrief im Handwerk selbstständig machen

Für zahlreiche Tätigkeiten verlangen die Handwerkskammern den Nachweis eines Meisterbriefs. Sie stützen sich dabei auf die Vorschriften der Handwerksordnung (HwO) und legen diese zugunsten eines weitreichenden Meisterzwangs aus. Ursache ist vor allem der Druck der Mitgliedsunternehmen, die sich gegen unangenehmen Wettbewerb schützen wollen. Verwaltung und Gerichte stehen häufig auf der Seite der Handwerkskammern.

Im Streitfall brauchen Sie daher starke Helfer. Auf Ihrer Seite steht dabei besonders die Industrie- und Handelskammer (IHK), denn tatsächlich erfordern viele von den Handwerkskammern beanspruchte Tätigkeiten keinen Meisterbrief.

**TIPP**

**Können Sie Ihr Ziel der handwerklichen Selbständigkeit mit vertretbarem Aufwand durch ein freundliches Eingehen auf die – berechtigten oder unberechtigten – Wünsche Ihrer Handwerkskammer erreichen, sparen Sie viel Zeit, Geld und Nerven.**

### Was es mit dem Meisterzwang auf sich hat

Der Meisterzwang nach der Handwerksordnung gilt für insgesamt 127 Gewerbe, die im amtlichen „Verzeichnis der Gewerbe, die als Handwerk betrieben werden können", aufgeführt sind. Die Liste dieser „Vollhandwerke" enthält nur Namen und keine Berufsbilder. Wer die dafür einschlägige Meisterprüfung besteht, wird in die Handwerksrolle eingetragen und erhält damit das Recht, selbständig das betreffende Handwerk zu betreiben.

Um die Meisterprüfung ablegen zu können, müssen Sie (irgend)einen qualifizierten Berufsabschluss – am besten die Gesellenprüfung des gewünschten Handwerks – vorweisen und seit mindestens zwei Jahren im betreffenden Handwerk tätig sein. Dann können Sie sich beim zuständigen Meisterprüfungsausschuss bei Ihrer Handwerkskammer melden, der Ihre Mindestgesellenzeit abkürzen oder sie auf bis zu drei Jahre verlängern kann.

Die Meisterprüfung besteht aus vier Hauptteilen: der Fachpraxis, der Fachtheorie, dem Nachweis wirtschaftlicher und rechtlicher Kenntnisse sowie dem Nachweis berufs- und arbeitspädagogischer Kenntnisse. Die Einzelheiten finden Sie in § 46 HwO und der „Verordnung über gemeinsame Anforderungen in der Meisterprüfung im Handwerk". Auf die Kenntnisnachweise bereiten Sie Ihre Handwerkskammer oder die Kreishandwerkerschaft vor. Fachpraxis und -theorie erwerben Sie in einer Meisterschule, die Sie je nach Handwerk bei den Kammern, Landesinnungsverbänden, Kreishandwerkerschaften, Innungen oder unabhängigen Instituten finden.

### Fristen und Zeiten

Bei vielen Meisterschulen müssen Sie Wartefristen bis zu drei Jahren in Kauf nehmen, bei einigen acht Jahre und mehr. Die Vorbereitung erfolgt entweder im Vollzeitunterricht über sechs bis zwölf Monate, wobei Sie nicht nebenher arbeiten können, oder berufsbegleitend über drei bis fünf Jahre. Sie können die Prüfung meist abschnittsweise ablegen und haben dabei drei Versuche: Scheitern Sie in drei Anläufen zu einem Teil, ist die gesamte Meisterprüfung für Sie unrettbar verloren.

## Mit welchen Kosten Sie rechnen müssen

Bei der Vorbereitung auf die Meisterprüfung, der Fertigung des Meisterstücks oder der Arbeitsprobe sowie beim Ablegen der Meisterprüfung entstehen Ihnen erhebliche Kosten. Hierbei spielen die Art des Handwerks und Ihre persönlichen Verhältnisse sowie die Entfernung zur Schule ebenso eine Rolle wie die Frage, ob Sie sich im Vollzeitunterricht oder berufsbegleitend – am Feierabend und am Wochenende – vorbereiten. Rechnen Sie sicherheitshalber mit insgesamt 50 000 bis 80 000 DM. Mit folgenden Kosten für den Erwerb des Meistertitels müssen Sie etwa rechnen:

- Verdienstausfall für sieben Monate 35 000 DM,
- Gebühren für Vorbereitung und Abschluss der Prüfung 5 500 DM,
- Kosten der Fertigung des Meisterstücks 1 200 DM,
- Kosten für Lernmittel 1 100 DM,
- Kosten für Lebensunterhalt für sieben Monate 10 500 DM,
- Kosten für Lebensunterhalt der Familie (Ehefrau mit einem Kind) 14 000 DM,
- Gesamtkosten 67 300 DM.

**TIPP**

**Informieren Sie sich bei Ihrer Handwerkskammer über die Möglichkeiten einer Unterstützung aus öffentlichen Mitteln, beispielsweise über das neue Meister-Bafög.**

Überschätzen Sie nicht die Grenzen Ihrer finanziellen, zeitlichen und körperlichen Leistungsfähigkeit und auch nicht die Bereitschaft Ihrer Familie. Brauchen Sie die Meisterprüfung überhaupt für die tägliche Praxis in Ihrem Betrieb? Wollen Sie tatsächlich ein meisterpflichtiges Vollhandwerk ausüben oder nicht? Bei drei Gruppen von Betrieben müssen Sie diesen Aufwand jedenfalls nicht betreiben: beim Reisegewerbe, bei künstlerischer Tätigkeit sowie bei Hilfsbetrieben und unerheblichen Nebenbetrieben. Außerdem können Sie Ihre Tätigkeit so gestalten, dass sie nicht unter den Begriff eines (Voll-)Handwerks fällt, nämlich als industrielle Tätigkeit, als handwerksähnliches oder als sonstiges Gewerbe. Haben Sie bereits einen Meisterbrief, können Sie die Möglichkeiten verwandter Handwerke oder ergänzender Arbeiten nutzen.

## Wie Sie dem Meisterzwang geschickt entgehen

Weder Meisterbrief noch Eintragung in die Handwerksrolle benötigt, wer sein Gewerbe gemäß §§ 55 ff. und 64 ff. der Gewerbeordnung (GewO) ausschließlich auf Wochen- und Jahrmärkten sowie als *Reisegewerbe* betreibt, das heißt

- ohne Errichtung einer gewerblichen Niederlassung, also ohne festen Betriebssitz, und
- ohne vorherige Bestellung durch den Kunden.

Darunter fallen beispielsweise umherziehende Glaser, Korbmacher, Scherenschleifer, Uhrmacher und Schneider. Verboten ist auch der Verkauf bestimmter Produkte, vor allem von medizinischen Hilfen und Juwelierwaren.

Eine *künstlerische Tätigkeit* ist kein Gewerbe. Daher entfällt auch hier der Meisterzwang. Eine Tätigkeit gilt jedoch nur als künstlerisch, wenn sie „aufgrund einer persönlichen, nicht erlernbaren Begabung Gegenstände oder Gestaltungen hervorbringt ...“. Ein Handwerk ist hingegen erlernbar – das „Kunsthandwerk“, also ein Handwerk mit künstlerischem Einschlag, gilt daher nicht als Kunst: Der Meisterzwang besteht. Klassische Kunstschmiedearbeiten wie Gitter und Leuchter zählen beispielsweise zum Metallbauerhandwerk, auch wenn sie nach eigenen Ideen gestaltet werden.

Bei *Hilfsbetrieben* und unerheblichen Nebenbetrieben entfällt ebenfalls der Meisterzwang. Hilfsbetriebe sind unselbständige, nur dem wirtschaftlichen Zweck des Hauptbetriebs dienende Handwerksbetriebe, etwa die Konditorei eines Hotels, die nur zum Verzehr vor Ort Kuchen, Gebäck und Pralinen herstellt. Unerhebliche Nebenbetriebe stehen in einer organischen Verbindung zum Hauptbetrieb und übersteigen bei Jahresumsatz und -arbeitszeit nicht die Durchschnittszahlen eines Einmannbetriebs der gleichen Branche.

**INFO**

**Neue Verknüpfungen von Dienstleistungsangeboten, beispielsweise die Kfz-Reparatur im Hotel für Tagungsgäste, lehnt die Kammer gern ab.**

### So bleiben Sie unter der Schwelle des Handwerksbetriebs

Entscheidend für die Zuordnung von Tätigkeiten der 127 handwerksfähigen Gewerbe zum meisterpflichtigen Handwerk sind der Schwierigkeitsgrad und die Betriebsform. Bei einfachen oder mittelschweren Tätigkeiten, für die eine Meisterprüfung unverhältnismäßig wäre, handelt es sich nicht um meisterpflichtige Handwerke. Es liegt dann entweder ein handwerksähnliches Gewerbe gemäß dem Verzeichnis in Anlage B zur Handwerksordnung vor oder ein sonstiges meisterfreies Kleingewerbe. Selbst bei schwierigen Tätigkeiten, die eine längere Ausbildung erfordern, kann sich aus der konkreten Betriebsform ergeben, dass hier ein meisterfreier Industriebetrieb, also kein Handwerksbetrieb, vorliegt.

#### Wesentliche Teiltätigkeiten

Bei einfachen oder mittelschweren Tätigkeiten weist die Handwerkskammer häufig darauf hin, es handle sich um „wesentliche Teiltätigkeiten“ eines Vollhandwerks, denn diese Tätigkeiten seien im Berufsbild für

die Ausbildung der Gesellen und Meister gemäß §§ 25 und 45 HwO aufgeführt. Daher sei gemäß § 1 Absatz 2 HwO auf jeden Fall eine Meisterprüfung erforderlich. Dies ist jedoch falsch! Die Handwerksrechtsreferenten des Bundes und der Länder stellten nämlich bereits in einem am 17. Dezember 1987 im Bundesanzeiger veröffentlichten Beschluss fest: „Ständige Rechtsprechung des Bundesverwaltungsgerichts ist, dass Berufsbilder und Prüfungsvorschriften im Sinne von § 45 HwO keine Entscheidung darüber enthalten, ob im Berufsbild genannte Tätigkeiten ‚wesentliche' Tätigkeiten eines Handwerks oder ihm vorbehalten sind. Die Vorschriften haben nicht die Funktion, Handwerke verbindlich voneinander und gegenüber nichthandwerklichen Gewerben abzugrenzen. Ob wesentliche Tätigkeiten eines Handwerks vorliegen, ist daher im Einzelfall und unter Berücksichtigung der aktuellen Lebenswirklichkeit zu beurteilen."
„Wesentlich" kann eine Teiltätigkeit daher nur sein, wenn sie angesichts ihrer großen Schwierigkeit den hohen Aufwand für eine Meisterprüfung rechtfertigen würde. Allerdings halten sich die Handwerkskammern, Verwaltungsbehörden und Gerichte häufig nicht daran. Es ist eben bequemer und entspricht den Interessen des Handwerks, die Ausbildungsberufsbilder der §§ 25 und 45 HwO zugrunde zu legen.Weisen Sie, falls nötig, auf den Beschluss der Handwerksrechtsreferenten hin.
Für eine *handwerkliche Betriebsform* spricht insbesondere, dass im Betrieb überwiegend voll ausgebildete Facharbeiter dieser Fachrichtung beschäftigt werden und der Betriebsinhaber selbst fachlich mitarbeitet sowie auf die fachliche Arbeit der Mitarbeiter Einfluss nimmt, also der Betrieb eine geringe, gut überschaubare Größe aufweist. Auf eine *industrielle Betriebsform* hingegen weisen insbesondere folgende Merkmale hin:

- Die maschinelle Ausstattung oder die Arbeitsorganisation lassen der Entfaltung handwerklicher Tätigkeiten und Fähigkeiten keinen Raum; es handelt sich also um starke Automatisierung, hohe Arbeitsteilung oder die Fertigung großer Serien.
- Der Betriebsinhaber ist ausschließlich mit der Leitung des Unternehmens und mit Managementaufgaben beschäftigt.
- Die Unternehmensgröße – gemessen an Umsatz, Mitarbeiterzahl, räumlicher Ausdehnung und Maschinenwert – übersteigt deutlich das bei klassischen Handwerksbetrieben dieser Branche übliche Maß.

Können oder wollen Sie die Meisterprüfung nicht ablegen, wählen Sie Ihre Tätigkeit so, dass Sie gerade unter der Handwerksschwelle bleiben. Führen Sie beispielsweise nur einfache Tätigkeiten aus, etwa nach „Do-it-yourself-Art", nach „Hausfrauen-Art" oder eine industrielle Tätigkeit.
Betrachten Sie immer sämtliche in Ihrem Betrieb ausgeführten Tätigkeiten gemeinsam, denn es kommt auf den Betrieb als Ganzes an, nicht auf den einzelnen Auftrag. Rechnen Sie außerdem stets damit, von einer missgünstigen Konkurrenz genau beobachtet und angeschwärzt zu werden.

**TIPP**

Es gibt zahlreiche Urteile zum Handwerksrecht, die beispielsweise der IHK bekannt sind. Verzweifeln Sie also nicht, wenn Ihnen die Handwerkskammer ein negatives Urteil nennt. Lassen Sie Ihren Fall von fremden Fachleuten prüfen, denn der allgemeine Trend geht in Richtung auf mehr Gewerbefreiheit.

### Wann Sie ein Handwerk auch ohne Meister betreiben können

Gehören Sie schon in irgendeiner Weise zum Handwerkerstand, benötigen Sie bei drei Fallgruppen auch dann keine Meisterprüfung, wenn Sie ein Vollhandwerk ausüben:

- als Witwe(r) oder Erbe,
- bei der Ausübung verwandter Handwerke,
- bei ergänzenden Arbeiten.

Das *Witwen- und Erbenprivileg* ist befristet, denn Witwen und Witwer dürfen den Betrieb nur bis zum Ablauf eines Jahres nach dem Tod des ursprünglichen Betriebsinhabers ohne Meisterprüfung fortführen, die Erben nur bis zu ihrem 25. Lebensjahr. In Härtefällen kann die Handwerkskammer gemäß § 4 HwO die Frist verlängern.
Haben Sie bereits eine Meisterprüfung erfolgreich abgelegt, dürfen Sie nicht nur das betreffende Handwerk selbständig ausüben, sondern auch alle mit diesem *verwandten Handwerke*, und zwar in vollem Umfang. Verwandt sind Handwerke, die „sich so nahestehen, dass die Beherrschung des einen Handwerks die fachgerechte Ausübung wesentlicher Tätigkeiten des anderen Handwerks ermöglicht" (§ 7 Absatz 1 HwO). Welche Handwerke verwandt sind, legt eine entsprechende Verordnung fest. Beispiele: Bäcker und Konditor, Maschinenbaumechaniker und Dreher, Feinmechaniker, Zweiradmechaniker, Metallbauer und Werkzeugmacher.
Als Handwerksmeister dürfen Sie bei einzelnen Aufträgen auch über den Bereich der verwandten Handwerke hinaus tätig werden, wenn bei Arbeiten Ihres – oder eines verwandten – Handwerks zusätzlich weitere Arbeiten anfallen, die „mit dem Leistungsangebot ihres Handwerks technisch oder fachlich zusammenhängen oder es wirtschaftlich ergänzen" (§ 5 HwO). Ein *technischer* oder *fachlicher Zusammenhang* liegt beispielsweise vor, wenn ein Gas- und Wasserinstallateur zunächst eine Wand aufschlagen muss, um einen Rohrbruch zu beseitigen, und dieses Loch anstelle des Maurers selbst verputzt.

**WICHTIG**

Seit 1994 reicht auch eine „wirtschaftliche Ergänzung" aus. Sie können danach Arbeiten jeder Art miterledigen, auch wenn sie mit dem Hauptauftrag weder technisch noch fachlich zwingend zusammenhängen, sondern sich nur aus diesem Anlass als – wirtschaftlich – zweckmäßig ergeben. Diese Arbeiten dürfen jedoch den Wert des Hauptauftrags nicht erreichen.

Beispiel
Ein Gas- und Wasserinstallateur bietet die Erneuerung von Badewanne, Dusche, Waschbecken und Bidet nebst den zugehörigen Leitungen an. Eine wirtschaftliche Ergänzung wäre das Angebot einer Totalsanierung des Bades einschließlich aller Fliesenleger-, Maler- und Elektrikerarbeiten, auch an den Stellen, die durch die Installationsarbeiten technisch nicht berührt werden. Angesichts der hohen Kosten der Installationsarbeiten erreichen die übrigen Arbeiten deren Wert nicht, bleiben also „ergänzend".

## Wie Sie die eigene Meisterprüfung ersetzen

Sie haben noch weitere Möglichkeiten, um nicht selbst die Meisterprüfung ablegen zu müssen. Berufen Sie sich auf eine eigene, mindestens gleichwertige Prüfung, beantragen Sie eine Ausnahmebewilligung, oder stellen Sie einen anderen Meister in Ihrem Betrieb an.
Bei den *gleichwertigen Prüfungen* nennt § 7 Absatz 2 und 9 HwO folgende Fälle:

- Abschlussprüfungen deutscher und ausländischer Hochschulen,
- Ausbildungsabschlüsse von Meistern der volkseigenen Industrie,
- Prüfungen, die Vertriebene und Spätaussiedler in ihrer früheren Heimat abgelegt haben.

Beachten Sie: *Ausländische Prüfungen* müssen generell als gleichwertig anerkannt sein. Ein Hochschulabsolvent muss eine dreijährige Handwerkspraxis nachweisen.

Bei den *Ausnahmebewilligungen* gibt es drei Arten, die normale, die europabezogene und die als Meister eines anderen Handwerks. Für die normale Ausnahmebewilligung gemäß § 8 HwO müssen Sie das Vorliegen eines „Ausnahmefalls" sowie die notwendigen Kenntnisse und Fertigkeiten zur Ausübung des betreffenden Handwerks nachweisen. Ein Ausnahmefall liegt vor, wenn das Ablegen der Meisterprüfung Sie unzumutbar belasten würde. Bisher lehnten die Kammern die meisten Anträge ab: Der Antragsteller hätte genügend Zeit gehabt. Es kommt darauf an, ob „die Ablegung der Meisterprüfung zum Zeitpunkt der Antragstellung oder danach" für Sie eine unzumutbare Belastung bedeuten würde. Bei den Kenntnissen und Fertigkeiten muss die Kammer Ihre „bisherigen beruflichen Erfahrungen und Tätigkeiten" berücksichtigen. Damit können Sie Ihre frühere Berufsentscheidung zugunsten einer selbständigen Handwerksausübung rückgängig machen.
Waren Sie in einem anderen Mitgliedstaat der Europäischen Union (EU) mindestens sechs Jahre als selbständiger Handwerker tätig oder haben Sie dort eine vergleichbare Qualifikation erworben, haben Sie gemäß § 9 HwO ebenfalls das Recht auf eine Ausnahmebewilligung. Außerdem können Sie eine „Ausübungsberechtigung" für weitere Vollhandwerke oder wesentliche Teiltätigkeiten beantragen, ohne dass ein Ausnahmefall vorliegt. Sie müssen nur die erforderlichen Kenntnisse und Fertigkeiten nachweisen, wobei Ihre bisherigen beruflichen Erfahrungen und Tätigkeiten zu berücksichtigen sind.

### Einen Meister anstellen

Auch durch Anstellen eines Meisters als Betriebsleiter können Sie dem Meisterzwang genüge tun. Betreiben Sie Ihr Unternehmen als Personengesellschaft, reicht für die technische Leitung ein persönlich haftender Gesellschafter mit Meisterqualifikation aus. Bei juristischen Personen muss der Betriebsleiter diese Qualifikation aufweisen, im Fall eines – erheblichen – handwerklichen Nebenbetriebs dessen Leiter. Auch als Einzelunternehmer können Sie einen Meister als Betriebsleiter für weitere Vollhandwerke anstellen, die in wirtschaftlichem Zusammenhang zu Ihrem eigenen Handwerk stehen.
Der Fliesenlegermeister beispielsweise, der die Totalsanierung von Bädern nicht als „ergänzende Arbeiten" selbst durchführen darf, stellt hierfür einen Gas- und Wasserinstallateurmeister an.
Üblicherweise stellen Sie einen Meister mit der Verpflichtung an, den normalen Arbeitseinsatz während der üblichen Zeiten zu leisten. Ist er nur zu einer halben bis dreiviertel Arbeitsleistung in der Lage und zahlen Sie ihm den entsprechenden Lohn, wird die Handwerkskammer zwar kritisch nachfragen – Sie haben jedoch gute Aussichten auf Anerkennung.

**INFO**

Nur bei einigen Handwerken, etwa bei Zahntechnikern, verlangen die Kammern die ständige Anwesenheit. In der Regel genügt die rasche Verfügbarkeit des Meisters, etwa von 30 bis 120 Minuten täglich.

Bei bestimmten Verträgen gehen die Handwerkskammern, Verwaltungsbehörden und Gerichte von einem Strohmann-Verhältnis aus, das nicht dem Meisterzwang genügt. Dazu zählen Verträge mit

- einer geringeren Anwesenheitsverpflichtung,
- der tatsächlichen Unmöglichkeit der Anwesenheit, weil beispielsweise der Meister noch eine weitere Tätigkeit an einem anderen Ort ausübt,
- fehlender Wahrscheinlichkeit einer qualifizierten Meistertätigkeit, beispielsweise wegen Bezugs einer Erwerbsunfähigkeitsrente,
- einem ungewöhnlich niedrigen Gehalt.

Die Anwesenheitspflicht findet zwar in der Handwerksordnung keine Rechtsgrundlage und gegenüber ordentlichen Handwerksmeistern wurde eine solche Verpflichtung auch noch nicht ernsthaft geltend gemacht. Sie ist jedoch als Mittel zur Bekämpfung von Scheinverträgen und Strohmann-Verhältnissen so weitgehend anerkannt, dass Sie sich darauf einstellen sollten.
Lassen Sie sich in Fragen der handwerklichen Selbständigkeit am besten vorab von Ihrer Handwerkskammer beraten, insbesondere, wenn Sie die Meisterprüfung ablegen oder sich in einem der „handwerksähnlichen" Gewerbe betätigen wollen. Informieren Sie sich in allen übrigen Fällen bei Ihrer IHK oder bei einem im Verwaltungsrecht erfahrenen Rechtsanwalt, insbesondere bei einem drohenden Rechtsstreit, beispielsweise einer Betriebsuntersagung. Sind Sie Mitglied eines Berufsverbands, fragen Sie auch dort nach ei-

nem Spezialisten. Ein kritischer und in allen Fragen des Handwerksrechts erfahrener Ansprechpartner ist auch der Bundesverband der unabhängigen HandwerkerInnen e.V., Ziegeleistr. 9, 29467 Woltersdorf, Tel.: 05841/59 95, Fax: 05481/59 09.

CHECKLISTE

**So sind Sie mit Ihrem Handwerksbetrieb auf der sicheren Seite**

■ Meisterpflichtig ist mein Handwerk nicht, wenn ich

- ☐ ein Reisegewerbe betreibe,
- ☐ Kunst ausübe,
- ☐ einen Hilfsbetrieb betreibe,
- ☐ einen Nebenbetrieb betreibe, der im Sinne des § 3 Absatz 2 HwO unerheblich ist.

Oder ich bleibe unterhalb der Schwelle zum meisterpflichtigen Handwerk, weil

- ☐ ich keine „wesentliche Teiltätigkeit" ausübe, also nur eine geringe Ausbildung brauche,
- ☐ meine Betriebsform industriell und nicht handwerklich geprägt ist.

■ Meisterprüfung erforderlich oder nicht?

Ich benötige keinen Meister, weil ich

- ☐ Witwe(r) oder Erbe/Erbin bin,
- ☐ ein verwandtes Handwerk betreibe,
- ☐ ergänzende Arbeiten ausführe.

Ich kann einen Ersatz für die eigene Meisterprüfung vorweisen, nämlich

- ☐ eine akademische Prüfung,
- ☐ eine Ausnahmebewilligung,
- ☐ einen angestellten Meister.

■ Meisterprüfung möglich oder nicht?

Ich kann mir die Vorbereitung auf die Meisterprüfung leisten, weil

- ☐ ich genügend Geld dafür habe,
- ☐ ich genügend Zeit dafür habe,
- ☐ meine körperliche Leistungskraft ausreicht, um die zusätzliche Belastung zu tragen,
- ☐ meine Familie bereit und in der Lage ist, mich dabei in jeder Hinsicht zu unterstützen.

## Wie Sie die passende Rechtsform finden

Eine entscheidende Frage bei der Gründung und Entwicklung Ihres Unternehmens ist die richtige Rechtsform. Dabei geht es vor allem um den Einfluss bei unternehmerischen Entscheidungen, die Beschaffung finanzieller Mittel, die Haftung für die Schulden Ihrer Firma und auch um die Besteuerung des Unternehmensergebnisses. Die meisten Unternehmer starten als Einzelfirma, doch sollten Sie auch die übrigen Rechtsformen kennen. Dazu gehören:

- die Einzelunternehmung,
- die Gesellschaft bürgerlichen Rechts (GbR), auch BGB-Gesellschaft genannt,
- die Offene Handelsgesellschaft (OHG),
- die Kommanditgesellschaft (KG),
- die stille Gesellschaft,
- die Gesellschaft mit beschränkter Haftung (GmbH),
- die GmbH & Co. KG,
- die kleine Aktiengesellschaft,
- die Partnerschaftsgesellschaft.

Die Rechtsform der Aktiengesellschaft (AG) wählen in Deutschland vorwiegend größere Unternehmen; sie wird hier nicht behandelt. Die kleine AG stellt keine eigene Rechtsform dar, sondern soll diese Gesellschaftsform auch für einen kleinen Gesellschafterkreis attraktiv machen.

### Wie Sie ein Einzelunternehmen betreiben

Die allgemeine Rechtsgrundlage bilden die Vorschriften des Bürgerlichen Gesetzbuches (BGB). Üben Sie ein Handelsgewerbe aus, gilt auch das Handelsgesetzbuch (HGB). Nur Sie als Eigentümer sind verantwortlich: Die Firma hat keine eigene Rechtspersönlichkeit – rechtsfähig sind Sie allein. Die Einzelunternehmung gilt formlos mit dem Beginn Ihrer geschäftlichen Tätigkeit als gegründet. Eine gewerbliche Betriebseröffnung müssen Sie bei Ihrer Gemeinde anmelden. Freiberufler müssen ihre Anmeldung beim Finanzamt vorlegen, Vollkaufleute ihre Firma nach § 29 HGB ins Handelsregister eintragen lassen.

Das Einzelunternehmen führt den Namen des Inhabers; bei einem Vollkaufmann gehört neben dem Familiennamen mindestens einer seiner Vornamen in ausgeschriebener Form dazu (§ 18 HGB). Bei der Kapitalausstattung ist keine Mindesthöhe vorgeschrieben. Als Einzelunternehmer führen Sie Ihren Betrieb eigenverantwortlich ohne Einschränkung durch Dritte. Sind Sie Vollkaufmann, können Sie nur Prokura erteilen. Andernfalls können Sie für einzelne Rechtsgeschäfte einen Vertreter bestellen.

**INFO**

**Sie haften uneingeschränkt und persönlich für alle Verbindlichkeiten mit Ihrem gesamten Vermögen einschließlich Ihres Privatvermögens. Sie verfügen allein über den Gewinn und tragen das volle Risiko bei Verlusten.**

### Worauf es bei der BGB-Gesellschaft ankommt

Die Vorschriften für die GbR oder BGB-Gesellschaft stehen in den §§ 705 bis 740 des BGB. Die GbR ist die Grundform aller Gesellschaften. Sie eignet sich für Partner mit gemeinsamen Interessen, die keine vollkaufmännische Tätigkeit ausüben wollen. Ein formloser *Gesellschaftsvertrag* zwischen mindestens zwei Personen reicht für die Gründung aus. Mit Beginn der geschäftlichen Tätigkeit gilt die Gesellschaft als gegründet. Nach § 14 Absatz 1 GeWo besteht Anzeigepflicht eines stehenden Gewerbes bei der Gemeinde. Im Geschäftsall-

tag tritt die BGB-Gesellschaft mit den Namen aller Gesellschafter auf.
Die Kapitalausstattung der GbR richtet sich nach dem Bedarf. Die Gesellschafter schließen darüber einen Vertrag, in dem sie auch festlegen, ob sie ihre Einlagen in Form von Geld, Sachwerten oder Dienstleistungen erbringen. Grundsätzlich haben alle Gesellschafter gemeinsam die Geschäftsführung. Diese Befugnis können Sie im Gesellschaftsvertrag jedoch auf einzelne Gesellschafter beschränken.
In der Regel vertreten alle Gesellschafter die Gesellschaft auch nach außen gemeinsam. Im Vertrag können Sie jedoch die Vertretungsbefugnis auf einzelne Gesellschafter beschränken oder bestimmte Gesellschafter von der Vertretung ausschließen. Auch wenn er von der Geschäftsführung ausgeschlossen ist, hat ein Gesellschafter das Recht, sich über alle Angelegenheiten der Gesellschaft persönlich zu informieren.

**INFO**

Alle Gesellschafter haften unbeschränkt mit ihrem gesamten Privatvermögen (§ 421 BGB). Im Vertrag können Sie jedoch auch die Haftung auf das Gesellschaftsvermögen beschränken, müssen das jedoch den Gläubigern mitteilen. Sie können auch die Gewinn- und Verlustbeteiligung vertraglich regeln. Tun Sie das nicht, sind alle Gesellschafter zu gleichen Teilen am Gewinn und Verlust beteiligt (§ 722 BGB).

### Was Sie bei der Offenen Handelsgesellschaft beachten müssen

Rechtsgrundlage für die OHG sind die §§ 705 bis 740 BGB und die §§ 105 bis 160 HGB. Die OHG ist eine Handelsgesellschaft, die von gleichberechtigten, in der Firma tätigen Partnern ausgeht. Diese Gesellschaftsform eignet sich besonders für kleine und mittlere gewerbliche Unternehmen. Sie besitzt zwar keine Rechtsfähigkeit, kann jedoch unter ihrer Firma Rechte erwerben, vor Gericht klagen und verklagt werden (§ 124 Absatz 1 HGB).
Der Abschluss eines formlosen Gesellschaftsvertrags genügt, um die Gesellschaft zu gründen. Wird ein Grundstück oder ein Geschäftsanteil einer GmbH eingebracht, muss dies ein Notar beurkunden.
Die OHG ist eine rechtswirksame Gesellschaft mit Geschäftsbeginn, spätestens aber mit der Eintragung im Handelsregister.
Für die OHG besteht nach dem HGB eine Eintragungspflicht ins Handelsregister (§ 106 Absatz 1 HGB). Das gilt auch für die Gesellschaft betreffende Änderungen, beispielsweise den Eintritt neuer Gesellschafter. Die Bezeichnung der OHG enthält den Familiennamen mindestens eines Gesellschafters. Hinzu kommt entweder ein Hinweis, der die Gesellschaft andeutet, wie beispielsweise Schmidt & Co., oder die Namen aller Gesellschafter. Über das Mindestkapital gibt es keine Vorschriften.
Die Gesellschafter erbringen die im Gesellschaftsvertrag vereinbarten Einlagen.
Besteht keine andere vertragliche Regelung, ist jeder Geschäftsführer allein zur Geschäftsführung berechtigt und verpflichtet. Die Geschäftsführung kann aber auch

bei einem oder mehreren Gesellschaftern liegen; dann sind die übrigen von der Geschäftsführung ausgeschlossen.
Grundsätzlich ist jeder Gesellschafter allein ermächtigt, die Gesellschaft nach außen zu vertreten. Im Gesellschaftsvertrag können Sie aber auch vorsehen, dass nur einzelne oder alle zusammen (*Gesamtvertretung*) zur Vertretung ermächtigt sind. Solche Beschränkungen sind Dritten gegenüber nur wirksam, wenn sie im Handelsregister eingetragen sind (§ 125 HGB).

**INFO**

Alle Gesellschafter haften unbeschränkt persönlich für die Verbindlichkeiten der Gesellschaft. Dies können Sie im Gesellschaftsvertrag nicht ändern. Sie können jedoch die Verteilung von Gewinn und Verlust regeln. Tun Sie das nicht, werden zunächst die Kapitalanteile jedes Gesellschafters mit vier Prozent verzinst und der Restgewinn auf die Anzahl der Gesellschafter verteilt. Der Verlust verteilt sich in gleicher Weise.

### Welche Rechtsgrundsätze für die Kommanditgesellschaft gelten

Rechtsgrundlage für die KG bilden die §§ 161 bis 177 a HGB, ergänzend die Vorschriften über die OHG. Die KG ist eine Handelsgesellschaft, bei der neben mindestens einem unbeschränkt haftenden Gesellschafter, dem *Komplementär,* auch ein oder mehrere Gesellschafter beteiligt sind, deren Haftung sich auf den Betrag ihrer Einlage beschränkt, die *Kommanditisten.*
Die KG wird formlos durch einen Gesellschaftsvertrag gegründet. Sie müssen die Gesellschaft ins Handelsregister eintragen lassen; die Haftungsbeschränkung der Kommanditisten wird erst mit dieser Eintragung wirksam.
Die KG firmiert unter dem Familiennamen mindestens eines Komplementärs mit einem Hinweis, der das Bestehen einer Gesellschaft andeutet. Die Beifügung „KG“ ist nicht erforderlich; es genügt beispielsweise „Schmidt & Co.“. Das Gesetz schreibt kein bestimmtes Mindestkapital vor. Die Gesellschafter können die Höhe ihrer Einlagen im Vertrag frei bestimmen. Die Kommanditisten müssen jedoch eine feste Kommanditeinlage in beliebiger Höhe erbringen.
Die Geschäftsführung liegt grundsätzlich bei dem oder den Komplementär(en). Das Gesetz schließt die Kommanditisten von der Führung der Geschäfte aus. Die Vertretung der KG nach außen ist nur durch den oder die Komplementär(e) möglich.
Die Komplementäre haben untereinander die gleichen Kontrollrechte wie OHG-Gesellschafter, während die Kommanditisten nur eingeschränkte Kontrollrechte besitzen und die Bücher sowie den Geschäftsabschluss zur Einsicht erhalten. Die Verteilung von Gewinn und Verlust richtet sich grundsätzlich nach dem Gesellschaftsvertrag. Regeln Sie das nicht, erhält jeder Gesellschafter einen Vorabgewinn in Höhe von vier Prozent der Kapitalanteile; der Rest verteilt sich im Verhältnis der Anteile.

### Was bei der stillen Gesellschaft für Sie wichtig ist

Rechtsgrundlage für die stille Gesellschaft sind die §§ 230 bis 237 HGB sowie ergänzend die Vorschriften über die GbR, die OHG und die KG. Hier beteiligt sich ein Gesellschafter mit einer *Vermögenseinlage* am Handelsgewerbe eines anderen, ohne dass die Beteiligung nach außen hin sichtbar ist (Innengesellschaft). Die Beteiligten wollen ihr Beteiligungsverhältnis gegenüber Kunden oder Gläubigern nicht offenlegen. Sie können diese Rechtsform ohne besondere Formalitäten und ohne Eintragung ins Handelsregister vereinbaren. Die Beteiligten gründen die stille Gesellschaft mit einem formlosen Gesellschaftsvertrag. Bringt der stille Teilhaber ein Grundstück ein, muss er das notariell beglaubigen lassen. Die Gesellschaft beginnt mit der Wirksamkeit des Vertrags.

Sie müssen weder die stille Gesellschaft noch die Beteiligung des stillen Gesellschafters ins Handelsregister eintragen lassen. Da die Beteiligung selbst keinen Gewerbebetrieb und auch keine freiberufliche Tätigkeit darstellt, müssen Sie sie auch nicht beim Finanzamt oder der Gemeinde anmelden.

Die stille Gesellschaft ist keine Handelsgesellschaft. Als Innengesellschaft fehlt ihr eine gemeinsame Vertretung nach außen; sie kann deshalb auch keine eigene Firma haben. Sie verfügt über kein eigenes Gesellschaftsvermögen. Die Einlage des stillen Gesellschafters geht in das Vermögen des Geschäftsinhabers über.

Die Geschäftsführung steht allein dem Inhaber zu; der stille Gesellschafter übt nur beschränkte Kontrollrechte (§ 233 HGB) aus. Die stillen Gesellschafter treten nach außen nicht in Erscheinung. Die Vertretung des Handelsgeschäfts, an dem die stille Gesellschaft besteht, liegt allein beim Geschäftsinhaber. Der stille Gesellschafter erhält Informationen über den Jahresabschluss und Einsicht in die Bücher und Geschäftspapiere. Weitergehende Kontroll- oder Überwachungsrechte hat er nicht, kann diese jedoch im Gesellschaftsvertrag vereinbaren.

**INFO**

Die Haftung des stillen Gesellschafters beschränkt sich auf den Betrag seiner eingezahlten oder noch rückständigen Einlage. Den Gläubigern des Inhabers des Handelsgeschäfts haftet er nicht unmittelbar. Den Anteil am Gewinn und Verlust bestimmt der Vertrag. Wird hierzu nichts vereinbart, ist ein angemessener Betrag fällig. Der stille Gesellschafter muss sich nicht an einem eventuellen Verlust beteiligen.

### Was bei der Gesellschaft mit beschränkter Haftung gilt

Rechtsgrundlage der GmbH ist das GmbH-Gesetz (GmbHG). Die GmbH ist eine Kapitalgesellschaft mit eigener Rechtspersönlichkeit. Sie kann daher selbst Vertragspartei sein sowie eigenes Einkommen und Vermögen haben. Sie errichten eine GmbH durch den Abschluss eines Gesellschaftsvertrags, den Sie notariell beurkunden las-

sen müssen. Dies gilt auch für spätere Vertragsänderungen.
Alle Gesellschafter müssen den Vertrag unterzeichnen. Auch als einzelne Person können Sie eine GmbH gründen. Gesellschafter können auch Personengesellschaften sein.
Sie müssen die GmbH ins Handelsregister eintragen lassen und dabei die Firma sowie den Sitz der Gesellschaft, den Gegenstand des Unternehmens, die Höhe des Stammkapitals, den Tag des Abschlusses des Gesellschaftsvertrags und die Namen der Geschäftsführer angeben.
Die Gesellschaft kann eine Sach- oder eine Personenfirma sein. Bei der *Sachfirma* muss der Name auf den Gegenstand des Unternehmens Bezug nehmen, beispielsweise „Banana Südfrucht-Importgesellschaft mbH“. Bei der *Personenfirma* müssen die Namen der Gesellschafter oder eines Gesellschafters mit einem das Gesellschaftsverhältnis andeutenden Zusatz genannt werden. Die Firmierung muss immer den Hinweis „mit beschränkter Haftung“ (mbH) enthalten. Das Mindest-Stammkapital beträgt 50 000 DM. Bei der Anmeldung sind davon mindestens 25 000 DM sofort einzuzahlen. Ein Gesellschafter kann seine Stammeinlage auch in Form von Wirtschaftsgütern in die GmbH einbringen (Sacheinlage). In diesem Fall müssen Sie den Gegenstand der Sacheinlage im Gesellschaftsvertrag festhalten. Die Gesellschafter müssen in einem Sachgründungsbericht die Angemessenheit der Leistungen (Art, Beschaffenheit, Wert, Alter) darlegen. Das Registergericht prüft diesen Bericht und lehnt die Eintragung der GmbH ab, wenn die Sacheinlagen überbewertet wurden.
Die Geschäftsführung liegt bei einem oder mehreren Geschäftsführern. Daneben übernimmt auch die *Gesellschafterversammlung* als oberstes Organ besondere Geschäftsführungsaufgaben. Jede Änderung der Geschäftsführer muss ins Handelsregister eingetragen werden. Die Geschäftsführer vertreten die Gesellschaft gerichtlich und aussergerichtlich. Im Gesellschaftsvertrag können Sie Beschränkungen der Vertretungsmacht vorsehen, die jedoch Dritten gegenüber rechtlich nicht wirken. Jeder Gesellschafter kann vom Geschäftsführer unverzüglich Auskunft über die Angelegenheiten der Gesellschaft und Einsicht in die Bücher verlangen.

**INFO**

**Für die Verbindlichkeiten der Gesellschaft haftet nur das Gesellschaftsvermögen. Die Verteilung von Gewinn und Verlust richtet sich nach den Bestimmungen im Gesellschaftsvertrag. Fehlen entsprechende Regelungen, erfolgt die Verteilung nach dem Verhältnis der Geschäftsanteile.**

Die neue Rechtsform der *Partnerschaftsgesellschaft* (PartG) können nur Freiberufler wählen. Das entsprechende Gesetz (PartGG) trat am 1. Juli 1995 in Kraft. Zu einer PartG gehören mindestens zwei Personen. Die PartG gilt als Schwester der OHG und der BGB-Gesellschaft: das PartGG verweist auf beide Rechtsformen.

CHECKLISTE

**Mit sechs Überlegungen setzen Sie Ihre Ziele bei der Gründung einer Gesellschaft richtig um**

- Ich will die Eigenkapitalbasis meines Unternehmens verbessern, um den Geschäftsbereich oder die Produktpalette der Firma auszuweiten. Bankkredite sind nicht zu bekommen oder zu teuer. Ich wandle daher mein Unternehmen um in eine Gesellschaft, unter Beteiligung weiterer Gesellschafter, die eine Kapitaleinlage leisten.
- Ich will mehr Ideen und Know-how nutzen. Daher gründe ich eine Gesellschaft, wobei die einzelnen Gesellschafter ihr jeweiliges Fachwissen einbringen oder Patente, Gebrauchsmusterrechte oder Urheberrechte als Einlage leisten.
- Meine Geschäfte sind sehr risikoreich. Daher gründe ich eine Gesellschaft in der Rechtsform einer juristischen Person, am besten eine GmbH. Die Haftung beschränkt sich dann auf das Gesellschaftsvermögen; eine persönliche Haftung der Gesellschafter ist grundsätzlich ausgeschlossen.
- Ich suche eine kapitalmäßige Beteiligung an einem Unternehmen bei begrenztem Risiko, die jedoch nicht bekannt werden soll. Eine stille Gesellschaft entspricht meinen Interessen.
- Ich will die Steuerbelastung meines Unternehmens verringern. Mit der Gründung einer Gesellschaft unter Beteiligung von Familienangehörigen kann ich mich steuerlich entlasten, da ich das Familieneinkommen auf mehrere Köpfe verteilen und dadurch die Steuerprogression mildern kann.
- Ich denke als Einzelunternehmer aus Altersgründen an die Aufgabe meiner unternehmerischen Tätigkeit, möchte aber den Fortbestand meiner Firma sichern. Ich gründe daher eine Gesellschaft unter meinen Kindern. Dabei denke ich auch an das Erbrecht, das mir und meinen Rechtsnachfolgern Steuervorteile einbringen kann.

## Warum Ihre Buchführung mehr als eine lästige Pflicht für Sie sein sollte

Als Unternehmer müssen Sie Bücher führen oder zumindest Ihre Einnahmen und Überschüsse festhalten, in jedem Fall aber Belege über Ihre Einnahmen und Ausgaben sammeln. Das sollte für Sie jedoch nicht nur eine lästige Pflicht sein, sondern eine wichtige Hilfe für Ihre unternehmerische Planung und Kontrolle.

## Wann Sie Bücher führen müssen

Sind Sie nach dem Handels- und Steuerrecht buchführungspflichtig, müssen Sie am Ende jedes Wirtschaftsjahres Ihr Betriebsvermögen ermitteln und zusammenstellen.

Bei diesem *Vermögensvergleich* ermitteln Sie den Unterschied zwischen den Werten am Schluss des laufenden und des vorangegangenen Wirtschaftsjahres, erhöht um den Wert Ihrer Entnahmen und vermindert um Ihre Einlagen. Die Differenz ist Ihr Gewinn, der die Grundlage für die Besteuerung Ihres Unternehmens bildet.

Sind Sie nicht verpflichtet, Bücher zu führen, können Sie Ihren Gewinn durch eine einfache *Einnahme-Überschuss-Rechnung* bestimmen. Hierbei ist die Differenz zwischen den Betriebseinnahmen und den Betriebsausgaben Ihr Gewinn.

Nach dem Handelsrecht sind Sie buchführungspflichtig, wenn Sie

- ein Grundhandelsgewerbe betreiben und deshalb *Musskaufmann* sind. Grundhandelsgewerbe sind beispielsweise alle Handelsbetriebe, Apotheken, Gastwirte, Industrieunternehmen, Verlage und Handelsvertreter.
- ein gewerbliches Unternehmen betreiben, das nach Art und Umfang einen in kaufmännischer Weise eingerichteten Geschäftsbetrieb erfordert, also *Sollkaufmann* sind. Sollkaufleute sind beispielsweise Handwerker ohne Handel, Hotels ohne nennenswerten Küchenbetrieb, Bauunternehmen ohne Baustoffhandel.
- einen Betrieb der Land- und Forstwirtschaft ins Handelsregister eintragen lassen und damit *Kannkaufmann* sind.

Lassen Sie sich ins Handelsregister eintragen, ohne Kaufmann zu sein, sind Sie als *Scheinkaufmann* nicht buchführungspflichtig. Das gilt ebenso für *Minderkaufleute,* deren Betrieb keinen in kaufmännischer Weise eingerichteten Geschäftsbetrieb erfordert.

Feste Werte, die von Umsatz oder Gewinn abhängen, gibt es dabei nicht; es kommt vielmehr auf das Erscheinungsbild nach außen an. Versicherungsvertreter sind daher häufig Minderkaufleute, Handelsunternehmer meistens nicht.

Sind Sie nach dem Handelsrecht buchführungspflichtig, gilt diese Verpflichtung auch für das Steuerrecht.

Die Buchführungspflicht kann sich aber auch allein aus steuerlichen Regelungen ergeben. Das ist der Fall, wenn Sie eine der folgenden Größen überschreiten:

- Gewerbetreibende

Umsatz: 500 000 DM
Betriebsvermögen: 125 000 DM
Gewinn: 48 000 DM

- Land- und Forstwirte

Umsatz: 500 000 DM
Wirtschaftswert: 40 000 DM
Gewinn: 48 000 DM

**INFO**

**Für Freiberufler besteht keine Buchführungspflicht.**

Auch wenn Sie weder nach Handels- noch nach Steuerrecht buchführungspflichtig sind, können Sie dennoch freiwillig Bücher führen. Sie können Ihren Gewinn jedoch nur richtig periodengerecht abgrenzen, wenn Sie bilanzieren.

**WICHTIG**

**Die Buchführung ist der Mittelpunkt Ihres Rechnungswesens. Sie zeigt Ihnen nicht nur die Zusammensetzung und die Höhe Ihres Betriebsvermögens, sondern dient Ihnen gleichzeitig als Planungsinstrument. Der Buchführung entnehmen Sie Ihre Daten für Selbstkostenrechnung, Statistik und betriebliche Planung.**

Um diese Zwecke zu erfüllen, muss Ihre Buchführung alle Daten nach einem einheitlichen System verarbeiten. Gehen Sie zweckmäßigerweise von einem Kontenrahmen aus, der speziell für Ihren Wirtschaftszweig aufgestellt ist oder allgemein verwendet werden kann. Entwickeln Sie aus dem Kontenrahmen Ihren Kontenplan, den Sie auf Dauer beibehalten beziehungsweise bei Bedarf ergänzen können.

### Wie Sie Ihre Konten eröffnen und abschließen

Übertragen Sie die Bilanzposten aus der Eröffnungs- beziehungsweise der Schlussbilanz des vorangegangenen Jahres auf die betreffenden Konten. Sie können hierbei auf Buchungssätze verzichten und die Aktivposten auf die Sollseite sowie die Passivposten auf die Habenseite der Konten übertragen.

Wollen Sie jedoch die formellen Kriterien der doppelten Buchführung erfüllen, müssen Sie ein Konto zwischenschalten, das *Eröffnungsbilanzkonto.* Denn ohne dieses Konto müssten Sie von Soll nach Soll und Haben nach Haben buchen. Das geht nicht! Nachdem Sie alle Buchungen durchgeführt haben, bildet Ihr Eröffnungsbilanzkonto das genaue Spiegelbild der Eröffnungs- beziehungsweise Schlussbilanz.

Nach Ablauf eines Wirtschaftsjahres müssen Sie den Weg aus der Buchführung zurück zur Bilanz finden. Dazu schließen Sie die einzelnen Konten der Buchführung ab. Wo es erforderlich ist, ermitteln Sie die tatsächlichen Bestände, führen also eine Inventur durch und stellen Ihr Inventar auf. Schließen Sie die Konten ab, indem Sie bei jedem Konto einen *Saldo,* also die Differenz zwischen Soll- und Habenseite, bilden. Je nachdem, wo sich der Saldo befindet, spricht man von einem Soll- oder Habensaldo.

Wie Sie die einzelnen Vorgänge buchen und Ihre Konten abschließen, können wir hier nicht im einzelnen erläutern. Am Ende des Wirtschaftsjahres ermitteln Sie Ihre Bilanz und Ihre Gewinn- und Verlustrechnung (GuV). Buchungstechnisch ist dies nichts anderes als der Abschluss aller Konten eines Wirtschaftsjahres. Dabei bilden Sie bei jedem Konto einen Saldo. Haben Sie alle Salden richtig übertragen, entspricht Ihr Schlussbilanzkonto dem Eröffnungsbilanzkonto. Haben Sie alle Konten abgeschlossen – gegebenenfalls nach der Korrektur von Fehlern oder Fehlbuchungen –, erhalten Sie als Ergebnis automatisch die Bilanz mit GuV.

CHECKLISTE

**So gehen Sie bei Ihrer Buchführung sachgerecht vor**

- Ich habe geprüft, ob ich buchführungspflichtig bin und eine Bilanz erstellen muss. Ich weiß, dass ich mich auch freiwillig für die Bilanzierung entscheiden kann.
- Ich achte auf vollständige und ordnungsgemäße Belege und kann jederzeit darauf zugreifen.
- Ich habe einen Kontenrahmen und einen Kontenplan festgelegt.
- Ich beginne die Buchführung des laufenden Jahres mit der Übernahme der Eröffnungsbilanzwerte beziehungsweise mit den Werten der Schlussbilanz des Vorjahres.
- Ich schalte ein Eröffnungsbilanzkonto ein, um die Vollständigkeit der übernommenen Werte zu prüfen.
- Ich überprüfe zur Sicherheit die Richtigkeit meiner Buchungen und vermeide damit unnötige Arbeit beim Jahresabschluss.
- Ich führe eine Inventur durch und erstelle ein Inventar.
- Ich ermittle bei jedem Konto den Soll- oder Habensaldo.
- Nach Abschluss aller Konten erhalte ich meine Bilanz mit der Gewinn- und Verlustrechnung.

### Worum es bei der Einnahme-Überschuss-Rechnung geht

Die Einnahme-Überschuss-Rechnung ist eine vereinfachte Form der Gewinnermittlung, die allerdings wie dargestellt nur ein bestimmter Personenkreis anstelle des aufwendigeren Bestandsvergleichs (Bilanzierung) vornehmen darf.

INFO

Sie können Ihren Gewinn durch Einnahme-Überschuss-Rechnung ermitteln, wenn Sie Freiberufler oder Kleingewerbetreibender sind, der nach dem Handelsrecht nicht zur Bilanzierung verpflichtet ist.

Arbeiten Sie mit der Einnahme-Überschuss-Rechnung, müssen Sie nicht automatisch zur Bilanzierung übergehen, wenn Sie eine der genannten Grenzen überschreiten.
Beachten Sie bei der Einnahme-Überschuss-Rechnung:

- Um den Gewinn zu ermitteln, vergleichen Sie nicht die Bestände zu Beginn und Ende eines Jahres, denn das gilt nur für die Bilanzierung.
- Sie müssen keine Inventuren aufstellen.
- Sie erfassen Ihre Betriebseinnahmen erst beim Zufluss der Beträge: Nicht die Forderung aus einer Leistung führt zum Ertrag, sondern erst der Zahlungseingang.
- Sie erfassen Ihre Betriebsausgaben zum Zeitpunkt der Zahlung. Entscheidend ist also der Abfluss der Geldmittel: Fallen Kosten im voraus an, brauchen Sie keine Abgrenzungsposten zu bilden. Bilanzieren Sie hingegen, müssen Sie für den Teil der Kosten, der auf das nächste Jahr entfällt, einen Rechnungsabgrenzungsposten bilden.

- Sie erfassen die Wirtschaftsgüter, die Sie überwiegend in Ihrem Betrieb nutzen, als notwendiges Betriebsvermögen. Allerdings dürfen Sie die Anschaffungskosten nicht bei der Zahlung in vollem Umfang abziehen, sondern müssen – ebenso wie bei der Bilanzierung – die normalen Abschreibungsregelungen beachten. Treten bei einem Wirtschaftsgut Wertschwankungen auf, müssen Sie diese unberücksichtigt lassen, dürfen also keine Teilwertabschreibung vornehmen.
- Sie dürfen keine Rückstellungen für künftige Aufwendungen bilden, die den Gewinn des laufenden Jahres verringern, ebenso keine Wertberichtigungen, weil beispielsweise die Wiederbeschaffungskosten gesunken sind, und auch keine Rechnungsabgrenzungsposten zur Zuordnung von Kosten auf die Jahre, auf die sie entfallen. Das ist nur möglich, wenn Sie bilanzieren.

## Welche Vorteile Ihnen die Einnahme-Überschuss-Rechnung bietet

Theoretisch soll der Gesamtgewinn eines Betriebs über seine gesamte Laufzeit immer gleich sein, unabhängig davon, auf welche Weise Sie ihn ermitteln. Bei der Höhe des Gewinns können sich allerdings erhebliche Unterschiede für den betreffenden Besteuerungszeitraum ergeben. Die Steuerbelastung kann somit in den einzelnen Jahren erheblich voneinander abweichen.

Sie können nämlich die Höhe Ihres Gewinns und damit auch Ihre Steuerbelastung beeinflussen, indem Sie den Zu- und Abfluss der Einnahmen und Ausgaben steuern. Ist Ihr Gewinn beispielsweise stark gestiegen, können Sie ihn verringern, indem Sie Wareneinkäufe rechnungsmäßig vorziehen oder noch vor Ablauf des Jahres Anzahlungen auf Kosten leisten. Die Anzahlung behandeln Sie sofort als betrieblichen Aufwand. Sie können allerdings auch Ihre Einnahmen ins nächste Jahr verschieben, indem Sie beispielsweise auf Abschlagszahlungen verzichten oder Ihre Rechnungen später stellen.

**TIPP**

**Wollen Sie die kostengünstigere Einnahme-Überschuss-Rechnung solange wie möglich beibehalten, warten Sie ab, bis das Finanzamt Sie dazu auffordert Ihre Gewinnermittlung auf die Bilanzierung umzustellen: Die Buchführungspflicht beginnt erst ab dem Jahr, das dem Jahr folgt, in dem das Finanzamt Sie unterrichtet hat.**

Bei der Einnahme-Überschuss-Rechnung haben Sie grundsätzlich keine besonderen Aufzeichnungspflichten und können Ihre Betriebseinnahmen und -ausgaben anhand von Belegen zusammenstellen. Belege müssen Sie in jedem Fall sammeln, auch wenn es keine ausdrückliche gesetzliche Regelung gibt, die Belege verlangt. Denn der Grundsatz ordnungsgemäßer Buchführung „keine Buchung ohne Beleg" gilt auch für Ihre Einnahme-Überschuss-Rechnung.

Es reicht aus, wenn Sie die vereinnahmten Entgelte getrennt nach Steuersätzen und steuerfreien Umsätzen zusammenstellen. Vorauszahlungen müssen ebenso erkennbar sein wie die Bemessungsgrundlage für Ihren Eigenverbrauch. Außerdem dürfen Sie Werbegeschenke und Bewirtungskosten nur als Betriebsausgaben abziehen, wenn Sie diese einzeln und getrennt aufzeichnen. Es reicht nicht aus, wenn Sie einen eigenen Ordner anlegen, in dem Sie nur die Belege abheften.

Wählen Sie für Ihre tägliche Praxis eines der beiden folgenden Verfahren:

- Beim *EDV-Einsatz* heften Sie die Belege chronologisch ab, kontieren sie und verbuchen die einzelnen Beträge auf Konten. Im Gegensatz zur doppelten Buchführung führen Sie keine Gegenkonten. Anstelle der Gegenkonten buchen Sie alle Positionen über ein Verrechnungskonto für die Einnahme-Überschuss-Rechnung.
Für Bewirtungskosten und Geschenkaufwendungen legen Sie jeweils eigene Konten an und erfüllen so die Verpflichtung, die Bewirtungskosten und Geschenkaufwendungen einzeln und getrennt aufzuzeichnen. Nach Ablauf eines Jahres stellen Sie aus den Endbeträgen der EDV-Konten Ihre Einnahme-Überschuss-Rechnung zusammen.
- Beim *Aufteilen in Kostenarten* trennen Sie die einzelnen Belege nach Kostenarten und heften sie in jeweils eigene Ordner beziehungsweise Ordnerfächer – mit Trennblättern – in zeitlicher Folge ab. Diese Zusammenstellung nach Kostenarten müssen Sie für Bewirtungskosten und Geschenkaufwendungen unbedingt durchführen, weil sonst der Abzug entfällt.

Verfahren Sie bei den Einnahmen entsprechend. Trennen Sie am besten nach Einnahmearten, nach unterschiedlichen Umsatzsteuersätzen oder ähnlichen Maßstäben. Gliedern Sie sinnvollerweise so, dass Sie die einzelnen Ergebnisse unmittelbar in Ihre Einnahme-Überschuss-Rechnung übernehmen können.

## Wie Sie Ihre Betriebseinnahmen und -ausgaben erfassen

Sie müssen alle betrieblichen Wertzugänge, die keine Einlagen sind, als *Betriebseinnahmen* erfassen. Das sind Einnahmen

- aus Umsätzen, die den Gegenstand beziehungsweise Zweck Ihres Unternehmens ausmachen,
- aus nicht betriebstypischen Umsätzen, die jedoch unmittelbar mit Ihrem Betrieb zusammenhängen, beispielsweise dem Verkauf von betrieblichen Einrichtungsgegenständen und Kraftfahrzeugen (Hilfsgeschäfte),
- aus Nebengeschäften, die im wirtschaftlichen Zusammenhang mit den betriebstypischen Umsätzen stehen, beispielsweise Einnahmen aus einer Gutachtertätigkeit.

Als *Betriebsausgaben* können Sie die Aufwendungen abziehen, die durch den Betrieb veranlasst sind. Es muss also ein objektiver Zusammenhang mit dem Betrieb bestehen und Sie müssen bei diesen Ausgaben die Absicht haben, Ihren Betrieb zu fördern. Darlehenstilgungen dürfen Sie nicht als Betriebsausgaben abziehen, sondern nur die Darlehenszinsen. Ebenso dürfen Sie durchlaufende Posten bei der Weiterleitung nicht als Betriebsausgaben erfassen. Auch der Zeitpunkt, zu dem Sie Ihre betrieblichen Zu- und Abflüsse erfassen, ist wie gesagt wichtig. Bei Barzahlungen ist immer klar, dass der Betrag am Tag der Übergabe zu- oder abgeflossen ist: Stellen Sie einen Bar- oder Verrechnungsscheck aus, fließt der Betrag mit der Hingabe des Schecks ab. Versenden Sie den Scheck per Post, fließt der Betrag mit der Übergabe an die Post ab. Erhalten Sie selbst einen Scheck, fließt Ihnen die Einnahme mit der Entgegennahme des Schecks zu. Stellen Sie einen Überweisungsauftrag aus, fließt der Betrag ab, sobald Sie den Überweisungsauftrag bei der Bank einreichen. Zahlungen, die Sie erhalten, fließen Ihnen mit der Gutschrift auf Ihrem Konto zu.

Abweichend vom tatsächlichen Abfluss müssen Sie regelmäßig wiederkehrende Ausgaben (beispielsweise Zinsen und Mietzahlungen) in dem Kalenderjahr erfassen, zu dem sie wirtschaftlich gehören. Eine gleichmäßige Höhe ist nicht erforderlich. Es muss sich jedoch um Ausgaben handeln, die um die Jahreswende fällig sind und die innerhalb einer kurzen Zeit vor oder nach Ablauf eines Jahres abfließen, zu dem sie wirtschaftlich gehören. Dabei handelt es sich um den Zeitraum vom 22. Dezember bis zum 10. Januar, den *Zehn-Tage-Zeitraum.*

Telefongebühren, Umsatzsteuer und Sozialversicherungsbeiträge müssen Sie nach der Rechtsprechung nicht als regelmäßig wiederkehrende Ausgaben behandeln.

Als regelmäßig wiederkehrende Einnahmen müssen Sie ebenfalls Zinsen, Mieten und ähnliche Leistungen erfassen. Für sie gilt das Gleiche wie für wiederkehrende Ausgaben, allerdings mit umgekehrten Vorzeichen: Es muss ein Zahlungstermin bestehen, und die Einnahmen müssen innerhalb einer kurzen Zeit nach Ablauf des Jahres, zu dem sie wirtschaftlich gehören, zufließen. Als kurze Zeit sehen Finanzverwaltung und Rechtsprechung wiederum einen Zeitraum von zehn Tagen an.

## CHECKLISTE

**Mit sieben Grundsätzen liegen Sie mit Ihrer Einnahme-Überschuss-Rechnung richtig**

- Ich ermittle meinen Gewinn durch eine Einnahme-Überschuss-Rechnung, weil ich nicht bilanzieren muss.
- Ich erfasse meine betrieblichen Wertzuwächse erst als Einnahmen, wenn die Beträge zufließen.
- Ich führe keine Bestandsvergleiche durch und erstelle keine Inventuren.
- Ich weiß, dass ich keine besonderen Aufzeichnungspflichten habe, außer für umsatzsteuerliche Zwecke sowie den Abzug von Werbegeschenken und Bewirtungsaufwendungen.
- Ich bilde keine Rückstellungen, Wertberichtigungen und Rechnungsabgrenzungsposten.
- Ich erfasse meine Betriebsausgaben grundsätzlich zu dem Zeitpunkt, zu dem die Beträge abfließen.
- Ich beeinflusse mit dem Zufluss meiner Betriebseinnahmen und dem Abfluss meiner Betriebsausgaben die Höhe meiner jährlichen Steuerlast.

# Welche Gesetze für Unternehmer wichtig sind

## So melden Sie Ihr Gewerbe richtig an

Sobald Sie Ihre Gründungsidee umsetzen, bekommen Sie es mit zahlreichen gesetzlichen Vorschriften und den unvermeidlichen Behörden zu tun. Dazu gehören vor allem das Gewerbeamt und das Finanzamt. Damit Sie sich nicht im Gesetzesdschungel verirren, sind Ihnen ein guter Steuerberater sowie bei Bedarf ein erfahrener Rechtsanwalt von großem Nutzen.
Grundsätzlich gilt in Deutschland Gewerbefreiheit, die in Artikel 12 des Grundgesetzes (GG) festgelegt ist: „Alle Deutschen haben das Recht, Beruf, Arbeitsplatz und Ausbildungsstätte frei zu wählen. Die Berufsausbildung kann durch Gesetz oder auf Grund eines Gesetzes geregelt werden."
Demnach steht jedermann, unabhängig von der Art und Größe seines Betriebs, der Zugang zu einer gewerblichen Tätigkeit offen.

### Was mit Ihrer Anmeldung auf Sie zukommt

Nach § 14 der Gewerbeordnung (GewO) müssen Sie die Eröffnung eines Gewerbebetriebs beim *Gewerbe- und Ordnungsamt* der Stadt- oder Gemeindeverwaltung anzeigen, in der sich die Betriebsstätte befindet. Dabei spielt es keine Rolle, in welcher Rechtsform Sie Ihren Betrieb führen wollen. Ein Gewerbe ist jede selbständige, erlaubte sowie auf Gewinnerzielung gerichtete, fortgesetzte Tätigkeit. Jedes Gewerbe unterliegt den Bestimmungen der Gewerbeordnung. Nicht unter die Gewerbe fallen die freien Berufe wie Ärzte, Rechtsanwälte und Architekten, die Urproduktion (Land- und Forstwirtschaft, Bergbau usw.) sowie die freien wissenschaftlichen, künstlerischen und schriftstellerischen Tätigkeiten.

**INFO**

Eine abschließende Aufzählung aller nicht der GewO unterliegenden Tätigkeiten ist nicht möglich. Klären Sie die Abgrenzung zwischen Gewerbe und Nichtgewerbe im Zweifelsfall mit Ihrem Finanzamt oder der Industrie- und Handelskammer (IHK).

Das – für ganz Deutschland einheitliche – Anmeldeformular für Ihr Gewerbe erhalten Sie bei der zuständigen Behörde oder im Schreibwarenhandel. Füllen Sie die Angaben zum Betriebsinhaber, zum Betrieb und gegebenenfalls über notwendige Erlaubnisse aus und vergessen Sie auch nicht Datum und Unterschrift.

Zunächst prüft dann die untere Verwaltungsbehörde (Kreisverwaltung), ob alle eventuell erforderlichen Genehmigungen für das angemeldete Gewerbe vorliegen. Kopien der Anmeldung erhalten:

- das Finanzamt beziehungsweise Stadtsteueramt,
- die Industrie- und Handelskammer beziehungsweise die Handwerkskammer,
- das Statistische Landesamt,
- das Registergericht,
- die Berufsgenossenschaft,
- gegebenenfalls weitere Behörden und Institutionen wie das Arbeitsamt, das Gesundheitsamt, das Eichamt, das Regierungspräsidium und die Allgemeine Ortskrankenkasse.

Das Finanzamt schickt Ihnen nach Erhalt Ihrer Anmeldung einen Betriebserfassungsbogen sowie einen Vordruck zur Umsatzsteuer-Voranmeldung und erteilt Ihnen eine Steuernummer. Aufgrund des ausgefüllten Fragebogens erhalten Sie vom Finanzamt einen Vorauszahlungsbescheid für die Einkommensteuer und vom Stadtsteueramt einen Vorauszahlungsbescheid für die Gewerbesteuer.

**TIPP**

**Setzen Sie im Fragebogen Ihre Umsatz- und Gewinnerwartungen nicht zu kühn, sondern eher nüchtern und pessimistisch an. Denken Sie dabei auch an Ihre Anlaufkosten und Anfangsverluste.**

So sparen Sie zwar keine Steuern, erhöhen aber Ihre flüssigen Mittel und fahren möglicherweise Zinsgewinne ein.

## Wo Sie Mitglied werden

Alle Gewerbebetriebe sind Pflichtmitglieder in der IHK beziehungsweise Handwerkskammer. Die Kammern erheben von Ihnen grundsätzlich einen Grundbeitrag und eine Umlage, und zwar abhängig von der Höhe Ihres Gewerbeertrags oder Ihres Gewinns aus Gewerbebetrieb. Die Beiträge unterscheiden sich von Kammer zu Kammer und können sich von Jahr zu Jahr ändern; die genaue Höhe erfahren Sie bei der für Ihr Unternehmen zuständigen Kammer.

**INFO**

**Sie können nicht aus der Kammer austreten, auch wenn Sie sich über deren Leistungen oder die Beitragshöhe ärgern.**

Die *Berufsgenossenschaften* sind der Träger der allgemeinen sozialen Unfallversicherung. Die Beiträge zu dieser Versicherung bringen die gewerblichen Unternehmer auf, während alle abhängig Beschäftigten in ihr versichert sind, bei einigen Berufsgenossenschaften auch die Unternehmer selbst und ihre im Unternehmen tätigen Ehegatten. Andere Berufsgenossenschaften bieten eine freiwillige – meist lohnende – Unternehmerversicherung an. Die Berufsgenossenschaft leistet solidarisch die Aufwendungen für Prävention, Rehabilitation und Entschädigung von Arbeits-

und Wegeunfällen sowie Berufskrankheiten. Die Beitragshöhe für das Mitgliedsunternehmen richtet sich nach:

- der Höhe der im Unternehmen verausgabten Lohnsummen, also der Unternehmensgröße und der Beschäftigtenzahl,
- der Veranlagung des einzelnen Unternehmens nach dem Gefahrtarif durch Zuordnung zu einer bestimmten Gefahrklasse, wobei der branchenspezifische Grad der Unfallgefährdung im einzelnen Unternehmen berücksichtigt wird,
- der Zahl und Schwere der Unfälle im Unternehmen selbst in der jüngeren Vergangenheit, wobei der Erfolg der Unfallverhütung im betreffenden Unternehmen zum Tragen kommt.

Wegen dieser komplizierten Berechnung schwankt die Beitragshöhe zwischen den Mitgliedern derselben Berufsgenossenschaft erheblich.

### Worauf es bei gewerblich genutzten Räumen ankommt

Wollen Sie Räume, die Sie bisher als Wohnräume genutzt haben, zu gewerblichen Zwecken einsetzen, klären Sie rechtzeitig, ob dies einen Verstoß gegen das *Zweckentfremdungsverbot* darstellt. Ein solcher Verstoß stellt nämlich eine Ordnungswidrigkeit dar, für die Sie mit einer Geldbuße von bis zu 100 000 DM bestraft werden können.

Der Gesetzgeber will auf diese Weise vorhandenen Wohnraum schützen und verhindern, dass dem Markt preisgünstiger Wohnraum entzogen wird. Die Behörden unternehmen daher Gebietsbegehungen, um ungenehmigte Zweckentfremdungen aufzuspüren. Die teilgewerbliche Nutzung Ihrer Wohnräume sehen die Behörden jedoch grundsätzlich als zulässig an und wenden sich nur gegen eine übermäßige gewerbliche Nutzung. Entscheidend ist dabei, ob in Ihrer Wohnung aufgrund Ihrer Gewerbetätigkeit ein starker Publikumsverkehr stattfinden wird.

### So erfüllen Sie die „acht W's" bei Ihrer Gewerbeanmeldung

- *Warum?* Nach § GewO müssen Sie Ihr Gewerbe anmelden. Andernfalls begehen Sie eine Ordnungswidrigkeit und müssen mit einer Geldbuße rechnen.
- *Wann?* Sobald Sie ein selbständiges Gewerbe ausüben, müssen Sie dieses anmelden. Ausgenommen sind die Urproduktion, die freien Berufe, die Verwaltung des eigenen Vermögens sowie Nachhilfe- und Musikunterricht.
- *Wo?* Sie müssen Ihr Gewerbe bei der Ordnungsbehörde der Gemeinde, in der sie es ausüben wollen, anmelden.
- *Welche Frist?* Sie haben für Ihre Anmeldung eine Frist von einer Woche vom Beginn Ihrer Tätigkeit an. Bei Verspätung droht Ihnen eine Geldbuße.
- *Wie?* Firmen, die in den zugehörigen Registern eingetragen sind, zum Beispiel die GmbH, die OHG, die KG, die AG, der eingetragene Verein, müssen entsprechende Angaben liefern. Sie müssen Ihren genauen Namen einschließlich dem Geburtsnamen Ihrer Mutter angeben, damit die Behörde beim Bundeszentralregister Ihre genaue Indentität feststellen kann. Des weiteren müssen Sie die angemeldete Tätigkeit genau beschreiben und die An-

zahl der voraussichtlich im angemeldeten Betrieb beschäftigten Arbeitnehmer nennen. Erfordert Ihr Gewerbe eine Erlaubnis wie beispielsweise der Betrieb einer Gaststätte oder eines Maklerunternehmens oder wollen Sie ein Handwerk betreiben, müssen Sie deren Erteilung ebenfalls angeben.

- *Welche Unterlagen?* Sie benötigen den Anmeldevordruck des Gewerbeamts mit Ihrer Unterschrift, Ihren Personalausweis bzw. bei Ausländern den Pass, bei juristischen Personen den Handelsregisterauszug, bei erlaubnispflichtigen Gewerben die entsprechende Erlaubnis, bei Handwerksbetrieben die Handwerkskarte, bei Minderjährigen die Erlaubnis des Vormunds.
- *Welche Kosten?* Die Höhe der Anmeldegebühren ist örtlich verschieden und liegt zwischen 20 und 60 DM.
- *Welche Folgen?* Die Behörde bescheinigt innerhalb von drei Tagen den Empfang Ihrer Unterlagen. Sprechen Sie persönlich vor, erhalten Sie den Gewerbeschein meist sofort.

## Welche Genehmigungen Sie benötigen

Für die meisten Gewerbe benötigen Sie keine Erlaubnis oder besonders nachgewiesene Qualifikation. Für einige Gewerbe gibt es jedoch eine besondere *Erlaubnispflicht.* Eine solche Pflicht besteht beispielsweise für die Herstellung von Waffen und von Arzneimitteln. Beim Handel gibt es grundsätzlich keine Erlaubnispflicht, jedoch müssen Sie einige Besonderheiten beachten, so beispielsweise

- beim Waffen- und Munitionshandel,
- bei explosionsgefährlichen Stoffen,
- beim Handel mit Tieren außer landwirtschaftlichen Nutztieren,
- beim Verkauf von Motoren- und Getriebeölen,
- beim Handel mit Arzneimitteln,
- beim Handel mit Pflanzenschutzmitteln sowie Giften und giftigen Stoffen,
- beim Gebrauchtwaren-, Edelmetall- und Altmetallhandel.

### Die Reisegewerbekarte

Wer im Umherziehen Waren vertreibt oder Dienstleistungen anbietet, benötigt eine Reisegewerbekarte. Ein Reisegewerbe üben Sie also aus, wenn Sie beispielsweise aus einem Verkaufswagen Waren oder Dienstleistungen ohne vorherige Bestellung anbieten oder Verkaufsveranstaltungen außerhalb von stationären Einzelhandelsgeschäften durchführen. Die Reisegewerbekarte stellt die zuständige Ordnungsbehörde aus, wobei die Gebühren je nach wirtschaftlichem Wert des Gewerbes zwischen 50 und 500 DM betragen.

Einige Tätigkeiten, etwa der Vertrieb von selbstgewonnenen Erzeugnissen der Land- und Forstwirtschaft sowie des Gemüse-, Obst und Gartenbaus, erfordern keine Reisegewerbekarte. Andere Tätigkeiten wiederum sind nicht als Reisegewerbe zulässig, etwa der Verkauf von Wertpapieren und Edelmetallen sowie der Vertrieb elektromedizinischer Geräte.

Eine Handelsvertretung ist eine reisegewerbekartenfreie Tätigkeit und daher nicht erlaubnispflichtig; Sie benötigen lediglich eine Gewerbeanmeldung.

Messen, Ausstellungen und Märkte zählen nach der Gewerbeordnung zum Marktverkehr. Für diese Veranstaltungen gilt der Grundsatz der Marktfreiheit, wonach jeder teilnehmen darf, der dem Teilnehmerkreis der festgesetzten Veranstaltung angehört. Das bedeutet: Als gewerblicher Teilnehmer am Marktverkehr müssen Sie Ihre Teilnahme weder anzeigen noch benötigen Sie eine Reisegewerbekarte. Sie haben vielmehr einen Rechtsanspruch auf Zulassung zum Markt. Die Behörde kann aber einem Aussteller oder Anbieter die Teilnahme untersagen, wenn er offenbar „die hierfür erforderliche Zuverlässigkeit nicht besitzt" (§ 70 a GewO).

Eine besondere Erlaubnispflicht besteht nach § 34c GewO für die gewerbsmäßige Vermittlung von Verträgen über Grundstücke, Wohnräume, Darlehen, Kapital- und Vermögensanlagen. Die Behörde überprüft dabei die persönliche und wirtschaftliche Zuverlässigkeit des Gewerbetreibenden. Im Einzelfall beschäftigt sie sich auch mit der Frage ausreichender Sicherheiten, die das Vermögen der Auftraggeber sicherstellen sollen.

Eine Erlaubnis – hier *Konzession* genannt – ist ebenfalls für Schank- und Speisewirtschaften sowie für Beherbergungsbetriebe mit mehr als acht Betten erforderlich. Dabei werden die persönliche Zuverlässigkeit und Eignung des Betreibers sowie die Betriebsräume überprüft. Die Erlaubnis ist personen-, betriebs- und raumbezogen und nicht übertragbar.

Die geschäftsmäßige Beförderung von Personen mit Kraftfahrzeugen, also Omnibussen, Mietwagen und Taxen, ist nach dem Personenbeförderungsgesetz genehmigungspflichtig.

Besondere Vorschriften gibt es auch für andere Gewerbezweige, beispielsweise für

- das Versteigerungsgewerbe,
- das Bewachungsgewerbe,
- das Betreiben von Spielhallen und Automaten,
- Kredit- und Versicherungsgeschäfte,
- Fahrschulen,
- Pfandleiher und -vermittler,
- Reisebüros,
- chemische Reinigungsbetriebe,
- Reit- und Fahrbetriebe,
- Tierheime.

Alle stehenden Gewerbe unterliegen wie gesagt der Anzeigepflicht nach § 14 Absatz 1 GewO. Die Anzeige soll der zuständigen Behörde die Überwachung der Gewerbeausübung ermöglichen. Verlegen Sie Ihren Betrieb, eröffnen Sie eine Zweigstelle oder wechseln Sie den Gegenstand Ihres Gewerbes, müssen Sie das ebenfalls anzeigen. Die Behörde bescheinigt Ihnen innerhalb von drei Tagen den Empfang Ihrer Anzeige. Diese Bestätigung weist nach, dass Sie Ihre Anzeige ordnungsgemäß vorgenommen haben, sagt jedoch nichts darüber aus, ob Sie das Gewerbe auch tatsächlich ausüben dürfen beziehungsweise ob dafür eine besondere Erlaubnis erforderlich ist.

### INFO

**Betreiben Sie ein Gewerbe ohne die dafür erforderliche Erlaubnis, droht Ihnen eine Geldbuße, in bestimmten Fällen auch eine Geld- oder Freiheitsstrafe. Die Behörde kann außerdem Ihren Betrieb schließen.**

CHECKLISTE

**So eröffnen und betreiben Sie Ihr Gewerbe richtig**

- Ich habe meine Tätigkeit von anderen Formen einer beruflichen Selbstständigkeit richtig abgegrenzt und als gewerblich eingestuft.
- Ich verfüge persönlich über die fachliche Eignung zum Betrieb meines Gewerbes.
- Ich habe Ort und bauliche Beschaffenheit der angestrebten Gewerberäume überprüft und halte sie für geeignet.
- Ich habe mich mit den gesetzlichen Vorgaben für den Betrieb meines Gewerbes vertraut gemacht.
- Meine Vermögensverhältnisse sind gesichert, und ich erfülle die finanziellen Voraussetzungen zur Ausübung meines Gewerbes.
- Ich habe der zuständigen Behörde die Eröffnung meines Gewerbebetriebs angezeigt.
- Ich habe, falls verlangt, vor der Eröffnung die erforderliche behördliche Erlaubnis eingeholt.

## So finden Sie sich im Steuerdschungel zurecht

Gründen Sie ein gewerbliches Unternehmen, benachrichtigt die Gemeinde wie beschrieben automatisch das zuständige Finanzamt, das Ihnen die erforderlichen Unterlagen zusendet. Sind Sie hingegen freiberuflich tätig, müssen Sie sich unmittelbar beim Finanzamt anmelden.

Das Finanzamt fordert Sie zur Abgabe von Steuererklärungen, meist der Einkommen-, Umsatz- und Gewerbesteuererklärung, auf und nennt Ihnen die entsprechenden Abgabefristen.

In der Anfangsphase Ihres Unternehmens fallen für Sie kaum Steuern an, da Ihre finanziellen Belastungen noch hoch sind. Betreiben Sie Ihre Geschäfte jedoch erfolgreich, erhöht das Finanzamt spätestens im dritten oder vierten Jahr seine Forderungen. Mit den folgenden fünf Steuern müssen Sie rechnen:

- Umsatz(Mehrwert)steuer,
- Einkommensteuer,
- Körperschaftsteuer,
- Lohnsteuer,
- Gewerbesteuer.

### Worauf es bei der Umsatzsteuer ankommt

Die Umsatzsteuer, meist *Mehrwertsteuer* genannt, beeinflusst nicht unmittelbar den Gewinn Ihres Unternehmens; Sie sind hier lediglich der Steuereintreiber für den Staat. Auf alle Rechnungen schlagen Sie die Mehrwertsteuer auf, wobei der reguläre

Mehrwertsteuersatz momentan 15 Prozent beträgt. Für bestimmte Umsätze, die im Anhang des Umsatzsteuergesetzes (UStG) aufgeführt sind, gilt ein ermäßigter Steuersatz von derzeit sieben Prozent. Die folgenden sechs Warengruppen unterliegen grundsätzlich dem ermäßigten Steuersatz:

- land- und forstwirtschaftliche Erzeugnisse,
- Futtermittel,
- Lebensmittel und bestimmte Getränke,
- Verlagserzeugnisse,
- Körperersatzstücke,
- Kunstgegenstände und Sammlungen.

**INFO**

**Lieferungen von Speisen und Getränken zum Verzehr an Ort und Stelle, beispielsweise im Restaurant, unterliegen nicht dem ermäßigten Steuersatz.**

Zusätzlich sind nach Paragraph 12 UStG auch folgende Umsätze mit dem ermäßigten Satz zu versteuern, obwohl sie nicht in der Liste aufgeführt sind:

- die Aufzucht und das Halten von Vieh sowie die Pflanzenzucht,
- die Leistungen der Zahntechniker,
- die Leistungen der privaten Theater, Orchester, Chöre und Museen,
- die Einräumung, Übertragung und Wahrnehmung von Rechten aus dem Urheberrechtsgesetz,
- die Beförderung von Personen im Schienen-, Bus- und Schiffsverkehr innerhalb einer Gemeinde oder über eine Beförderungsstrecke von weniger als zwölf Kilometern.

**INFO**

**Der Gesetzgeber geht von der Einheitlichkeit der Leistung aus, das heißt auf die Gesamtleistung ist ein einheitlicher Steuersatz anzuwenden.**

Es gibt jedoch auch steuerbefreite Umsätze. Die wichtigsten sind:

- Ausfuhrlieferungen (Export),
- die grenzüberschreitende Beförderung von Gegenständen,
- Umsätze, die unter das Grunderwerbsteuergesetz fallen, etwa der Kauf eines Hauses,
- die Leistungen der Versicherungen,
- bestimmte Umsätze der Banken wie Kontoführung, Kreditgewährung und Anlagevermittlung, nicht aber Depotverwahrung,
- die Vermietung von Grundstücken,
- heilberufliche Leistungen der Ärzte, Zahnärzte und Krankengymnasten,
- die Umsätze von Schulen, die eine staatliche Genehmigung als Ersatzschulen haben.

## So gehen Sie mit der Mehrwertsteuer richtig um

Ziehen Sie von der Summe der Ihren Kunden berechneten Mehrwertsteuer die von Ihnen selbst an Ihre Lieferanten gezahlte Mehrwertsteuer als *Vorsteuer* ab und zahlen Sie nur den Differenzbetrag ans Finanzamt. Falls Sie mehr Vorsteuer bezahlt

als Mehrwertsteuer berechnet haben, erstattet Ihnen das Finanzamt den Mehrbetrag oder verrechnet ihn. Dadurch bleibt die Mehrwertsteuer für Unternehmen ergebnisneutral; die volle Steuerlast trägt vielmehr der Endverbraucher.
Beachten Sie: Damit Sie die Mehrwertsteuer, die Sie an Ihre Lieferanten zahlen, als Vorsteuer abziehen können, muss auf deren Rechnungen die Mehrwertsteuer ausgewiesen sein.
Lautet die Rechnung auf einen Betrag bis zu 200 DM, genügt die Angabe „Im Rechnungsbetrag sind 15 (bzw. 7) Prozent Mehrwertsteuer enthalten". Bei Beträgen über 200 DM muss der Mehrwertsteuerbetrag eigens angegeben sein.
Achten Sie darauf, dass der angegebene Mehrwertsteuerbetrag rechnerisch richtig ist. Hat Ihr Lieferant sich nämlich geirrt und beispielsweise statt 65,22 DM nur 45,22 DM ausgewiesen, dürfen Sie nur 45,22 DM als Vorsteuer absetzen. Dem Lieferanten bringt das keinen Vorteil, denn er muss die vollen 15 Prozent Mehrwertsteuer, also 65,22 DM, zahlen.

**INFO**

Setzen Sie weniger als 250 000 DM im Jahr um oder erbringen Sie freiberufliche Leistungen, können Sie bei der Mehrwertsteuer die Ist- statt der Soll-Versteuerung beantragen.

Das bedeutet: Die Mehrwertsteuer wird nicht schon dann fällig, wenn Sie sie Ihren Kunden in Rechnung stellen, sondern erst, wenn die Rechnung bezahlt wird. Falls Ihre Kunden langsam zahlen, kann die Ist-Versteuerung also Ihre Liquidität erheblich verbessern.

### Was für Kleinunternehmer gilt

Nach dem UStG unterliegen alle Unternehmer der Umsatzsteuerpflicht – mit einer Ausnahme: Kleingewerbetreibende, deren Umsätze im Vorjahr unter 32 500 DM lagen und im laufenden Jahr diese Grenze voraussichtlich nicht überschreiten, können sich wie Privatpersonen von der Umsatzsteuerzahlung befreien lassen. Fallen Sie in diese Gruppe, dürfen Sie in den Rechnungen an Ihre Kunden keine Mehrwertsteuer ausweisen. Auch die von Ihnen bei geschäftlichen Anschaffungen gezahlte Umsatzsteuer dürfen Sie gegenüber dem Finanzamt nicht als Vorsteuer geltend machen.
Sie können jedoch als Kleinunternehmer problemlos auf die Umsatzsteuerbefreiung verzichten. Informieren Sie am besten Ihr Finanzamt schriftlich darüber. Sie sind danach allerdings für fünf Jahre an diese Regelung gebunden.Ob sich das für Sie lohnt, ist ein Rechenexempel. Müssen Sie beispielsweise hohe Startinvestitionen für Ihre Selbständigkeit vornehmen, geht Ihnen durch die Kleinunternehmerregelung der komplette Vorsteuer-Erstattungsanspruch verloren.
Neben der *Fünfjahresbindung* gibt es noch einen weiteren Wermutstropfen bei der Umsatzsteuer. Sie müssen regelmäßig und pünktlich zu bestimmten Terminen eine Umsatzsteuer-Voranmeldung an das Finanzamt senden, und zwar

- vierteljährlich, wenn Ihre Umsatzsteuer voraussichtlich nicht mehr als 6 000 DM betragen wird
- monatlich, wenn Ihre Umsatzsteuer voraussichtlich höher als 6 000 DM liegen wird. Der Abgabetermin ist immer der 10. des Folgemonats.

Haben Sie sich für die Umsatzsteuer-Abrechnung entschieden, betrug jedoch Ihre Umsatzsteuer des Vorjahres weniger als 600 DM, können Sie schriftlich einen Antrag auf Befreiung von den Umsatzsteuer-Voranmeldungen stellen.
Stellen Sie außerdem beim Finanzamt einen Antrag auf *Dauerfristverlängerung,* der grundsätzlich immer genehmigt wird. So erhalten Sie einen Monat Reserve, um Ihre Umsatzsteuer-Voranmeldungen abzugeben. Dabei spielt es keine Rolle, ob Sie die Voranmeldungen monatlich oder vierteljährlich erstellen müssen.

### Was Sie bei der Einkommen- und Körperschaftsteuer sowie bei der Lohnsteuer beachten müssen

Bei der *Einkommensteuer* der Einzelfirma betrachtet das Finanzamt den Unternehmer und sein Unternehmen als Einheit. Bei Personengesellschaften (GbR, OHG, KG) wird der Unternehmensgewinn auf die einzelnen Gesellschafter aufgeteilt und zu deren Einkommen hinzugezählt.
Unabhängig davon, ob Sie Ihr Unternehmen als Kapitalgesellschaft, als Einzelunternehmen oder Einzelfirma betreiben, bleibt Ihre private Einkommensteuerbelastung grundsätzlich gleich. Das Finanzamt erhebt Vorauszahlungen auf Ihre Einkommensteuer, die Sie am 10. März, 10. Juni, 10. September und 10. Dezember eines Jahres mit je einem Viertel zahlen müssen. Sie richten sich nach Ihrem letzten versteuerten Einkommen oder – wenn Sie mit Ihrem Unternehmen neu beginnen – nach Ihren Einkommensschätzungen.
Äußern Sie sich aus Liquiditätsgründen bei Ihren Zukunftserwartungen vorsichtig. Die Differenz zwischen Vorauszahlungen und tatsächlicher Steuerschuld wird nämlich erst nach Abgabe Ihrer Einkommensteuererklärung fällig. Diese müssen Sie normalerweise fünf Monate nach Ablauf des jeweiligen Kalenderjahres abgeben.
Geben Sie bei der Gründung Ihres Unternehmens nur geringe Gewinnerwartungen an, setzt das Finanzamt auch nur geringe Vorauszahlungen fest.

**WICHTIG**

Liegen Ihre Gewinne weit über Ihren angegebenen Gewinnerwartungen, müssen Sie die Einkommensteuer dafür nicht in Form von Vorauszahlungen während des Kalenderjahres, sondern erst bis zu 18 Monaten später zahlen. Sie sparen dadurch zwar keinen Pfenning Steuern, wohl aber eventuelle Zinsen und verbessern Ihre Liquidität.

Beschäftigen Sie einen Steuerberater, können Sie beim Finanzamt erreichen, dass Sie Ihre Steuererklärung wegen der entsprechenden Bearbeitungszeit erst bis zu 14 Monate später abgeben dürfen.

Bei Kapitalgesellschaften (GmbH, AG, Kommanditgesellschaft auf Aktien – KGaA) wird der Gewinn von der Gesellschaft selbst versteuert. Diese Gesellschaften zahlen *Körperschaftsteuer,* die für nicht ausgeschüttete Gewinne zur Zeit 45 Prozent und für ausgeschüttete Gewinne 30 Prozent beträgt. Von dem ausgeschütteten Betrag werden weitere 15 Prozent als Kapitalertragsteuer einbehalten und an das Finanzamt abgeführt.

**INFO**

Die Gesellschafter müssen die vollen Ausschüttungen dann noch ein zweites Mal als Ihr persönliches Einkommen versteuern. Dabei werden allerdings die gezahlte Körperschaftsteuer und die Kapitalertragsteuer angerechnet. Liegt diese über der persönlichen Steuerschuld der Gesellschafter, wird sie auch erstattet.

Beschäftigen Sie Mitarbeiter, müssen Sie die *Lohnsteuer* einbehalten und ans Finanzamt weiterleiten; Sie dienen also hier nur als „Handlanger" der Finanzbehörden.

## Wie die Gewerbesteuer berechnet wird

Die Gewerbesteuer ist eine Gemeindesteuer, die Sie also nicht an das Finanzamt, sondern an Ihr Stadt- beziehungsweise Gemeindesteueramt abführen müssen. Sie wird nach dem Wegfall der Gewerbekapitalsteuer nur noch nach dem Gewerbeertrag berechnet:

- dabei bildet der einkommensteuerliche Gewinn die Ausgangsbasis. Der sogenannte Gewerbesteuermessbetrag ergibt sich, indem man den Gewerbeertrag mit der Gewerbesteuermesszahl von fünf Prozent multipliziert. Dieser Messbetrag wiederum wird mit dem sogenannten Hebesatz multipliziert, den jede Gemeinde selbst festlegt. Dabei gibt es Hebesätze von 300 bis zu 480 Prozent, wodurch sich erhebliche Unterschiede bei der Höhe der Gewerbesteuer errechnen, was bei der Standortwahl von Unternehmen eine wichtige Rolle spielt. Die Gewerbesteuer ist vom steuerpflichtigen Einkommen und Gewinn aus Gewerbebetrieb voll abzugsfähig. Einzelunternehmen und Personengesellschaften zahlen erst ab einem Gewerbeertrag über 48 000 DM Gewerbesteuern. Im Anschluss an den Freibetrag von 48 000 DM gibt es vier Zonen von je 24 000 DM, in denen die Gewerbesteuermesszahl um jeweils einen Prozentpunkt steigt. Die volle Messzahl von fünf Prozent gilt also erst ab einem Gewerbeertrag von 144 000 DM.

## Wie Sie die Fallen des Finanzamts vermeiden

Führen Sie Tagebuch über Ihre gesamten Aktivitäten im Zuge Ihrer Unternehmensgründung, denn in Ihrer ersten Steuererklärung wird jeder Kilometer, den Sie beispielsweise zu Ihrem Steuerberater, zur IHK oder zur Bank gefahren sind, zur abzugsfähigen vorweggenommenen Betriebsausgabe. Das gleiche gilt für Ihre Telefonkosten, Standortbesichtigungen, Maklerprovisionen und Fachliteratur, etwa die Kosten für dieses Buch. Entsteht so für das erste Geschäftsjahr ein Verlust, können Sie diesen gegebenenfalls mit Ihren Einkünften aus Ihrer früheren Tätigkeit rückwirkend bis zu zwei Jahren verrechnen. Verbleibt noch immer ein Rest an „negativen Einkünften", können Sie diese als Einzelunternehmen oder Personengesellschaft von den zukünftigen steuerpflichtigen Jahresgewinnen Ihres Unternehmens abziehen.

Deutschlands Finanzämter legen heute viel strengere Maßstäbe an als früher, und auch die Steuerfahndung kommt schneller ins Haus. War es beispielsweise früher noch möglich, die Familie zum Essen auszuführen und die Kosten als Betriebsausgaben abzusetzen, werden heute nur noch 80 Prozent der „angemessenen Bewirtungskosten" (maschinell ausgedruckter Beleg, Einzelnachweis) als betrieblicher Aufwand anerkannt.

Bei den Werbegeschenken dürfen Sie heute pro Person nicht mehr als 75 DM im Jahr aufwenden.Wollen Sie gute Kunden mit wertvollen Gaben beschenken, veranstalten Sie kurzerhand ein Preisausschreiben – unter Ausschluss des Rechtsweges. Niemand hindert sie dann daran, Ihre besten Kunden die größten Preise gewinnen zu lassen. Hat einer dieser Kunden einmal keine Lösungskarte abgegeben, findet sich immer ein Weg, eine Karte mit dem Namen dieses Kunden zu beschriften.

## CHECKLISTE

**Mit sieben Grundsätzen sind Sie bei Ihren Steuerzahlungen auf der sicheren Seite**

- Ich achte darauf, dass meine Lieferanten auf ihren Rechnungen die Mehrwertsteuer ausweisen.
- Ich kenne die Termine für die Abgabe meiner Umsatzsteuer-Voranmeldungen.
- Ich habe berechnet, ob ich mich als Kleinunternehmer von der Umsatzsteuerzahlung befreien lassen will.
- Ich beachte die Termine für meine vierteljährlichen Einkommensteuer-Vorauszahlungen.
- Ich behalte die Lohnsteuer meiner Mitarbeiter ein und führe sie ans Finanzamt ab.
- Ich kenne die Berechnungsgrundsätze für die Gewerbesteuer.
- Ich vermeide Ärger mit dem Finanzamt – insbesondere bei meinen Betriebsausgaben.

## Wie Sie mit Ihrem Finanzamt geschickt umgehen

Der Gang zum Finanzamt fällt den meisten Unternehmern schwer. Werfen Sie jedoch Ihre Ängste über Bord und nutzen Sie auch die Möglichkeiten einer Kooperation mit der Behörde. So werden Sie vom willigen „Steueresel" zum mündigen Steuerbürger.

Der Finanzbeamte, der Ihre Unterlagen bearbeitet, muss sich um eine Vielzahl von Steuerzahlern kümmern, die ihm oder ihr – meist mit deutlichen Zeichen des Widerwillens – ihre Steuererklärungen, Anträge und sonstigen Anliegen auf den Schreibtisch liefern.

Sind Sie „Ihrem“ Finanzbeamten persönlich bekannt, können Sie im Ernstfall vieles telefonisch klären und viel Zeit sparen. Günstig ist ein guter Kontakt auch im Falle eines Beurteilungsspielraums.

Das Steuerrecht ist nämlich an vielen Stellen ungenauer als der Steuerlaie meint. Häufig muss der Steuerbeamte entscheiden, ob er zu Ihren Gunsten oder Lasten vorgeht. In einem persönlichen Gespräch können Sie vor Ort zahlreiche Fragen klären, die andernfalls einen umfangreichen Schriftverkehr auslösen. Suchen Sie sich dazu eine Zeit ohne großen Publikumsandrang aus. Erkunden Sie am besten vorher telefonisch, welcher Zeitpunkt für ein Gespräch günstig ist. Wählen Sie möglichst nicht den Montagvormittag oder Freitagnachmittag, weil die Beamten dann gedanklich noch oder schon wieder im Wochenende sind.

Finanzbeamte dürfen zwar nicht als Steuerberater tätig werden, doch schreibt ihnen die Abgabenordnung (AO) vor den Steuerzahlern in gewissem Umfang mit Rat und Tat zur Seite zu stehen. In folgenden Fällen müssen sie Ihnen Auskünfte erteilen und Hilfestellung leisten:

- *bei der Abgabe von Steuererklärungen*: Geht es um Ihre Rechte und Pflichten gegenüber dem Finanzamt, müssen die Beamten Ihnen Auskunft geben, beispielsweise zur Frage, welche Steuererklärungen Sie wann abgeben müssen oder welche Rechtsbehelfe Sie gegen einen Steuerbescheid einlegen können. Diese Auskünfte können Sie nach dem Gesetz „soweit erforderlich“ in Anspruch nehmen. Können Sie sich keinen Steuerberater leisten, sollten Sie sich auf jeden Fall darauf berufen, dass diese Auskünfte für Sie „erforderlich“ sind.
- *beim Aufklären von Irrtümern*: Der Finanzbeamte muss Ihnen behilflich sein, wenn Sie sich offensichtlich in einem bestimmten Punkt zu Ihrem Nachteil geirrt haben. Die Beamten sollen sich gegenüber Steuerzahlern rücksichtsvoll und aufmerksam verhalten. Mangelt es Ihnen gegenüber daran, weisen Sie den Beamten auf § 89 AO hin: Das wirkt vielfach Wunder.
- *beim Ausfüllen der Steuererklärung*: Sie können sich sogar von dem Beamten Ihre Steuererklärung ausfüllen lassen, wenn Ihnen das nach Ihren „persönlichen Verhältnissen nicht zugemutet werden kann“. Zumutbarkeit ist allerdings ein dehnbarer Begriff. Das Gesetz nimmt diesen Fall an, wenn Sie etwa Ihre Umsatzsteuer in Ihrer Voranmeldung nicht selbst oder mit Hilfe eines Dritten berechnen können. Das gilt auch für andere Steuern, deren Höhe Sie nicht selbst ermitteln können.
- *bei einer Rechtsauskunft in Lohnsteuerfragen*: Einen klar verbrieften Anspruch auf Rechtsauskunft haben Sie beim Berechnen und Abführen der Lohnsteuer für Ihre Mitarbeiter. Hier können Sie vom Finanzamt eine schriftliche, rechtlich verbindliche Auskunft verlangen; man spricht dabei von einer „Lohnsteuer-Anrufungsauskunft“.

- *bei verbindlichen Zusagen*: Sie können noch in einigen weiteren Fällen vom Finanzamt eine Auskunft in Form einer „verbindlichen Zusage“ verlangen, beispielsweise im Anschluss an eine Betriebsprüfung. Stellen Sie hier einen Antrag auf Erteilung einer verbindlichen Zusage. Eine solche Zusage erhalten Sie allerdings nur, wenn Sie dem Finanzamt den Sachverhalt genau erläutern. Zusätzlich verlangt die Behörde von Ihnen einen konkret untermauerten rechtlichen Lösungsvorschlag: Das können Sie ohne die Hilfe eines Steuerberaters kaum schaffen.

### Wie Sie sich gegen falsche Steuerbescheide wehren

Fast jeder zweite Steuerbescheid ist – zumindest teilweise – falsch und korrekturbedürftig. Das liegt unter anderem an unserem komplizierten Steuersystem, mit dem selbst die Finanzbeamten manchmal nicht zurechtkommen. Viele Fehler beruhen auch einfach auf Irrtümern, Versehen oder Schlamperei. Warum sollten gerade Sie für die Fehler zahlen?

Als Unternehmer haben Sie mit zahlreichen, meist regelmäßig wiederkehrenden Steuerbescheiden zu tun. Steuerbescheide kommen jedoch auch zusammen mit einzelnen Vorgängen vor, soweit die Steuer durch diesen Vorgang ausgelöst wird. Beim Kauf eines Grundstücks fällt beispielsweise Grunderwerbsteuer an, und Sie erhalten einen Grunderwerbsteuerbescheid. Im Erbfall erhalten Sie einen Erbschaftsteuerbescheid. Von einer Steuerart zur anderen sehen die Bescheide ganz unterschiedlich aus – alle enthalten jedoch einen Abschnitt, in dem Ihre Steuer berechnet wird. Prüfen Sie, ob die Berechnung richtig ist, beispielsweise, ob die Behörde den richtigen Steuersatz angewandt hat. Können Sie die Berechnung nicht nachvollziehen, fragen Sie Ihren Steuerberater oder haken Sie selbst bei der Behörde nach.

Häufig finden Sie auch einen Hinweis darauf, dass die Steuerfestsetzung noch nicht endgültig ist, also vorläufig oder *unter Vorbehalt* erfolgt. Vorläufig sind derzeit viele Bescheide, da sich zahlreiche Einzelregelungen auf dem Prüfstand des Bundesverfassungsgerichts befinden. Solange der Vorbehalt wirksam ist, kann die Behörde die Steuerfestsetzung jederzeit aufheben oder ändern. Eine Änderung können Sie auch beantragen, wenn Sie glauben, dass der Bescheid Fehler zu Ihren Ungunsten aufweist.

**TIPP**

**Schauen Sie auch nach, ob das Finanzamt bei den Erläuterungen vermerkt hat, ob es von Ihrer Steuererklärung abgewichen ist. Diese Abweichungen erläutert der Finanzbeamte oft handschriftlich auf einem Begleitbogen. Nehmen Sie solche Abweichungen nicht ungeprüft hin, sondern lassen Sie sich beraten, ob hier möglicherweise ein Einspruch angebracht ist.**

Ihren *Einspruch* können Sie nur innerhalb eines Monats einlegen, nachdem Sie den Steuerbescheid erhalten haben. Danach geht gar nichts mehr: Selbst eindeutige

Fehler des Steuerbescheids können dann nicht mehr berücksichtigt werden. Ihr Einspruch ändert allerdings nichts daran, dass Sie die festgesetzte Steuer zunächst zahlen müssen. Hat Ihr Einspruch Erfolg, bekommen Sie später jedoch Ihr Geld zurück.

Sie können die Steuerzahlung jedoch hinausschieben, wenn Sie einen Antrag auf „Aussetzung der Vollziehung“ stellen. In diesem Fall müssen Sie der Behörde allerdings klarmachen, dass der Steuerbescheid schwerwiegende Mängel aufweist.

Bleibt Ihr Einspruch ganz oder teilweise erfolglos, erlässt die Behörde eine schriftliche Einspruchsentscheidung. Gegen diese können Sie innerhalb eines Monats bei Ihrem Finanzgericht *Klage* erheben. Für die Klage brauchen Sie zwar keinen Rechtsanwalt oder Steuerberater. Hier machen Sie als Unerfahrener jedoch leicht Fehler. Lassen Sie sich deshalb unbedingt sachkundig beraten! Beachten Sie auch: Klageverfahren dauern erstens lange – oft drei bis vier Jahre – und sind leider häufig erfolglos.

Lassen Sie es daher nicht gleich zur rechtlichen Auseinandersetzung mit den Finanzbehörden kommen. Versuchen Sie vielmehr, sich zunächst gütlich zu einigen: Beantragen Sie bei Ihrem Finanzamt, dass es den Steuerbescheid zu Ihren Gunsten ändert. Sie können einen solchen Änderungsantrag schriftlich stellen oder selbst den zuständigen Finanzbeamten aufsuchen, um Ihr Anliegen mündlich vorzutragen.

Langjährige Erfahrung lehrt: Der persönliche Vortrag ist meist günstiger, denn in vielen Fällen handelt es sich nur um kleine Fehler, über die man nicht lange streiten muss.

Ist Ihr Steuerbescheid jedoch definitiv falsch und können Sie ihn wegen Fristversäumnis oder anderer Fehler nicht mehr ändern, gibt es noch einen letzten Ausweg: Das Finanzamt kann auf Antrag Ihre Steuer entweder stunden oder sie ganz oder teilweise erlassen.

Die *Stundung* läuft meist auf eine Ratenzahlung hinaus und hat den Nachteil, dass Sie Stundungszinsen zahlen müssen. Wird Ihnen die Steuer erlassen, brauchen Sie gar nichts zu zahlen. Anträge auf *Erlass* der Steuer haben in der Praxis jedoch nur selten Erfolg.

## CHECKLISTE

**So werden Sie zum mündigen Steuerbürger**

- Ich nutze die Hilfen, die mein Finanzbeamter mir geben kann.
- Ich weiß, worauf ich bei meinen Steuerbescheiden achten muss.
- Ich prüfe insbesondere die vermerkten Abweichungen von meiner Steuererklärung.
- Ich lasse mir bei Bedarf den Inhalt meines Steuerbescheids erläutern.
- Ich kenne die Einmonatsfrist für einen Einspruch gegen einen Steuerbescheid.
- Ich lasse mich im Fall einer Klage gegen die Finanzbehörden sachkundig beraten.
- Ich kenne die Möglichkeiten der Steuerstundung und des Steuererlasses, versuche jedoch, mich mit dem Finanzamt zunächst gütlich zu einigen.

# Wie Sie den richtigen Steuerberater finden

Ihr Steuerberater ist der wichtigste Ratgeber außerhalb Ihres Unternehmens. Sparen Sie bei der Wahl Ihres Beraters nicht am falschen Ende, denn mit den passenden Ratschlägen zum Steuersparen macht sich ein guter Steuerberater schnell bezahlt. Ein Steuerberater kann

- Sie bei einer günstigen Steuergestaltung beraten und unterstützen,
- Ihre Steuererklärungen anfertigen,
- Ihre Finanz- und Personalbuchführung abwickeln,
- Sie bei Rechtsstreitigkeiten mit den Finanzbehörden beraten und vertreten,
- Sie bei Betriebsprüfungen betreuen,
- Ihre Prozessvertretung vor dem Finanzgericht, nicht aber in einem Strafverfahren, übernehmen.

Bei den einzelnen Beratern gibt es Unterschiede in der formalen Qualifikation (Wirtschaftsprüfer, vereidigter Buchprüfer, Steuerberater, Steuerbevollmächtigter), Unterschiede im Leistungsangebot (Buchführung, Organisationsberatung, betriebswirtschaftliche Beratung) und schließlich unterschiedliche Spezialgebiete.
Steuerberater unterliegen wie Rechtsanwälte einem allgemeinen Wettbewerbsverbot, dürfen also nicht werben. Zum Ausgleich bietet der Deutsche Steuerberaterverband einen kostenlosen Steuerberater-Suchservice unter der Adresse: Deutscher Steuerberaterverband e.V., Bertha-von-Suttner-Platz 6, 53111 Bonn,
Tel.: 0228/98 59 40, Fax: 0228/985 94 20.

### So gehen Sie bei der Auswahl richtig vor

- Lassen Sie sich gute Steuerberater von Geschäftsfreunden, Ihrem Rechtsanwalt, Ihrer Bank, Ihrer IHK und Ihrem Berufsverband nennen.
- Sprechen Sie auch Steuerberater mit großen Büros an. Die meisten nehmen auch gern Kleinunternehmer auf.
- Stellen Sie fünf bis zehn Empfehlungen zusammen, rufen Sie die betreffenden Berater an und erläutern Sie ihnen Ihr Vorhaben. Lassen Sie sich einen unverbindlichen Besprechungstermin geben. Machen Sie deutlich, dass Sie noch auf der Suche sind und auch andere Berater ansprechen. Und halten Sie sich immer vor Augen: Es kommt nicht darauf an, ob der Berater Sie als Klienten aufnimmt, sondern dass Sie ihn als Berater wählen.
- Legen Sie bei der Besprechung kurz Ihre Pläne dar und fragen Sie Ihren Gesprächspartner nach ähnlichen Erfahrungen mit anderen Klienten. Sprechen Sie mit ihm auch offen über seine Preise.
- Fragen Sie ihn, wie rasch Sie im „Ernstfall“ einen Beratungstermin bei ihm bekommen können. Wenn Sie ein steuerliches Problem haben, müssen Sie es so schnell wie möglich lösen. Andererseits sind gerade die guten Steuerberater sehr gefragt und entsprechend terminlich ausgelastet.
- Bevorzugen Sie einen Steuerberater, der Ihnen Ihre Buchhaltung per EDV abnehmen kann. Selbst wenn die Buchführung

durch den Computer mit Hilfe benutzerfreundlicher Programme zu einer sehr einfachen Sache geworden ist, kostet es Sie doch immer noch viel Zeit, die Sie meist in Ihrem Unternehmen besser einsetzen können.

- Achten Sie schon bei Beginn der Zusammenarbeit darauf, dass Ihr Steuerberater Ihnen auch später helfen kann, wenn aus Ihrem Kleinbetrieb ein mittleres Unternehmen geworden ist.

## Mit welchen Beratungskosten Sie rechnen müssen

Die Berechnung der Vergütung für die Leistungen Ihres Steuerberaters ist nicht immer einfach, obwohl es eine feste *Gebührenverordnung* gibt. Sie können jedoch auch abweichend von der Verordnung Vereinbarungen treffen. Neben dem Auslagenersatz für Post, Telefon, Schreibgebühren und mögliche Reisekosten berechnen die Steuerberater ihr Honorar nach folgenden drei Kriterien:

- der Wertgebühr: je wertvoller und schwieriger, desto teurer,
- der Zeitgebühr: je zeitaufwendiger, desto teurer,
- der Betragsgebühr: etwa 15 DM pro Mitarbeiter für die Buchführung.

Wegen der komplizierten Gebührenberechnung treffen die meisten Steuerberater pauschale Honorarvereinbarungen. Haben sie Zweifel an der für Sie undurchsichtigen Rechnung Ihres Steuerberaters, führen Sie ein persönliches Gespräch. Finden Sie keine Lösung, erfahren Sie die Adresse der für Ihre Streitfragen zuständigen Steuerberaterkammer über die Bundessteuerberaterkammer, Postfach 1340, 53003 Bonn, Tel.: 0228/72 639-0, Fax: 0228/72 639-52.

**TIPP**

**Wollen Sie nicht viel Geld für die Beratung ausgeben, fragen Sie Ihren Steuerberater einfach, was er für einen festen Pauschalbetrag, beispielsweise 400 DM pro Monat, für Sie tun kann.**

Nicht immer muss ein Steuerberater die richtige Anlaufadresse für Sie sein. Passende Helfer in Buchführungs- und Steuerfragen sind auch oft die selbständigen Buchführungshelfer. Machen Sie einen Preis-Leistungs-Vergleich.

*Buchführungshelfer* sind nicht an die starre Steuerberater-Gebührenverordnung gebunden. Jedoch dürfen sie nicht alles für Sie tun, was sie tun können. Nicht erlaubt ist es Buchführungshelfern, Ihre Buchhaltung einzurichten, einfache Jahresabschlüsse zu erstellen oder Abschlussbuchungen vorzunehmen. Auch Steueranmeldungen sind ein Privileg der Steuerberater. Selbständige Buchführungshelfer finden Sie in den „Gelben Seiten“. Oder wenden Sie sich an den Verband der Buchführungshelfer, Postfach 760, 42357 Wuppertal, Tel.: 0202/46 20 31, Fax: 0202/46 20 29.

Beachten Sie: Angestellte Buchhalter dürfen dagegen alles für Sie machen. Anders als selbständigen Buchführungshelfern sind ihnen keine Grenzen auferlegt.

Nutzen Sie auch folgende Hilfen:

- *PC-Programme*, etwa das WISO-Sparbuch, das in allen Tests gute Noten erhält;
- die *Buchführungskurse* örtlicher Weiterbildungsträger, etwa der IHK. Klären Sie vorab, ob statt der Bilanz und der Gewinn- und Verlustrechnung die einfachere Einnahme-Überschuss-Rechnung erklärt wird;
- *Kurse der DATEV* in deren 26 Informationszentren. Fragen Sie dazu Ihren Steuerberater oder schreiben Sie an die Datenverarbeitungsgenossenschaft der Steuerberater eG (DATEV), Paumgartnerstr. 6-14, 90329 Nürnberg, Tel.: 0911/276-14 04, Fax: 0911/276-22 48.

CHECKLISTE

**So kommen Sie mit Ihren Steuererklärungen bestens klar**

- Ich kenne die Leistungen, die ein Steuerberater für meine Firma erbringen kann.
- Ich denke dabei auch an eine mögliche Übernahme meiner Buchführung.
- Ich weiß, an welche Stellen ich mich wenden kann, um den passenden Berater zu finden.
- Ich bereite das Gespräch mit dem möglichen Berater gründlich vor.
- Ich denke dabei auch an ein Wachstum meines Unternehmens.
- Ich habe mich über die Gebühren informiert, die bei einer Beratung auf mich zukommen.
- Ich nutze bei Bedarf auch PC-Programme und Kurse, um mich eingehend über Steuersparmöglichkeiten zu informieren.

## Wie Sie zu Ihrem guten Recht kommen

„Guter Rat ist teuer", sagt schon der Volksmund. Suchen Sie als Unternehmer qualifizierten Rat, erhalten Sie diesen nicht zum Billigtarif. Das ist auch den meisten Ratsuchenden klar. Ein Anwalt kostet jedoch nicht nur Geld, sondern hilft Ihnen dabei Streitigkeiten und Risiken für Ihr Unternehmen zu vermeiden. Außerdem können Sie das Anwaltshonorar meist als Betriebsausgaben absetzen. Daher gilt: Guter Rat ist auf Dauer gesehen nicht teuer.

### Wie Sie einen guten Anwalt finden

Ein guter Weg zum richtigen Anwalt sind Empfehlungen von Bekannten, Geschäftsfreunden, Verbänden, manchmal auch von Gegnern. Fragen Sie jedoch nicht einfach nach einem „guten Anwalt", sondern konkret nach einem Anwalt, der sich in Ihrem Geschäftsbereich auskennt. Denn wegen der immer komplizierter werdenden Rechtsmaterie geht der Trend in der Anwaltschaft zunehmend in Richtung Spezialisierung. Fragen Sie Ihren Informanten, warum er mit der Leistung des empfohlenen Anwalts zufrieden war. Hat der Anwalt sich den Fall genau angesehen, viele Fragen gestellt und zügig sachlich gehaltene Schreiben abgesetzt, ist die Empfehlung mehr wert, als wenn der Anwalt es „dem Gegner richtig gezeigt hat".

Ein zweiter Weg sind die *Anwalts-Suchdienste*, die Ihnen Adressen von Fachanwälten und Anwälten mit Tätigkeitsschwerpunkten vermitteln. Fachanwälte gibt es nur für die Rechtsgebiete Arbeits-, Familien-, Sozial-, Steuer-, Straf- und Verwaltungsrecht. Die meisten Rechtsanwaltskammern und zahlreiche Anwaltsvereine unterhalten solche Suchdienste; den bundesweiten Anwalts-Suchdienst erreichen Sie unter der Telefonnummer: 0180/525 45 45.

Beachten Sie: Die Angaben der Suchdienste beruhen auf eigenen Auskünften der Anwälte und können Ihnen daher nur eine Orientierungshilfe bieten.

Auch in den „Gelben Seiten" Ihres Telefonbuchs finden Sie zahlreiche Suchhilfen, ebenfalls unterteilt nach Rechtsgebieten von A wie Arbeitsrecht bis Z wie Zwangsvollstreckung.

Haben Sie einen passenden Ansprechpartner gefunden und einen Gesprächstermin vereinbart, machen Sie sich schon vor dem Gespräch drei entscheidende Punkte klar:

- Ein gewonnener Prozess allein macht noch keinen guten Anwalt: Ein guter Anwalt muss auch klären, ob sich angesichts der Kosten für Sie ein Prozess in der fraglichen Sache überhaupt lohnt, und dabei Ihre finanzielle und seelische Belastbarkeit im Auge haben.
- Energisches Auftreten allein zeichnet einen guten Anwalt nicht aus: Der stärkste Auftritt vor Gericht nützt Ihnen wenig, wenn der Termin nicht sorgfältig und innerhalb der erforderlichen Frist vorbereitet wurde.
- Nettigkeit bringt Sie nicht weiter: Ihr Anwalt soll nicht nur Ihnen Recht geben und Sie in Ihrer Empörung über das erlittene Unrecht bestärken. Er muss mit Ihnen auch die voraussichtlichen Argumente der Gegenseite und die Prozessrisiken erörtern.

### Was Sie eine Beratung beim Rechtsanwalt kostet

Nicht recht zu haben, sondern recht zu bekommen, ist heute in Deutschland oft schwierig, denn die Mühlen der Justiz mahlen recht langsam und teuer. Wenn Sie verlieren, sind nicht nur die Kosten für Ihren eigenen Anwalt fällig, sondern auch die Kosten für den gegnerischen Anwalt und die Gerichtskosten; hinzu kommen mögliche Gutachter- und Zeugenkosten und auch die Zeit, die Sie für den Prozess aufwenden müssen und die Ihnen niemand ersetzt. Selbst wenn Ihnen der Richter teilweise recht gibt, müssen Sie für die anteiligen Kosten aufkommen. Überlegen Sie deshalb gerade bei kleinen Beträgen genau, ob Sie voll zu Ihrem Recht kommen werden. Meist fahren Sie besser, wenn Sie vor der Einleitung eines Gerichtsverfahrens mit Ihrem Gegner zu einem Kompromiss gelangen.

Das sollte Sie jedoch keineswegs dazu verleiten, Ihre Geschäfte übervorsichtig anzugehen und etwa Lieferungen nur gegen Vorkasse vorzunehmen. Gerade zu Beginn

Ihrer unternehmerischen Tätigkeit wollen Sie ja Marktanteile gewinnen und müssen sich daher nach den branchenüblichen Konditionen richten. Eventuell müssen Sie sogar günstigere Bedingungen bieten als Ihre Wettbewerber. Mehr Umsatz bedeutet eben meist auch mehr Risiko. Das können Sie auch nicht durch noch so ausgeklügelte Verträge ausschließen, denn es kommt darauf an, mit wem Sie handeln, nicht, nach welchen Verträgen.

Informieren Sie sich daher bereits vor Ihrem ersten Beratungsgespräch darüber, welche Kosten auf Sie zukommen. Was Sie ein Rechtsanwalt kostet, regelt die *Bundesgebührenordnung für Rechtsanwälte* (BRAGO). Grundlage der Abrechnung ist – außer bei Strafverteidigungen und Sozialrechtsangelegenheiten – der Streitwert oder Gegenstandswert. Darunter versteht man den Wert, den der Gegenstand der anwaltlichen Tätigkeit hat.

So sieht die Gebührentabelle für die vollen Sätze auszugsweise aus – hinzu kommt die Mehrwertsteuer:

INFO

| Wert | Gebühr | Wert | Gebühr |
|---|---|---|---|
| 600 | 50 | 4 000 | 265 |
| 1 200 | 90 | 5 000 | 320 |
| 1 800 | 130 | 6 000 | 375 |
| 2 400 | 170 | 7 000 | 430 |
| 3 000 | 210 | 8 000 | 485 |

(Die Gebühren beziehen sich auf die alten Bundesländer. In den neuen Ländern ermäßigen sie sich um 20 Prozent – Stand August 1997.)

Nach dem Gegenstandswert berechnen sich die Kosten unabhängig von dem entstehenden Arbeitsaufwand. Sprechen Sie mit Ihrem Anwalt vorab darüber. Anwälte dürfen bei ihren Honoraren jedoch auch die Mindestsätze der BRAGO überschreiten und auch auf Stundenbasis arbeiten. Dabei sind heute Stundensätze von 150 bis 700 DM zuzüglich Mehrwertsteuer und eventueller Auslagen üblich.

Wichtig: Überschreitet das vereinbarte Honorar die gesetzlich festgelegten Gebühren, müssen Sie das – getrennt von der eigentlichen Vollmacht – schriftlich festhalten.

Beratungen können Sie häufig nicht über Ihre *Rechtsschutzversicherung* abrechnen. Das gilt immer dann, wenn im Sinne der Versicherungsbedingungen kein „Verstoß gegen Rechtspflichten" vorliegt. Auch trägt die Rechtsschutzversicherung nur die BRAGO-Gebühren.

Die Gebühren richten sich im einzelnen nach der Tätigkeit, die der Anwalt ausübt. Das sind die wichtigsten Beratungsfälle:

### Rat oder Auskunft

Die Gebührenhöhe richtet sich danach, ob diese Tätigkeit des Anwalts isoliert dasteht oder zusammen mit einer anderen Tätigkeit des Anwalts erfolgt, beispielsweise einer Prozessvertretung. Für einen isolierten Rat oder eine einzelne Auskunft gilt eine Gebühr in Höhe von einem bis zehn Zehntel der vollen Gebühr. Bleibt es bei einer Erstberatung, kann der Anwalt hierfür nur eine Gebühr von höchstens 350 DM zuzüglich Mehrwertsteuer berechnen. Kommt es danach zu einer Zusammenarbeit, wird diese Gebühr verrechnet.

Wichtig: Diese Grenze gilt nur für eine wirkliche Erstberatung, hingegen nicht, wenn sich nach dem ersten Beratungsgespräch, dem ersten schriftlichen Rat oder einer ersten Auskunft eine weitere Tätigkeit des Anwalts anschließt, die mit der Erstberatung in engem Zusammenhang steht oder diese fortsetzt.
Suchen Sie einzelnen anwaltlichen Rat oder Auskunft in einer Straf- oder Bußgeldsache, kann der Anwalt „nach billigem Ermessen“ eine Gebühr von 30 bis 350 DM einfordern.

### Sonstige Geschäfte

Hierzu gehören beispielsweise das Fertigen von Schriftsätzen oder das Entwerfen von Urkunden. Dabei erhält der Anwalt eine Gebühr, die nach seinem Ermessen fünf bis zehn Zehntel der vollen Gebühr beträgt. Dieses Honorar gilt

- als *Geschäftsgebühr* für den Betrieb des Geschäfts einschließlich der Information, dem Einreichen, Fertigen oder Unterzeichnen von Schriftsätzen oder Schreiben und dem Entwerfen von Urkunden. Einfache Schreiben, Mahnungen oder Kündigungen sind allerdings billiger. Hier beträgt das Honorar nur zwei Zehntel der vollen Gebühr;
- als *Besprechungsgebühr* für das Mitwirken bei mündlichen Verhandlungen oder Besprechungen über tatsächliche oder rechtliche Fragen, die von einem Gericht oder einer Behörde angeordnet oder im Einvernehmen mit dem Auftraggeber vor einem Gericht oder einer Behörde, mit dem Gegner oder mit Dritten geführt werden;
- für das Mitwirken bei der Gestaltung eines *Gesellschafts-* sowie eines *Auseinandersetzungsvertrags* von Gesellschaften und Gemeinschaften;
- als *Beweisaufnahmegebühr* für das Mitwirken bei Beweisaufnahmen, die von einem Gericht oder einer Behörde angeordnet werden.

### Rechtsgutachten

Hierfür sieht das Gesetz eine „angemessene“ Gebühr für den Anwalt vor. Vereinbaren Sie in solchen Fällen von vornherein ein klares Honorar. Für die Ausarbeitung eines schriftlichen Gutachtens in Zivilsachen über die Aussichten einer Berufung oder Revision gilt die volle Gebühr. Diese können Sie jedoch auf das Anwaltshonorar anrechnen, wenn Sie anschließend in die Berufung oder Revision gehen.

**INFO**

Neben diesen beratenden Tätigkeiten dürfen Anwälte zahlreiche andere Aufgaben erfüllen, vor allem ihre Mandanten in Gerichtsprozessen vertreten. Hierzu gibt es ein umfangreiches und kompliziertes Gebührenrecht.

## Was Sie für eine Beratung durch den Notar zahlen

Der Notar erfüllt im Unterschied zum Rechtsanwalt nicht in erster Linie beratende Aufgaben. Sein Arbeitsschwerpunkt liegt vielmehr in der Beurkundung beispielsweise von Grundstückskauf- oder Gesellschaftsverträgen, Beglaubigungen

und Anmeldungen zum Handelsregister. Die Beratung fällt dabei sozusagen als Nebenprodukt an und wird nicht gesondert vergütet. Schließen Sie beispielsweise einen Gesellschaftsvertrag ab, muss Sie der Notar entsprechend rechtlich belehren. Diese Beratung ist jedoch mit der Gebühr für die Beurkundung abgegolten. Der Notar berechnet seine Gebühren nach einer eigenen Kostenordnung zuzüglich Mehrwertsteuer von 15 Prozent.
Bei einem Geschäftswert bis 2 000 DM beträgt die volle Gebühr 20 DM. Die Gebühr erhöht sich bei einem höheren Geschäftswert in sieben Stufen, beispielsweise bei einem Geschäftswert bis 10 000 DM für jeden angefangenen Betrag von weiteren 2 000 DM um 15 DM, bei einem Geschäftswert bis 100 000 DM für jeden angefangenen Betrag von weiteren 5 000 DM um 10 DM. Die Dienste des Notars sind also vergleichsweise günstig.

CHECKLISTE

**So finden Sie den richtigen Anwalt**

- Ich weiß, auf welchem Rechtsgebiet ich eine Beratung brauche.
- Ich habe einschlägige Suchmöglichkeiten genutzt, um einen geeigneten Anwalt zu finden.
- Ich habe meinen Anwalt in einer Erstberatung getestet.
- Mein Anwalt hat mein Anliegen genau angehört, den Sachverhalt geklärt und sich dann abgewogen geäußert.
- Er hat mich über die Kosten seiner Leistungen informiert.
- Ich habe gegebenenfalls geklärt, ob meine Rechtsschutzversicherung die Anwaltsgebühren übernimmt.
- Ich kenne die Leistungen, die ein Notar für mich erbringen kann.

## Wie Sie Stolpersteine bei Ihren Verträgen vermeiden

Verträge bilden eine wichtige Grundlage für Ihren geschäftlichen Erfolg oder Ihr unternehmerisches Scheitern. Sie schließen beispielsweise Miet- oder Pachtverträge über Ihre Geschäftsräume, vereinbaren mit Ihren Kunden und Lieferanten Kauf-, Dienst- und Werkverträge. Ihre Hausbank ist über Darlehensverträge und Ihre Mitarbeiter sind über Arbeitsverträge mit Ihrem Unternehmen verbunden. Jede Unsicherheit, jede Nachlässigkeit beim Abschluss von Verträgen birgt zahlreiche Risiken. Ein Kaufvertrag lässt sich nicht einfach ungeschehen machen und unvorteilhafte Miet- oder Leasingverträge können Sie nicht von heute auf morgen kündigen.
Da sind aber nicht nur der ungerechtfertigt hohe Kaufpreis und das für den Betrieb unbrauchbare Gerät. Schlimmer sind oft die Folgeschäden, etwa die Prozessrisiken beim Versuch, den mangelhaften Vertrag vor Gericht „zurechtzubiegen“, oder der

Vertrauensverlust bei einem guten Kunden. Fehlerhafte Verträge schaden im übrigen leicht dem guten Ruf Ihres gesamten Unternehmens.

Im bürgerlichen Recht gilt grundsätzlich *Vertragsfreiheit*, das heißt es ist allein Ihnen überlassen, ob, mit wem und mit welchem Inhalt Sie einen Vertrag schließen. Der Vertrag ist für Sie also ein Gestaltungsmittel. Allerdings geben die Vorschriften des BGB auch die Grenzen der Vertragsfreiheit vor, um Missbräuche zu verhindern und eine Übervorteilung des wirtschaftlich schwächeren Vertragspartners zu vermeiden. So sind zum Beispiel Knebelungsverträge und wucherische Geschäfte nach § 138 BGB sittenwidrig und damit nichtig. Im übrigen dient das Gesetz dazu, die Lücken in Ihren Verträgen zu schließen. Haben Sie beispielsweise in Ihrem Vertrag nicht festgelegt, was geschehen soll, wenn eine Vertragspartei ihre geschuldete Leistung zu spät erbringt, dann kommen die gesetzlichen Bestimmungen des BGB über den Schuldner- oder Gläubigerverzug zur Anwendung.

## Worum es bei der Rechts- und Geschäftsfähigkeit geht

Jeder wirksam geschlossene Vertrag begründet für die Beteiligten Rechte und Pflichten. So gibt der Kaufvertrag dem Verkäufer das Recht, den Kaufpreis zu verlangen, und dem Käufer das Recht, die Herausgabe der verkauften Ware zu fordern. Dem steht die Pflicht des Käufers gegenüber, den Kaufpreis zu zahlen, sowie die Pflicht des Verkäufers, die verkaufte Sache herauszugeben. Diese Fähigkeit, selbst Träger von Rechten und Pflichten zu sein, bezeichnet man als Rechtsfähigkeit. Alle Menschen sind von ihrer Geburt an als „natürliche Personen" rechtsfähig. Aber auch „juristische Personen" wie die GmbH, die AG und der eingetragene Verein (e.V.) sind rechtsfähig.

Neben der Rechtsfähigkeit gibt es die Geschäftsfähigkeit. Dabei geht es um die Frage, ob eine Person durch ihr Handeln selbständig Rechte und Pflichten begründen kann. Hier verlangt die Rechtsordnung eine gewisse Einsichtsfähigkeit und Reife. Erst mit Eintritt der Volljährigkeit ist eine natürliche Person unbeschränkt geschäftsfähig und kann uneingeschränkt vertraglich Rechte und Pflichten übernehmen. Bis zur Einwilligung des gesetzlichen Vertreters bleibt also beispielsweise Ihr Kaufvertrag mit einem *Minderjährigen* in der Schwebe. Bleibt die Genehmigung aus, fehlt es an einem wirksamen Vertrag: Sie können den Kaufpreis nicht verlangen, müssen aber auch nicht die Ware liefern.

Auch mit juristischen Personen können Sie Verträge abschließen. So wird beispielsweise bei einem Kaufvertrag mit einer GmbH die Gesellschaft selbst berechtigt und verpflichtet. Ihr Anspruch auf den Kaufpreis richtet sich dementsprechend auch gegen das Vermögen der Gesellschaft und nicht gegen die einzelnen Gesellschafter oder den Geschäftsführer der GmbH. Für alle geschäftlichen Risiken haftet nur das Gesellschaftsvermögen, während das Privatvermögen der Gesellschafter grundsätzlich aus dem Spiel bleibt.

Typischerweise wirken an einem Vertrag mindestens zwei Personen mit. Die eine

Vertragspartei unterbreitet der anderen einen Antrag, die andere Partei erklärt die vorbehaltlose Annahme des Antrags. Mit der Abgabe dieser Willenserklärungen ist der Vertrag zustande gekommen.

**INFO**

**Unterbreiten Sie einem Geschäftspartner ein Vertragsangebot, sind Sie an Ihre Erklärung gebunden. Ohne besonderen Grund können Sie Ihr Angebot nicht widerrufen.**

Darum bestimmt das BGB in § 145: „Wer einem anderen die Schließung eines Vertrags anträgt, ist an den Antrag gebunden, es sei denn, dass er die Gebundenheit ausgeschlossen hat."

Wollen Sie sich noch nicht oder nicht in allen Punkten binden, können Sie ein *unverbindliches Angebot* abgeben. Das müssen Sie aber für Ihren Vertragspartner deutlich erkennbar zum Ausdruck bringen. Formulieren Sie etwa: „Preise freibleibend", „Lieferungsmöglichkeit vorbehalten" beziehungsweise „Lieferzeit wegen großer Nachfrage unverbindlich".

Im Geschäftsverkehr finden sich auch eine ganze Reihe von Angeboten, die nicht verbindlich sind. Werben Sie beispielsweise für Ihre Produkte in Anzeigen oder Katalogen, versenden Sie Preislisten oder weisen Sie mit Plakaten auf Ihre Leistungen hin, sind diese reklamehaften Anpreisungen noch nicht verbindlich. Das gleiche gilt für Artikel und Preise in einer Schaufensterauslage oder die angebotenen Speisen auf einer Speisekarte. Meldet sich darauf ein interessierter Käufer, können sie immer noch einen Vertragsabschluss mit ihm ablehnen, einen anderen Preis bestimmen oder darauf hinweisen, dass die Ware nicht mehr vorrätig ist. Sie müssen die betreffenden Artikel im letzteren Fall auch nicht beschaffen.

Achten Sie bei der Abgabe von verbindlichen schriftlichen Angeboten immer auf klare und eindeutige Verhältnisse und bestimmen Sie möglichst eine Annahmefrist. Nimmt die andere Partei das Angebot nicht innerhalb der von Ihnen vorgegebenen Frist an, sind Sie nicht mehr an Ihre Offerte gebunden.

## Warum es auf die richtige Vertragsform ankommt

Verträge und andere Rechtsgeschäfte können Sie grundsätzlich formlos abschließen. So ist zum Beispiel ein mündlich vereinbarter und durch Handschlag besiegelter Kaufvertrag ebenso verbindlich und für beide Parteien verpflichtend wie ein inhaltsgleicher schriftlicher Vertrag. Jedoch ist es bei mündlichen Verträgen schwierig, im Streitfall den Beweis über die Existenz und den Inhalt des Vertrags zu führen.

Vom Grundsatz der Formfreiheit kennt das Gesetz jedoch zahlreiche Ausnahmen. In einigen Fällen zwingt es die Vertragsparteien, eine bestimmte Form einzuhalten, um sie vor übereilten Vertragsabschlüssen zu schützen. Manchmal dienen die Formvorschriften auch zur Kontrolle und Überwachung bestimmter Rechtsgeschäfte durch die Behörden. Bei Formverstößen bestimmt das Gesetz in § 125 Satz 1 BGB: „Ein

Rechtsgeschäft, welches der durch Gesetz vorgeschriebenen Form ermangelt, ist nichtig." Prüfen Sie daher beim Abschluss eines Vertrags immer, ob Sie bestimmte Formvorschriften beachten müssen. Ihre Ansprüche aus dem Vertrag stehen und fallen mit der Einhaltung der Form. Die wichtigsten gesetzlich vorgeschriebenen Formen eines Rechtsgeschäfts sind:

- Schriftform nach § 126 BGB,
- öffentliche Beglaubigung der Unterschrift nach § 129 BGB,
- notarielle Beurkundung nach § 128 BGB.

Bei der *Schriftform* verlangt das Gesetz die schriftliche Ausfertigung des Vertrags und die eigenhändige Namensunterschrift beider Parteien auf derselben Urkunde. Bei mehreren für die einzelnen Parteien bestimmten Ausfertigungen reicht es zur Formwahrung aus, wenn jede Partei die für den anderen Vertragspartner bestimmte Ausfertigung unterzeichnet.

Die Schriftform gilt besonders für Miet- und Pachtverträge über Grundstücke, Wohnungen und Geschäftsräume, die länger als ein Jahr gelten, für Bürgschaftsverträge sowie Schuldversprechen und Schuldanerkenntnisse. Eine *öffentliche Beglaubigung* erfolgt im Geschäftsverkehr vor allem bei der Anmeldung zu amtlichen Registern wie dem Handelsregister und dem Vereinsregister sowie bei Eintragungen ins Grundbuch.

Bei der *notariellen Beurkundung* sind der wichtigste Fall bekanntermaßen die Grundstücksgeschäfte, jedoch spielt diese Form auch bei familien- und erbrechtlichen Verträgen eine Rolle.

## Wie sich Verträge auf die Besteuerung auswirken

Verträge dienen nicht nur der Rechtssicherheit, sondern bilden vielfach auch die Grundlage für Ihre Besteuerung. Das gilt beispielsweise für die Grunderwerbsteuer, deren Bemessung sich an den vereinbarten Kaufpreis beim Grundstückserwerb knüpft, oder für die Höhe der steuerlichen Abschreibungen, die sich nach den Anschaffungskosten eines Wirtschaftsguts richten.

Dabei geht es dem Finanzamt nicht um die rechtlich einwandfreie Form Ihrer Verträge, sondern um die tatsächliche wirtschaftliche Leistungsfähigkeit. Der betreffende Vertrag muss also zu einer wirtschaftlichen Veränderung geführt haben. Daher können selbst sittenwidrige und damit nichtige Verträge mit wirtschaftlichen Folgen steuerrechtlich von Bedeutung sein. Entrichtet beispielsweise ein Darlehensnehmer aufgrund eines sittenwidrigen Vertrags Wucherzinsen, so stellen diese beim Wucherer steuerpflichtige Einkünfte dar.

Nicht alle Verträge, die Steuervorteile versprechen, müssen sich den Vorwurf des Gestaltungsmissbrauchs gefallen lassen.

So können Sie als Gesellschafter einer BGB-Gesellschaft mit der Gesellschaft einen Mietvertrag abschließen und ihr in diesem Rahmen Bürogeräte oder andere Gegenstände vermieten. Damit werden Sie Unternehmer und können den Vorsteuerabzug oder die Vorteile der Kleinunternehmerbesteuerung nutzen. Für einen beteiligten Gesellschafter gilt also das gleiche wie für einen fremden Dritten: Hier liegt kein Rechtsmissbrauch vor.

Wichtig: Ihr Vertrag gilt möglicherweise als *Umgehungsgeschäft*, wenn Sie Ihre Gestaltungsmöglichkeiten missbräuchlich genutzt haben, beispielsweise durch eine unangemessene rechtliche Gestaltung. Dies zeigt sich meist daran, dass Sie nicht den einfachsten, sondern einen umständlichen, überflüssigen oder unwirtschaftlichen Weg gewählt haben, um das gewünschte wirtschaftliche Ziel zu erreichen. Der Beweggrund, Steuern zu vermeiden, reicht jedoch allein für die Unangemessenheit nicht aus.

### Worauf es bei Ihren Verträgen mit Familienangehörigen ankommt

Schließen Sie als Unternehmer mit nahen Angehörigen Arbeits-, Miet-, Pacht- oder Darlehensverträge, entstehen bei Ihnen in dieser Höhe Betriebsausgaben. Der Angehörige erfasst diese Einkünfte zwar im Rahmen der jeweiligen Einkunftsart, kann dabei jedoch seine Freibeträge, beispielsweise den Grundfreibetrag, nutzen und dem progressiven Einkommensteuertarif die Spitze nehmen. Daher zählen solche Verträge zu den beliebtesten Möglichkeiten, um das Familieneinkommen aufzubessern.

Die Finanzbehörden stellen dementsprechend bei Verträgen mit Angehörigen besonders strenge Anforderungen an Inhalt und Durchführung. Weisen diese Verträge Mängel auf, die zeigen, dass die Partner sie nicht ernsthaft durchführen, gehen Verwaltung und Finanzgerichte von Umgehungsgeschäften aus. Dies gilt beispielsweise auch, wenn für die Einschaltung eines Angehörigen kein vernünftiger wirtschaftlicher Grund besteht. Insbesondere müssen vereinbarte Geldzahlungen auch tatsächlich fließen und in den Verfügungsbereich des Empfängers gelangen.

## CHECKLISTE

**So gehen Sie mit der Vertragsfreiheit richtig um und gestalten Ihre Verträge vorteilhaft**

- Ich habe mich über die Grenzen der Vertragsfreiheit informiert und vermeide gesetz- oder sittenwidrige Vertragsabreden.
- Ich prüfe die Geschäftsfähigkeit meiner Vertragspartner und wende mich bei Minderjährigen im Zweifelsfall an den gesetzlichen Vertreter.
- Ich halte mich bei Verträgen mit juristischen Personen an die zur Vertretung der Gesellschaft berechtigten Personen.
- Ich beachte die bindende Wirkung meiner Vertragsangebote und überlege im Einzelfall, ob ich die Bindungswirkung einschränken will.
- Ich bestimme in meinen schriftlichen Angeboten eine genau bezeichnete Frist für die Annahme.
- Ich prüfe und beachte die rechtlich erforderliche Form meiner Vertragsabsprachen.
- Ich informiere mich über die steuerliche Bedeutung meiner Verträge und prüfe die steuerlichen Folgen.
- Ich richte mich bei Inhalt und Durchführung von Verträgen mit Familienangehörigen nach den Gepflogenheiten unter Fremden (Drittvergleich).

# So erobern Sie Ihren Markt und gewinnen Ihre Kunden

## Wie Sie Ihren Werbeerfolg richtig planen und sichern

Gerade in der Gründungsphase Ihres Unternehmens kommt es auf Ihre Werbung an, um Ihr Unternehmen und Ihr Angebot bekannt zu machen, um überhaupt Ihre Kunden zu finden und schnell entscheidende Marktanteile zu gewinnen. Denn ein wichtiges Merkmal erfolgreicher Unternehmen besteht ja gerade darin, dass sie mehr Werbung betreiben als vergleichbare Firmen. Dazu gehört Werbung in Form von Anzeigen und Prospekten, Werbebriefen, Mundpropaganda und Öffentlichkeitsarbeit (Public Relations). Viele Unternehmer verstehen jedoch den Zusammenhang zwischen Werbung und Umsatz nicht. Für sie ist Werbung nur ein Kostenfaktor, an dem sie sparen können. Genauso gut könnte man die Uhr anhalten, um Zeit zu gewinnen. Werbung wird heute meist durch den Begriff Kommunikation ersetzt. *Kommunikation* heißt für Sie: Sie müssen für Ihr Unternehmen Werbebotschaften und Informationen entwerfen und diese an Ihre Zielgruppen, die Empfänger, „senden". Entwickeln Sie dazu ein schlüssiges Gesamtkonzept, in dem Sie alle Werbe- und Kommunikationsmaßnahmen genau aufeinander abstimmen. Damit erreichen Sie, dass der Interessent oder Kunde

- Ihre Informationen aufnimmt, sie in seinen Gedächtnisspeicher ablegt und sich ein positives Bild von Ihrem Angebot macht,
- sofort reagiert, zum Telefon greift, nach weiteren Informationen fragt, kauft oder Ihnen einen Auftrag erteilt.

In vielen Unternehmen stellt die Kommunikation eine Schwachstelle der Betriebsführung dar. Vermeiden Sie deshalb bei Ihrer Werbung sechs häufige Fehler:

- zu geringe Werbeetats: Die Höhe des Werbebudgets entspricht nicht den Werbezielen,
- kein systematisch geplanter Einsatz der unterschiedlichen Kommunikationsinstrumente,
- Durchführung von spontanen „Einmalaktionen",
- nicht zueinander passende oder widersprüchliche Werbemaßnahmen,
- Einsatz von Maßnahmen mit zu breiter Streuung und entsprechend hohen Streuverlusten,
- fehlende Ausrichtung der Werbemaßnahmen auf die Zielgruppen des Unternehmens.

Verlassen Sie sich bei Ihren Werbeaktionen nicht auf den Rat von teuren Werbefachleuten und -agenturen, denn auch die können keine Wunder vollbringen. Machen Sie sich besser selbst mit den wichtigsten Werbetechniken vertraut. Nicht zufällig gestalten im Versandhandel, einer sehr werbeintensiven Branche, die Inhaber kleiner Unternehmen ihre Werbung vielfach selbst. Sie wissen, dass die erfolgreichste Werbung von Leuten gemacht wird, die von ihrem Produkt überzeugt sind.

## Welche Werbeträger Ihren Produkten auf den Weg helfen

Wie überall gilt besonders in der Werbung: Schauen Sie's den Großen ab! Beobachten Sie die Werbeaktionen Ihrer wichtigsten Konkurrenten und die Werbeerfolge in verwandten Geschäftszweigen. Manche erfolgreiche Idee können Sie sicher „abkupfern" und dabei manch kostbare Werbemark sparen. Zum Thema Werbe- und Verkaufstechniken sind ganze Bibliotheken veröffentlicht worden. Lassen Sie sich in einer guten Fachbuchhandlung einen oder zwei erfolgreiche Titel empfehlen und machen Sie sich mit den wichtigsten Werbegrundsätzen vertraut. Der Nachteil dieser Bücher besteht jedoch darin, dass sie Ihnen zwar sagen, wie Sie werben sollen, jedoch nicht, wo.

Ein wichtiges Nachschlagewerk ist der kurz „Stamm" genannte „Stamm-Leitfaden durch Presse und Werbung", der regelmäßig im Stamm-Verlag, Essen, erscheint. Dieses Standardwerk, das Sie in jeder größeren Bibliothek einsehen können, enthält die wichtigsten Angaben über alle Werbeträger in Deutschland, angefangen von der Schülerzeitung über die Plakatanschlagstellen bis zu den großen Publikumszeitschriften. Damit wird der „Stamm" für Sie nicht nur zum unentbehrlichen Arbeitsmittel für Ihre Werbeplanung, sondern auch zur unerschöpflichen Fundgrube für erfolgreiche Werbeideen. Zu den wichtigsten Werbeträgern zählen Tageszeitungen, Anzeigenblätter, Prospekte, Handzettel, Plakate, Sonderpublikationen, die „Gelben Seiten" des Telefonbuchs, Direktwerbung und Public Relations.

*Tageszeitungen* sind das klassische Werbemedium. Wegen ihres kurzfristigen Anzeigenschlusses können Sie sie flexibel nutzen und erreichen die kaufkräftigsten Leser des Erscheinungsgebietes, nämlich die Angehörigen der Mittelklasse. Einige Zeitungen rechnen auch gewerbliche Anzeigen zum – besonders kostengünstigen – Worttarif ab. Die besten Ergebnisse bringen die Rubrikanzeigen in den Samstagausgaben, gefolgt vom Mittwoch. Nutzen Sie auch die Rabatte der Mengenstaffeln. Boulevardzeitungen werden intensiver gelesen als normale Tageszeitungen, da die Leser sich jeden Tag neu für den Kauf entscheiden müssen.

*Anzeigenblätter* bringen insbesondere für den Einzelhandel ein sehr gutes Echo, da sie – anders als die Tageszeitungen – an alle Haushalte des Verbreitungsgebiets verteilt werden, jedoch ist der Kleinanzeigenteil hier meist nur gering. Nutzen Sie auch die Möglichkeit von PI-Anzeigen (PI = Per Inquiry, also pro Nachfrage). Dabei erhält der Verlag für die Anzeige nicht eine feste Summe, sondern einen bestimmten Betrag pro Nachfrage oder Auftrag, der aufgrund der Anzeige zustande kam. Bei solchen

Anzeigen tragen Sie keinerlei Risiko, weil Sie nur für erhaltene Aufträge bezahlen. Der Verlag füllt auf diese Weise nicht verkauften Anzeigenraum und macht zusätzliche Geschäfte.
Hüten Sie sich vor Anzeigenblättern, die Ihnen hohe Sonderrabatte andienen. Gute Anzeigenblätter können sich das nicht leisten und haben es auch nicht nötig.

**TIPP**

**Konkurriert in Ihrem Ort ein lokales Blatt mit der Teilausgabe einer regionalen Zeitung, sollten Sie das Lokalblatt bevorzugen. Denn in der Teilausgabe der Regionalzeitung wirbt auch die Konkurrenz aus der nächsten Großstadt, so dass Ihr Angebot in der Lokalzeitung eher auffällt.**

Bei der *Prospektverteilung* können Sie Ihr Einzugsgebiet genau abdecken, also exakt festlegen, welche Straßen und Häuser Sie mit Ihrer Werbung erreichen wollen. Sie können sich an eine Agentur wenden oder – zum etwa halben Preis – Schüler und Studenten für die Verteilung einsetzen.
Erstaunliche Erfolge können Sie auch mit dem Verteilen von *Handzetteln* in Fußgängerzonen und unter Scheibenwischern an parkenden Autos erzielen, wenn diese Werbeform zu Ihrem Angebot passt. Heften Sie kleine Geschenke an, steigt die Aufmerksamkeit noch, weil die Zettel dann nicht so schnell ungelesen weggeworfen werden.
Bei der *Plakatwerbung* ist der Werbeerfolg je nach Branche sehr unterschiedlich; das beste Echo erzielen Plakate für Veranstaltungen. Fragen Sie auch in Geschäften nach der Möglichkeit, Ihre Plakate im Schaufenster auszuhängen. Gerade bei Hinweisen auf Veranstaltungen sind die Geschäftsleute meist gern dazu bereit. Achten Sie im Erfolgsfall auf eine gut sichtbare Plazierung Ihres Angebots.
Bei der Werbung in *Sonderpublikationen* wie Stadtplänen, Veranstaltungskalendern, Amtsblättern, Fahrplänen, Theaterprogrammen und ähnlichen Werbeträgern kommt es entscheidend auf die Auflage an, und zwar nicht auf die gedruckte, sondern auf die verbreitete Auflage. Sprechen Sie mit anderen Geschäftsleuten über deren Erfahrungen mit solchen Werbeaktionen.
Die Branchenfernsprechbücher der Telekom, die *Gelben Seiten*, sind ein zwar teures, aber sehr wirksames Werbemedium. Denn wer hier nach Angeboten und Anbietern sucht, hat bereits ein konkretes Kaufinteresse. Stellen Sie daher hier besonders die Vorzüge Ihres Produkts bzw. Ihrer Dienstleistung gegenüber denen der Konkurrenz heraus. Werben Sie unter möglichst vielen Stichwörtern, so dass ein suchender Leser immer wieder auf Ihre Firma stößt.
*Direktwerbung* können Sie, wie der Name schon sagt, sehr gezielt einsetzen. Die Adressen erhalten Sie nach Zielgruppen sortiert – allerdings zu meist nicht kleinen Preisen – von Adressverlagen, deren Anschriften Sie wiederum im Stamm-Leitfaden finden. Lassen Sie sich zunächst die Kataloge zusenden und sprechen Sie mit den Vertretern der Verlage über Ihre Werbeplanung. Eine Erstberatung ist meist kostenlos.

Gerade bei der Direktwerbung können Sie die Reaktionen Ihrer Kunden auf einzelne Werbemaßnahmen schnell und einfach ermitteln, beispielsweise auf:

- Anzeigen mit Ansprechpartner und Telefonnummer,
- Couponanzeigen,
- Radio-, Fernseh- und Kinowerbung mit Telefonnummer,
- Werbebriefe mit unterschiedlichen Reaktionsmöglichkeiten für bestimmte Kunden,
- persönliche Verkaufsgespräche, auch per Telefon.

*Öffentlichkeitsarbeit* oder *Public Relations* ist eine kostenlose und sehr wirksame Möglichkeit, die Öffentlichkeit auf Ihr Unternehmen und Ihr Angebot aufmerksam zu machen. Sie müssen dabei gar nicht viel tun, sondern nur ein paar gute Ideen haben: Wenn in Ihrer Firma etwas Neues passiert, rufen Sie einfach die örtliche Zeitungsredaktion an. Die lokalen Reporter sind meist gern bereit, über Neues und Ungewöhnliches zu berichten. Sie müssen die Nachricht auch nicht journalistisch und stilsicher aufbereiten, denn das tut die Zeitung schon für Sie. Das gilt auch für die Fachzeitschriften Ihrer Branche. Herrscht beispielsweise gerade Nachrichtenflaute wie während der Sommerferien oder „zwischen den Jahren", kommt meist jede Neuigkeit wie gerufen. Vermeiden Sie jedoch möglichst einfache Schleichwerbung und lassen Sie sich auch durch Absagen nicht entmutigen. Beim nächsten Anlauf kommt Ihre Pressemeldung vielleicht ganz groß heraus.

Machen Sie Ihre Anzeigenvergabe nicht von dem Artikel über Ihre Firma abhängig, denn auf solche Vorgaben reagieren die meisten Journalisten allergisch.

**TIPP**

**Schreiben Sie einfach, was Sie für wichtig halten und denken Sie dabei an die W-Wörter: Wer, Was, Wann, Wo, Wie, Warum.**

Oder Sie setzen einen Mitarbeiter der Lokalredaktion als „Ihren" PR-Mann ein. Oft arbeiten in den Redaktionen Studenten, die für jeden Nebenverdienst dankbar sind.

### Was Sie für Ihre Werbung ausgeben sollten

Ein exaktes, leicht anzuwendendes Verfahren zur Bestimmung des Werbebudgets gibt es nicht. Einige Unternehmer richten ihr Werbebudget nach den Umsätzen des vergangenen Geschäftsjahrs aus. Sie legen ihren Werbeetat aufgrund eines bestimmten Prozentsatzes vom Umsatz oder Gewinn fest. Das ist eine einfache, aber starre Methode. Nachteil: Gehen die Umsätze zurück, muss das Unternehmen seine Werbeanstrengungen erhöhen, damit Umsatz und Gewinn wieder steigen und keine Marktanteile verloren gehen.

Andere Unternehmer orientieren sich einfach an den Maßnahmen und Ausgaben ihrer Mitbewerber, um deren Werbeerfolg zu neutralisieren. Ein solches Verhalten hat langfristig große Nachteile, denn Sie wollen ja Ihren Markt aktiv bearbeiten und

nicht ausschließlich auf Aktionen der Konkurrenz reagieren.
Verwenden Sie am besten Ihre Unternehmensziele als sinnvolle Grundlage für Ihr Werbebudget. Verfolgen Sie beispielsweise eine aggressive Expansionsstrategie, um in absehbarer Zeit das größte Unternehmen in Ihrem Einzugsgebiet zu sein, können Sie dieses Ziel nur mit einem entsprechenden Werbebudget verwirklichen.
Berücksichtigen Sie bei Ihrem Etat auch Ihre finanzielle Situation und die Werbeanstrengungen Ihrer Konkurrenten. Betrachten Sie Ihr Werbebudget nie als starre Größe, sondern legen Sie die Höhe des Etats anhand Ihrer Ziele jedes Jahr neu fest. Mit drei Schritten bekommen Sie Ihre Werbekosten in den Griff:

- Legen Sie Ihre Werbezicle möglichst exakt fest.
- Planen Sie die notwendigen Werbemittel und Maßnahmen zur Zielerreichung.
- Die Summe der Kosten für diese Werbemittel ergeben die Höhe Ihres Werbeetats.

Führen Sie beispielsweise ein Einzel- oder Handwerkshandels-Unternehmen oder einen Dienstleistungsbetrieb wie ein Reisebüro oder ein Friseurgeschäft, sollten Ihre Aufwendungen für die Schaufensterwerbung, Warenpräsentation und Außenwerbung etwa ein Drittel Ihrer gesamten Werbekosten ausmachen.

## So haben Sie in fünf Schritten mit Ihrer Werbung Erfolg

Mit einem schlüssigen Kommunikationskonzept positionieren Sie Ihr Unternehmen werbewirksam im Markt, heben sich erfolgreich von Ihren Konkurrenten ab und halten Ihre Werbe- und Kommunikationskosten im Rahmen. Entwickeln Sie in fünf erprobten Schritten Ihr Werbekonzept.

### 1. Schritt: Werbeziele festlegen

Wer kein Ziel hat, muss sich nicht wundern, wenn er nie ankommt. Das gilt auch für den wirksamen, sinnvollen Einsatz Ihrer Werbemark. Ihre Werbeziele sind die Grundlage für die Höhe Ihres Werbebudgets. Die einzelnen Werbemaßnahmen sind so unterschiedlich wie die Ziele, die Sie mit deren Einsatz verfolgen. Planen Sie realistisch daher drei Kommunikationsziele, beispielsweise:
Ich will im kommenden Jahr meinen wirtschaftlichen Erfolg steigern und daher

- meinen Umsatz um zehn Prozent steigern,
- meinen Gewinn um drei Prozent erhöhen,
- meine Kundenzahl auf 1000 Kunden erhöhen,
- meinen Umsatz pro Kunde anheben,
- meinen Marktanteil steigern,
- besser sein als meine Mitbewerber.

Ich will das Vertrauen in mein Unternehmen stärken und daher

- ein werbewirksames Erscheinungsbild entwickeln,
- meinem Unternehmen mit meinem Leistungsangebot ein unverwechselbares Profil geben,
- den guten Ruf meiner Firma durch Öffentlichkeitsarbeit festigen,

- klare Geschäftsgrundsätze für die Kooperation mit meinen Kunden aufstellen,
- mein Unternehmen und seine Leistungen noch bekannter machen.

Ich will die Bekanntheit meiner Leistungen erhöhen und daher

- die Informationen über meine Produkte und Leistungen verstärken,
- die besonderen Vorteile und Nutzen meiner Leistungen bekannt machen,
- gewinnbringende Leistungsfelder stärker fördern,
- neue Produkte in den Markt einführen,
- neue Zielgruppen finden,
- ergänzende Maßnahmen zur Kaufvorbereitung, -wiederholung und Kundenbindung einsetzen,
- die Impuls- und Probekäufe meiner Kunden steigern.

**WICHTIG**

**Je exakter, klarer und eindeutiger Sie Ihre Ziele formulieren, um so einfacher können Sie auch den Erfolg kontrollieren.**

### 2. Schritt: Zielgruppen bestimmen

Wählen Sie die Zielgruppen aus, an die Sie Ihr Angebot richten wollen. Es gibt kein universelles Produkt, das sich für jedermann eignet. Sie können auch nicht alle Personen oder Firmen ansprechen, die irgendwann einmal Bedarf an Ihrem Angebot haben könnten. Erreichen Sie die falschen Personen, sind Ihre Aufwendungen wegen hoher Streuverluste vergeblich.

### 3. Schritt: Werbebotschaft entwickeln

Überlegen Sie jetzt, mit welcher Werbung Sie mögliche Kunden überzeugen können. Nicht nur die Höhe des Etats bestimmt Ihren Werbeerfolg, sondern Ihre einprägsame, überzeugende Werbebotschaft.
Die meisten Unternehmer tun sich beim Formulieren ihrer Werbebotschaften schwer, denn die Produkte und Dienstleistungen werden einander immer ähnlicher. Stellen Sie daher die besonderen Stärken Ihres Unternehmens heraus und finden Sie einen „Mehrwert" für Ihre Leistungen. Erweitern Sie den Nutzen, den der Kunde von Ihrem Angebot hat, durch besondere Leistungspakete und Problemlösungen. Richten Sie sich beispielsweise nach aktuellen Beispielen aus dem Handel:

- telefonische Auftragsannahme für eilige Kunden rund um die Uhr,
- Auslieferungsservice gegen Gebühr oder kostenlos,
- Bereitstellung eines speziellen Verkäufers, der dem Kunden nach vorheriger Terminabsprache die gewünschte Auswahl im Geschäft zeigt.

Hier sind Ihre Kreativität und Ihr Einfallsreichtum gefragt. Überlegen Sie, durch welche besondere Idee Sie Ihren Kundennutzen einprägsam vermitteln und verblüffend dramatisieren können. Ihre Werbung soll nicht nur informieren – sie muss auch faszinieren.
Ihre erfolgreiche Werbung zeigt den Nutzen Ihres Angebots für Ihre Kunden mit Hilfe einer werbewirksamen, bildhaften Idee. Der Mensch fühlt und denkt in Bil-

dern; deshalb eignen sich Bilder und eine bildhafte Sprache besonders gut dazu, Werbebotschaften zu vermitteln. Der Text muss kurz und einprägsam sein und in direktem Zusammenhang mit Ihrem Angebot stehen. Gute Werbetexter verwenden viel Zeit und Mühe auf das Finden eines passenden Firmenslogans und eines zentralen Verkaufsarguments.

### 4. Schritt: Werbemittel planen

Wählen Sie jetzt aus dem Bündel möglicher Werbeträger die für Ihr Angebot passenden aus. Die Kosten der einzelnen Werbemittel ergeben sich nicht allein aus ihrem Preis. Beziehen Sie den Preis auf Kontaktchancen, Kontaktsituation, -häufigkeit und -dauer. Werbemittel mit breiter Streuung wie Anzeigen in Tageszeitungen, Plakate oder die Verteilung von Handzetteln sind anders zu bewerten als zielgerichtete Direktmarketingmaßnahmen wie Werbebriefe oder Faxwerbung.

### 5. Schritt: Werbemaßnahmen organisieren und überprüfen

Entwickeln Sie für Ihre Werbeaktionen ein Zeitgerüst. Mit Hilfe einer Jahresübersicht bleibt Ihnen genügend Zeit für die kreative Ausarbeitung der einzelnen Maßnahmen. Häufig genügt schon eine Grobplanung, mit der Sie die einzelnen Werbeaktionen, wiederkehrenden Termine und Saisonwerbemaßnahmen sinnvoll auf das Jahr verteilen. Damit sich Ihre Werbebotschaft nachhaltig bei Ihren Zielgruppen einprägt, sollten Sie Ihre Werbemaßnahmen wie etwa die Anzeigenwerbung in bestimmten Zeitabständen wiederholen. Denn: „Einmal-Werbung ist Keinmal-Werbung". Ihren jeweiligen Werbeerfolg können Sie nicht isoliert feststellen, denn zahlreiche Faktoren beeinflussen das Ergebnis, insbesondere

- das Verhalten Ihrer Mitbewerber,
- ein geändertes Verbraucher- und Kundenverhalten,
- die Entwicklung Ihres Wirtschaftzweigs,
- die konjunkturelle Lage.

### CHECKLISTE

**So sichern Sie Ihren Werbeerfolg**

- Ich habe meine Produkte und Leistungen im Vergleich zu den Konkurrenzangeboten deutlich positioniert.
- Meine Werbebotschaften zeigen ein durchgehendes Image.
- Meine Werbeinhalte sind einfach und konzentrieren sich auf eine Hauptaussage.
- Ich kenne meine Zielgruppen und richte meine Werbeschlagzeilen nach ihnen aus.
- Ich stelle die Kundenvorteile, den Nutzen meines Angebots und meine Serviceleistungen besonders heraus.
- Ich kenne meine besten Werbeträger und setze meine finanziellen Mittel gezielt ein.
- Ich überprüfe regelmäßig den Erfolg meiner Werbemaßnahmen und führe erfolgreiche Werbekampagnen weiter.

## Wie Sie mit Ihren Kunden sprechen sollten

Um Ihr Angebot erfolgreich an den Mann oder die Frau zu bringen, müssen Sie Ihre Kunden richtig ansprechen. Bei jedem Verkaufsgespräch ist genaues Zuhören und richtiges Fragen wesentlich. Hören Menschen einander nicht zu, ist auch das Reden sinnlos. Aus Zuhörfehlern entstehen leicht Missverständnisse, die schnell zu Konflikten führen und alle Gemeinsamkeiten zerstören. Wollen Sie den tatsächlichen Bedarf Ihres Kunden erforschen, hören Sie ihm daher zunächst aufmerksam zu. Nur so erfahren Sie, was Ihr Kunde wirklich meint, und können auf seine Wünsche entsprechend eingehen.

Hören Sie schweigend zu, unterstellt Ihr Partner bei Ihnen entweder Anteilnahme und fährt mit seiner Rede fort, oder er glaubt Sie zu langweilen und bricht abrupt ab. In beiden Fällen weiß Ihr Gesprächspartner nicht, ob Sie ihn richtig verstanden haben. Hören Sie dagegen aufmerksam zu, geben Sie das Ihrem Partner durch Signale zu verstehen. Das sind kurze, Ihr Verständnis bekundende Sätze oder Wörter, beispielsweise: „ich verstehe" oder „aha" und „hm".

Die meisten Aufmerksamkeitssignale zeigen sich in der Mimik und Gestik. Ein ermunterndes Lächeln und ein bestätigendes Nicken sind deutliche Zeichen. So zeigen Sie das Ihrem Gesprächspartner:

- Achten Sie auf Ihre Gesprächsanteile und reden Sie so wenig wie möglich.
- Signalisieren Sie Ihrem Kunden Aufnahmebereitschaft. Demonstrieren Sie Ruhe und entspannen Sie damit Ihren Gesprächspartner.
- Geben Sie Ihrem Partner Zeit zum Formulieren: Hat er das Gefühl, Sie fallen ihm beim nächsten Luftholen ins Wort, fühlt er sich gestresst.
- Seien Sie geduldig und lenken Sie Ihren Gesprächspartner nicht durch Hantieren mit Ihren Unterlagen ab.
- Halten Sie Blickkontakt und wenden Sie sich Ihrem Gesprächspartner zu, der sich dann ebenso verhält.
- Geben Sie über Ihre Mimik und Gestik zu erkennen, dass Sie interessiert mitgehen und nicht nur pflichtgemäß hinhören.
- Flechten Sie einzelne Worte oder kurze Sätze ins Gespräch ein, die Ihre Aufmerksamkeit und Anteilnahme signalisieren, beispielsweise „aha, wirklich, hm, ja".
- Beweisen Sie im weiteren Gespräch, dass Sie aufmerksam zugehört haben: Nehmen Sie die Formulierungen Ihres Gesprächspartners auf.

### So erkunden Sie den Bedarf Ihrer Kunden

Gibt der Kunde von sich aus nichts preis, stellen Sie ihm Fragen: Nur so erkennen Sie seinen Bedarf. Mit den richtigen Fragen erhalten und übermitteln Sie Informationen, beispielsweise: „Haben Sie eigentlich schon unser neues Produkt gesehen?" Überprüfen Sie auch, ob Ihre Frage beim Empfänger angekommen ist. Fragen Sie deshalb nach: „Habe ich mich verständlich ausgedrückt?"

Mit Ihren Fragen eröffnen Sie ein Gespräch und bringen es voran. Fragen vermitteln dem Gesprächspartner Interesse an seiner Person und an dem, was er sagt. Je nach dem Zweck unterscheiden wir dabei Informationsfragen und taktische Fragen.

### Offene Fragen

Sie beginnen mit einem Fragewort und heißen deshalb auch W-Fragen, weil die Fragewörter mit einem „W" anfangen: wie, wo, wer, warum, wann, weshalb, wozu und andere. Fragen dieser Art lassen sich nicht einfach mit ja oder nein beantworten, sondern erfordern als Antwort einen Satz. Mit offenen Fragen erfahren Sie viel über Ihren Kunden und seine Wünsche. Einen wortkargen Kunden regen sie dazu an, mehr als nur einen Satz oder gar nur ein Wort von sich zu geben.
Beispiele: „Was wissen Sie bereits über uns?" – „Woher haben Sie diese Information?" – „Welches Gerät interessiert Sie besonders?" – „Für welche Einsatzmöglichkeiten suchen Sie diese Maschine?"

### Geschlossene Fragen

Sie beginnen mit einem Zeit- oder Hilfszeitwort. Als Antwort erwarten Sie meistens nur „ja" oder „nein". Solche Fragen sind bei einem Verkaufsgespräch besonders wichtig, weil sie die Reaktion Ihres Kunden verkürzen und ihm nur eine kurze Antwort erlauben.
Beispiele: „Darf ich Ihnen ein Angebot machen?" – „Sind Sie mit dem Kundendienst zufrieden?" – „Reicht es, wenn Sie die Lieferung Anfang nächster Woche erhalten?"

### Alternativfragen

Damit begrenzen Sie die Antworten Ihres Gesprächspartners bei einem Verkaufsgespräch auf wenige Alternativen. So bringen Sie Ihr Gegenüber dazu, sich für eine von zwei vorgegebenen Möglichkeiten zu entscheiden: Der Kunde muss klar Stellung beziehen. Ein Partner, der sich zwischen zwei gleichwertigen Antworten entscheiden soll, fühlt sich nicht so leicht überrumpelt wie bei einer geschlossenen Frage, die ihm keine Wahl lässt. Für den Verkauf sind Alternativfragen besonders in der Abschlussphase wichtig, da sie Entscheidungen fordern und diese wenn nötig herbeiführen.
Beispiele: „Sollen wir den Tisch in hell- oder rotbraun liefern?" – „Möchten Sie lieber zwei Zehner-Packungen oder eine Großpackung?" – „Bevorzugen Sie Allwetterreifen oder fahren Sie Sommer- und Winterreifen?" – „Sollen wir Ihnen die Lieferung zustellen oder holen Sie sie selbst ab?"

### Stimulierungsfragen

Sie sollen anregen. Durch das herauszuhörende Lob oder die Anerkennung fühlt sich der Gesprächspartner positiv bewertet und belohnt. Das beeinflusst die Gesprächsatmosphäre günstig. Setzen Sie diese Frageart ein, müssen Sie die positive Aussage richtig dosieren, also weder übertreiben noch ironisch sein.
Beispiele: „Was sagen Sie als langjähriger Kunde zu unserem neuen Angebot?" – „Haben Sie diese großartige Einrichtungsidee gehabt?" – „Können Sie nicht diese wichtige Aufgabe selbst übernehmen?"

### Ja-Fragen

Fordern Sie die Antwort „ja" heraus, erzielen Sie bei einem Verkaufsgespräch besonders oft Erfolg.
Beispiele: „Wollen Sie die Schrankwand noch in diesem Monat haben?" – „Darf ich Ihnen Ihre Vorteile bei unserem Angebot des Monats erläutern?"

### Indirekte Fragen

Wollen Sie bestimmte Informationen nicht direkt erfragen, um nicht taktlos oder gar plump zu wirken, versuchen Sie es auf dem Umweg über eine indirekte Frage. Aber Vorsicht: Entlarvt der Partner diese Frage als raffinierte Taktik, haben Sie sein Vertrauen verloren und müssen einen mühevollen neuen Versuch unternehmen, um die gewünschte Information doch noch zu erhalten.
Beispiele: „Ist Ihre Frau auch berufstätig?" (Sie wollen wissen, ob Ihr Gesprächspartner verheiratet ist.) „Darf Ich Ihnen ein kleines Geschenk für Ihre Kinder mitgeben?" (Sie wollen erfahren, ob Ihr Gesprächspartner Kinder hat und wie viele.)

### Rhetorische Fragen

Darauf erwartet der Fragende eigentlich keine Antworten, denn er beantwortet sie sich selbst. Mit solchen Fragen regen Sie Ihren Zuhörer zum Mitdenken an.
Beispiele: „Und was wird am Ende dabei für Sie herauskommen?" – „Wer wird sich schon ein solch günstiges Angebot entgehen lassen?" – „Können Sie sich vorstellen, wie Ihre Frau darauf reagieren wird?"

### Bestätigungsfragen

Sie sichern und verstärken das gemeinsam erreichte Gesprächsergebnis. Damit vergewissern Sie sich, ob Ihr Gegenüber Ihre Ansicht übernimmt. Vorteil: Ihr Partner legt sich fest. Aber Vorsicht: Ein empfindlicher Gesprächspartner kann das leicht als misstrauische Kontrolle deuten.
Beispiele: „Darf ich daraus schließen, dass Sie sich für ... entschieden haben?" „Sehe ich es richtig, dass ...?" – „Gehe ich recht in der Annahme, dass ...?" – „Stimmen Sie mit mir darin überein, dass ...?"

### Suggestivfragen

Hier unterstellen Sie dem Gefragten eine Meinung. Er soll in eine bestimmte Richtung manipuliert werden. Typische Merkmale direkter Suggestivfragen sind Wörter wie: doch, sicher, auch, etwa.
Beispiele: „Sie sind doch sicher an einer längeren Garantiezeit interessiert?" – „Sie sehen doch auch, welchen Vorteil diese Maschine gegenüber der von der Firma Weil hat?"

Nicht jede Frageart passt zu jedem Gespräch und zu jedem Partner. Wie Sie fragen, hängt von Ihrem Frageziel ab: Brauchen Sie Informationen, setzen Sie vor allem offene und indirekte Fragen sowie Stimulierungsfragen ein. Merken Sie, dass Sie im Gespräch nicht recht zum Zug kommen, bremsen Sie den Redefluss Ihres Partners durch geschlossene Fragen oder Bestätigungsfragen. Wollen Sie eine Entscheidung herbeiführen, empfehlen sich geschlossene Fragen sowie Alternativ- und Bestätigungsfragen.

TIPP

**Zehn bewährte Grundregeln für Ihre Fragen**

- Fragen Sie präzise und immer zielorientiert.
- Stellen Sie nicht mehrere Fragen gleichzeitig.
- Fragen Sie nicht zu viel hintereinander.
- Fragen Sie verständlich und passen Sie sich dem Sprachniveau Ihres Gesprächspartners an.
- Begründen Sie, falls erforderlich, Ihre Frage.
- Setzen Sie die verschiedenen Fragearten zielstrebig passend zur jeweiligen Situation ein.
- Vermeiden Sie ein „Verhör" und verwenden Sie geschlossene Fragen daher nur sparsam.
- Entschuldigen Sie sich nicht für Ihre Fragen und bitten Sie auch nicht vorher um Erlaubnis, fragen zu dürfen.
- Drücken Sie durch lautes und deutliches Sprechen und Ihren Blickkontakt zum Gesprächspartner aus, wie wichtig die Frage ist.
- Geben Sie Ihrem Partner Zeit zu antworten; fürchten Sie keine Gesprächspausen.

### So setzen Sie „Aufhänger" in Ihrem Verkaufsgespräch gezielt ein

Aufhänger sind Stichworte und zählen zu den Verkaufstechniken, mit denen Sie ein Gespräch beginnen oder weiterführen. Mit dem Stichwort kann Ihr Partner einen Satz bilden, der den Gedanken aufgreift oder dem Gespräch eine neue Richtung gibt. Mit Aufhängern knüpfen Sie auch Kontakte oder wechseln das Thema. So lenken Sie das gesamte Gespräch.

Beispiel (Aufhänger: Restaurant; Ihr Ziel: Angebot vorstellen; Bezugspunkt: Verbesserung): „Als ich Ihr Restaurant sah, dachte ich, wie sehr sich doch die Gastronomie verbessert hat. Verbesserungen entsprechend den erhöhten Ansprüchen unserer Kunden sind auch bei unserem Angebot nötig geworden. Diese Verbesserungen möchte ich Ihnen gerne im einzelnen vorstellen ..."

Um ein Gespräch zu lenken, sind solche Aufhänger besonders vorteilhaft, die unmittelbar zum Gesprächsziel führen oder die eine Belohnung, Bestätigung oder Übereinstimmung mit dem Partner enthalten. Beispiel (Aufhänger Telefonat): „In unserem gestrigen Telefonat gaben Sie mir einen Termin, um mit Ihnen über eine mögliche Zusammenarbeit zu sprechen."

Der Gesprächspartner ist verärgert: „Wenn ich gestern schon gewusst hätte, dass Sie zwar ein gutes und qualitätsbewusstes Unternehmen sind, aber zu derart hohen Preisen, hätten Sie diesen Termin bei mir nicht bekommen."

Ein konfliktfreudiger Unternehmer verwendet nun die negativen Worte des anderen als Aufhänger und versucht sich zu rechtfertigen oder dem Gesprächspartner seinen Irrtum nachzuweisen. Für ihn ist der Aufhänger „zu so hohem Preis" ein willkommener Ansatzpunkt. Würde dieses Gespräch nicht zwangsläufig im Streit enden, würde er also den Auftrag bekommen?

Bemühen Sie sich, diese Situation noch zu retten: Suchen Sie bei Ihrem Kunden den gemeinsamen Bezugspunkt. Wählen Sie also die Worte als Aufhänger, in denen er am meisten mit Ihnen übereinstimmt, hier die Formulierungen „gutes Unternehmen" und „qualitätsbewusst".

Gehen Sie darauf ein: „Wissen Sie, warum wir als gutes Unternehmen vom Markt anerkannt sind?" Oder: „Qualitätsbewusst sind auch Sie, wie ich hörte, deshalb sehe ich darin eine gute Grundlage für eine Zusammenarbeit."

Solche Aufhänger finden Sie in vielen Lebensbereichen. Stimmen Sie sie jedoch genau auf die Bedürfnisse Ihres Gesprächspartners ab. So wecken Sie sein Interesse und regen ihn zu eigenen Äußerungen an.

**TIPP**

**Vermeiden Sie möglichst Aufhänger aus der Politik, dem Sport und der Religion; setzen Sie diese nur ein, wenn Sie Ihren Partner genau kennen.**

Setzen Sie diese Aufhänger ein:

- *allgemeine Situation*: Wetter, Jahreszeit, Presseberichte, lokale Erlebnisse, Wirtschaftsmeldungen, Marktlage;
- *Kundensituation*: momentane Tätigkeit, Äußeres, neues Auto, Erbschaft, Hochzeit, neuer Mitarbeiter;
- *eigenes Unternehmen*: neuer Mitarbeiter, Serviceleistungen, neue Angebote, technische Verbesserungen;
- *eigene Situation*: eigene Erfahrungen, Urlaub, Privates, Meisterprüfung.

### So nutzen Sie Aufhänger als Gesprächsbeginn:

(Aufhänger Sonderangebot): „Ich sah im Stadtanzeiger Ihre Anzeige Sonderangebot." – „Die gemeinsame Absicht, Kunden nützlich zu sein, regte mich an, Sie anzurufen. Ich möchte..."

(Aufhänger neues Auto): „Herzlichen Glückwunsch zu Ihrem neuen Auto. Solche Veränderungen im Besitzstand ziehen oft auch veränderte Versicherungsbedürfnisse nach sich. Deshalb rufe ich Sie an, um ..."

(Aufhänger Urlaubszeit): „Ich habe die Urlaubszeit genutzt, um mich über potentielle Kunden in unserem Gebiet zu informieren. Dabei fiel mir immer wieder Ihre Anschrift auf ..."

(Aufhänger Unfälle): „Die neueste Statistik über Unfälle zeigt, dass die Risiken ständig steigen. Meine Aufgabe und die meiner Mitarbeiter ist es Sie bei ... zu beraten. Was halten Sie davon, wenn wir einmal über die Möglichkeiten sprechen, ...?"

Setzen Sie einen Aufhänger wie den folgenden ein, um das Gespräch weiterzuführen:

(Aufhänger Lkw): „Ich fuhr gestern zufällig eine längere Strecke hinter einem Ihrer Lkw. Die Werbeaufschrift und Ihre Adresse prägten sich mir ein, und ich bin sicher, dass ein Unternehmen Ihrer Größe ständig neue Informationen über ... braucht. Deshalb ..."

## Warum Sie Ihren Kunden Nutzen und nicht nur Produkte verkaufen sollten

Das haben Sie sicher selbst schon erlebt: Das Gespräch mit Ihrem Kunden ist in guter Atmosphäre verlaufen, Sie haben den Eindruck, alles gesagt zu haben, was für die Kaufentscheidung des Kunden wichtig war. Alle Eigenschaften des Produktes haben Sie beschrieben, alle Produktvorteile dargestellt – und trotzdem: Der Kunde sagt nein zum Kauf. Was haben Sie hier falsch gemacht? Sie haben den Nutzen Ihres Produkts für den Kunden nicht genügend herausgestellt.

Machen Sie sich daher die wirklichen *Kaufmotive* Ihrer Kunden klar. Ein Kunde kauft nicht einfach eine Hose, sondern

- Gewinn: Er will einen Preisabschlag oder ein Sonderangebot, richtet sich also am Preis-Leistungs-Verhältnis aus;
- Ansehen: Er wünscht ein Produkt der höheren Preisklasse, das Neueste, Schickste und Modernste, um seinen Mitmenschen zu imponieren;
- Bequemlichkeit: Er geht in das nächstbeste Geschäft, um seinen Aufwand möglichst klein zu halten;
- Sicherheit: Er kauft seine Hose dort, wo er immer kauft und wo er den Verkäufer schon lange kennt – dort erhält er auch eine Hose, die mit Sicherheit lange hält;
- soziales Mitgefühl: Er kauft bei Bekannten, Verwandten oder immer an seinem Wohnort ein, damit die Verkäufer auch etwas davon haben;
- Gesundheit: Er besteht grundsätzlich auf Naturstoffen wie Leinen oder Baumwolle;
- Entdeckung: Er findet neue, unbekannte Geschäfte und ist gespannt, was ihn dort erwartet.

Haben Sie die Kaufmotive Ihres Kunden erkannt, stimmen Sie die *Produktmerkmale* auf diese Motive ab:

- Beschreiben Sie den Nutzen Ihres Produkts.
- Stellen Sie die Produktvorteile heraus.
- Leiten Sie das Verkaufsgespräch zu dem motivbezogenen Kundennutzen über.

Im allgemeinen sind es zwei bis drei Motive, die den Kunden zum Kauf bewegen. In den beiden folgenden Beispielen ist der Kunde sicherheitsmotiviert:

1. Der Hosenstoff ist aus bester Wolle,
2. die deshalb nicht knittert;
3. daher steigen Sie auch nach langer Fahrt noch adrett und gepflegt aus dem Auto.

Oder folgendermaßen:

1. Das Auto hat Sicherheitsgurte und Seitenaufprallschutz;
2. das garantiert Ihnen auch bei einem Unfall
3. im Wageninnern die größtmögliche Sicherheit.

**TIPP**

Raten Sie also nicht einfach, welchen Nutzen Ihr Kunde wohl erwartet. Rechnen Sie auch nicht damit, dass seine Motive immer gleich bleiben. Vielmehr sollten Sie für Ihre Produkte und die unterschiedlichsten Kaufmotive die passenden Argumente kennen. Damit stellen Sie sich im Verkaufsgespräch genau auf Ihren jeweiligen Kunden und seinen erwarteten Nutzen ein.

CHECKLISTE

**Regeln für das Verkaufsgespräch**

- Ich höre aufmerksam zu, um die Wünsche meines Kunden zu erkennen.
- Ich stelle W-Fragen, um weitere Informationen zu sammeln.
- Ich stelle meinem Kunden nicht mehrere Fragen gleichzeitig.
- Ich unterbreche ihn nicht.
- Ich fasse von Zeit zu Zeit das Gespräch zusammen und wiederhole Wichtiges.
- Ich spreche laut und deutlich.
- Ich überlege mir, warum der Kunde mein Produkt kaufen will.
- Ich beschreibe den Nutzen meines Produkts für diesen Kunden.

## Wie Sie Ihr Verkaufsgespräch sicher zum Abschluss führen

Erfolgreiches Verkaufen kann man lernen, sagen die Experten. Halten Sie sich daher an die Ratschläge der Profis. Ein guter Verkaufsabschluss kennt keine Verlierer, sondern nur Gewinner. Einige Verkäufer wollen jedoch alle möglichen und unmöglichen Forderungen Ihrer Kunden erfüllen, um den Auftrag zu erhalten. Vermitteln Sie Ihren Kunden vielmehr das Gefühl, gut beraten worden zu sein. Erfüllen Sie hingegen kompromisslos alle Wünsche, hinterlassen Sie das Gefühl, dass der Verkäufer eigentlich überflüssig war.
Kaufentscheidungen fallen überwiegend emotional. Überhäufen Sie Ihre Kunden mit Fachdetails, erscheinen Sie schnell als Besserwisser oder Fachidiot.
Gute Verkäufer setzen ihre Verkaufsargumente dem Kundentyp entsprechend ein: Einige Kunden wollen alles ganz genau wissen, andere entscheiden eher „aus dem Bauch heraus“.

### Worum es bei den sieben Phasen des Verkaufsgesprächs geht

Jedes Verkaufsgespräch umfasst sieben wichtige Phasen:
1. Phase: Gesprächsvorbereitung,
2. Phase: Gesprächsbeginn,
3. Phase: Bedarfsermittlung,
4. Phase: Beweis,
5. Phase: Gesprächsabschluss,
6. Phase: Ende des Verkaufsgesprächs,
7. Phase: Nachbereitung.

### 1. Phase: Gesprächsvorbereitung

Verhandeln Sie unter Zeitdruck, haben Sie von vornherein schlechte Karten. Schauen Sie ständig auf die Uhr oder klopfen Sie mit den Fingerknöcheln auf den Tisch, zermürben Sie Ihren Gesprächspartner. Terminieren Sie daher gerade wichtige Verhandlungen sorgfältig und planen Sie lieber etwas mehr als zu wenig Zeit ein. Ebenso wichtig wie die Zeit ist der passende Ort.

Eine hektische Bahnhofsgaststätte oder ein mit Papieren vollgestopftes Büro eignet sich ebenso wenig für eine wichtige Verhandlung wie ein Fünf-Gänge-Menü. Suchen Sie sich daher einen ruhigen Ort, an dem Sie sich möglichst ungestört mit Ihrem Gesprächspartner unterhalten können, der aber dennoch gut zu erreichen ist. Beachten Sie auch die Sitzordnung: Plazieren Sie Ihren Gesprächspartner vor Ihrem Schreibtisch, bauen Sie schon die erste Gesprächsbarriere auf. Setzen Sie sich am besten an einem Konferenztisch gegenüber; bei mehreren Gesprächsteilnehmern hat sich der „runde Tisch" bestens bewährt. Achten Sie auf Ihre *Körpersprache*. Haben Sie alle Beteiligten gut im Blick, schaffen Sie bereits eine wichtige Basis für eine erfolgreiche Verhandlung. Fast ebenso wichtig wie das, was Sie sagen, ist, wie Sie es sagen, also Ihre Körpersprache. Wer Sie richtig deuten kann, erkennt die wirkliche Meinung seines Gesprächspartners, auch wenn sie sich von seinen Worten unterscheidet.

Auch die *Kleidung* zählt zum äußeren Eindruck. Hier gibt es zwar keine festen Regeln, doch sollte das äußere Erscheinungsbild des Verkäufers immer zu seinem Produkt und seinen Kunden passen: Wer Fahrräder oder andere Freizeitartikel verkauft, ist mit Jeans, T-Shirt und Turnschuhen durchaus passend angezogen. Der elegante Anzug eignet sich gut für den Verkäufer von Schmuck oder Autos.

### 2. Phase: Gesprächsbeginn

Stellen Sie fest, warum Sie mit Ihrem Gesprächspartner zusammengetroffen sind. Einigen Sie sich gemeinsam über den Verhandlungsinhalt, können Sie den weiteren Gesprächsablauf leicht festlegen. Sprechen Sie Ihr Gegenüber immer namentlich an, um eine persönliche Gesprächsatmosphäre herzustellen.

### 3. Phase: Bedarfsermittlung

Finden Sie heraus, was Ihr Kunde will. „Wer fragt, der führt", lautet eine alte Verkäuferweisheit. Um zu erkennen, welche Wünsche und Bedürfnisse Ihr Kunde hat, sollten Sie die passende Fragetechnik einsetzen, möglichst viele offene Fragen stellen und aktiv zuhören.

### 4. Phase: Beweis

Beweisen Sie, dass Ihr Angebot für diesen Kunden das Richtige ist. Das ist der wichtigste Teil Ihres Verkaufsgesprächs: Sie müssen Ihren Kunden davon überzeugen, dass Ihr Angebot genau seinen Wünschen und Bedürfnissen entspricht. Um hier Erfolg zu haben, sollten Sie seinen Menschentyp und sein Wertesystem möglichst genau kennen. Man unterscheidet sechs Käufertypen mit ihren bevorzugten Werten:

- *Der reformerische Visionär*: Er schätzt seine Individualität und Unabhängigkeit, ist schnell zu begeistern und will um jeden Preis beeindrucken. Sein Verhalten ist sprunghaft und unstet; er steigert sich gern in unrealistische Ideen hinein.
- *Der systematische Entdecker*: Er sucht ziel- und problemorientiert nach immer neuen Lösungen. Dabei hält er auf Distanz, schottet sich manchmal sogar ab und ist mit neuen Techniken und Qualitätsargumenten zu begeistern.

- *Der vernünftige Analysierer*: Seine Liebe zum Detail und sein Drang, alles zu kontrollieren, machen ihn empfänglich für alles, was mit Zahlen und Fakten zu belegen ist. Er legt Wert auf Struktur, Moral und Ordnung, verliert sich jedoch bei Stress leicht in unwichtige Einzelheiten.
- *Der konservative Anpasser*: Er ist ständig auf der Suche nach bequemen, mühelosen Lösungen und hält sich dabei strikt an vorgegebene Pläne. Sein Leitbild „Small is beautiful" macht ihn empfänglich für Traditionen und Argumente wie „Das haben wir immer schon so gemacht".
- *Der vorsichtige Organisierer*: Bei ihm läuft alles nur schriftlich, nichts bleibt offen. Er will jeden Punkt genau klären, um auf Nummer sicher zu gehen. Jeder muss seine festgelegte Rolle spielen. Dabei legt er Wert auf Gerechtigkeit und Verantwortung. Läuft einmal etwas nicht nach Plan, zieht er sich zurück.
- *Der geschickte Macher*: Für ihn zählt nur das eigene Wohlergehen. „Dabeisein und Dominieren" lautet seine Lebensphilosophie. Ihn kümmert nicht, „wie" etwas zustandekommt, sondern ausschließlich die Sache selbst, nämlich „was" passiert. Weil er sich um jeden Preis selbst verwirklichen will, reagiert er bei Stress autoritär und kalt, denn für ihn zählt nur der Sieg.

### Wie Sie mit geschickten Strategien Einwände erfolgreich abwehren

Machen Sie sich mit diesen Typen und ihren Einstellungen vertraut, können Sie mögliche Einwände eines Kunden durch passende Argumente erfolgreich entkräften. Bei den meisten Kundeneinwänden handelt es sich nämlich um Ausreden oder Vorwände, während sachlich begründeter Widerspruch nur selten auftritt. Mit diesen vier Strategien haben Sie Erfolg:

1. Zeigen Sie Verständnis: Reagieren Sie auf einen Einwand nicht barsch oder ungehalten, sondern zeigen Sie Verständnis für die Sorgen Ihres Kunden. Das gilt besonders für die beliebten Standardargumente wie „Zu teuer!" – „Kein Interesse!" – „Ich muss noch mal prüfen." – „Ich muss erst überlegen." – „Keine Zeit!".
2. Stellen Sie Fragen: Hinterfragen Sie einen Kundeneinwand, löst er sich oft schnell in Luft auf. Das gilt vor allem für sachlich begründete Einwände. Lassen Sie sich in einem solchen Fall vom Kunden genau erklären, warum er beispielsweise dieses Produkt für ungeeignet hält.
3. Zerlegen Sie das Problem: Verhandeln Sie bei umfangreichen Geschäften nicht alles auf einmal. Mit der Salami-Taktik einigen Sie sich in kleinen Einzelschritten oft besser.
4. Legen Sie Beweise vor: Bestimmte Kunden überzeugen Sie nur mit Tatsachen. Beziehen Sie hier möglichst Qualitätszertifikate, Vergleichstests und Prüfzeugnisse in Ihre Verhandlung ein.

### So „knacken" Sie auch die schwierigsten Kunden

Neben den Grundtypen gibt es besonders schwierige Kunden, vor denen ein Verkäufer am liebsten fliehen möchte. So gehen Sie mit sechs schwierigen Kundentypen erfolgreich um:

- *Der Kritiker und Besserwisser*: Er ist bei Trends, Produktionsverfahren, Umweltbelastung und Gesundheit immer auf dem neuesten Stand und stellt gern kritische Fragen. Nehmen Sie seine Einwände ernst und bewerten Sie seine Fragen positiv: „Gut, dass Sie das ansprechen." Hier geht es um objektive Auskünfte: Zeigen Sie also Ihr Fachwissen.

- *Der Nörgler und Aggressive*: Seine Meinung ist für ihn Religion; er liebt große Auftritte und hat zu allem eigene Ideen. Die beste Strategie: Lassen Sie sich nicht provozieren, sondern lassen Sie ihn ausreden. Mit freundlichen Worten, einer fachkundigen Beratung und sachlichen Argumenten verringern Sie Ihre Angriffsflächen.
- *Der Eilige und Egoist*: Er ist immer auf dem Sprung, erlebt mehr Stress als andere, verhält sich oft rücksichtslos und hat nur seine eigenen Bedürfnisse im Kopf. Lassen Sie sich nicht unter Druck setzen – sonst verärgern Sie nur Ihre übrigen Kunden. Signalisieren Sie ihm durch ein kurzes „Ich bin gleich für Sie da", dass Sie für seine Eile Verständnis haben.
- *Der Unentschlossene und Uninformierte*: Er ist wenig entscheidungsfreudig und daher für Ihre Hilfe besonders dankbar. Fragen Sie ihn ausführlich nach seinen Bedürfnissen und empfehlen Sie ihm gezielt das für ihn passende Angebot.
- *Der Anspruchsvolle und Individualist*: Qualität und Markenbewusstsein sind bei ihm besonders ausgeprägt, wobei der Preis zweitrangig ist. Er ist Genießer, freut sich über Geheimtips und Spezialangebote und greift dafür gern auch tiefer in die Tasche.

### 5. Phase: Gesprächsabschluss

Zeigen Sie Mut! Ist es Ihnen gelungen, Ihren Kunden von Ihrem Angebot zu überzeugen, bewegen Sie ihn sofort zum Kaufabschluss. Dazu müssen Sie seine Kaufbereitschaft richtig einschätzen. Fragt der Kunde nach Einzelheiten der Ausführung eines Produkts oder einer Leistung sowie nach Lieferterminen, werten Sie das als Kaufsignal. Jetzt ist der Zeitpunkt gekommen, das Verkaufsgespräch mit dem gewünschten Abschluss zu beenden.
Eine verbindliche Regel, welche *Abschlusstechnik* am ehesten zum Erfolg führt, gibt es leider nicht. Wählen Sie Ihr Vorgehen entsprechend der Situation und dem Menschentyp Ihres Kunden.
Sieben Abschlusstechniken haben sich in der Praxis besonders bewährt:

- Schlagen Sie den Abschluss vor, indem Sie eine Zusammenfassung des Gesprächs vortragen.
- Nennen Sie zwei oder mehr alternative Lösungen.
- Wählen Sie den Termin-Alternativ-Abschluss, der nur noch das „Wieviel?" oder „Wie lange?" offen hält.
- Stellen Sie alle Vor- und Nachteile nebeneinander.
- Überlegen Sie noch einmal gemeinsam.
- Fragen Sie nach dem letzten Einwand: „Ist dies der einzige Grund für ihr Zögern?" Entkräften Sie dieses Motiv dann mit Argumenten.
- Ist Ihr Kunde schon positiv gestimmt und ringt nur noch mit sich selbst, schweigen Sie einfach.

**WICHTIG**

Zwingen Sie Ihren Kunden keinesfalls mit Tricks oder sanften Erpressungsversuchen zum Kauf, damit er auch wiederkommt. Fühlt Ihr Gesprächspartner sich von Ihnen übervorteilt, war er vielleicht zum letzten Mal Ihr Kunde.

### 6. Phase: Ende des Verkaufsgesprächs

Nach dem Kauf ist vor dem Kauf: Verlässt Ihr Kunde – mit oder ohne Auftrag – Ihr Geschäft, ziehen Sie keinesfalls den Schlussstrich unter das Gespräch. Fassen Sie das Gespräch unbedingt als Auftakt für eine langfristige und gewinnbringende Geschäftsbeziehung auf. Bestätigen Sie Ihrem Kunden schon bei der Unterschrift, wie gut seine Entscheidung war.

### 7. Phase: Nachbereitung

Lassen Sie Ihren Kunden nach der Auftragserteilung nicht allein. Fassen Sie nach einiger Zeit nach und fragen Sie ihn, ob er mit Ihrer Leistung zufrieden ist, ob es möglicherweise Probleme gibt oder welche Wünsche er eventuell sonst noch hat. Nicht nur, dass Sie eventuell auf eine Verbesserung kommen: Umsorgen Sie Ihren Kunden laufend auf diese Weise, lassen Sie ihm keine Chance, zur Konkurrenz abzuwandern.

**CHECKLISTE**

**Zehn erprobte Regeln für Ihre Verkaufsverhandlungen**

- Ich versuche mir rasch ein Bild davon zu machen, mit welchem Kundentyp ich es gerade zu tun habe.
- Ich führe keine Monologe, sondern lasse vor allem meinen Kunden zu Wort kommen.
- Ich ergreife gern die Initiative und führe das Gespräch mit Fragen.
- Ich behalte mein Verhandlungsziel immer vor Augen.
- Ich nehme mir genügend Zeit für meine Verhandlungen und halte die verabredeten Termine ein.
- Ich will meinen Kunden nicht nur mein Produkt verkaufen, sondern ihnen Problemlösungen für ihren individuellen Bedarf bieten.
- Ich vermeide bei der Vorstellung meines Angebots allgemeine Sprüche und argumentiere lieber mit konkreten Vorteilen.
- Ich begegne Vorwänden und Einwänden konzentriert und gelassen.
- Ich achte sorgfältig auf Kaufsignale und zögere den Abschluss nicht unnötig hinaus.
- Ich suche eine langfristige Kundenbeziehung und betreue meine Kunden auch nach dem Kauf.

# So machen Sie Ihre Kunden zu treuen Stammkunden

Ihre Kunden werden immer anspruchsvoller, viele Erzeugnisse sind heute gegeneinander austauschbar und immer mehr Märkte sind gesättigt. In einem engen Markt, der vom Verdrängungswettbewerb gekennzeichnet ist, müssen Sie zunehmend mit der „Unzuverlässigkeit" Ihrer Kunden rechnen. Binden Sie daher Ihre Stammkunden mit neuen Mitteln an Ihre Firma. In den USA spricht man von „Events", gemeinsamen Erlebnissen, mit denen eine Firma ein persönliches Verhältnis zum Kunden und Interessenten aufbaut.

Ein unschätzbares Werbeguthaben stellt die *Mundpropaganda* dar, die alle Kunden in Gang setzen, die von Ihrem Angebot überzeugt sind. Denken Sie daran: Ein zufriedener Kunde spricht mit zwei oder drei weiteren Personen über Ihr Unternehmen.

Es lohnt sich, Stammkunden besonders zu betreuen, denn sie

- setzen doppelt soviel bei Ihnen um,
- wandern nicht so schnell zu Ihren Mitbewerbern ab,
- verringern Ihre Streuverluste bei Direktwerbemaßnahmen,
- verschaffen Ihnen einen Wettbewerbsvorsprung.

Ihre Werbung sollte vom Preis wegführen. Als Inhaber eines Klein- oder Mittelbetriebs können Sie nicht den Preiswettbewerb mit den Großen Ihrer Branche aufnehmen – sonst ziehen Sie unweigerlich den Kürzeren. Auch schränken die Wettbewerbsgesetze Sie leider immer noch dabei ein, Ihre Kunden durch Preiszugeständnisse an sich zu binden: Dazu gehört beispielsweise das Verbot, ein Produkt oder eine Leistung zu unterschiedlichen Preisen an Letztverbraucher abzugeben. Zwar darf der Kunde jetzt mit dem Verkäufer den Preis einer Ware frei aushandeln. Allerdings bleiben auch nach den neuen Vorschriften Gesamtumsatzrabatte auf Waren für Normalverbraucher verboten.

Weiterhin verboten ist die Werbung mit Rabatten auf hochgesetzte Mondpreise, die eigentlich nicht ernsthaft gefordert werden. Entziehen Sie sich daher durch wirkungsvolle Maßnahmen dem Dschungel der Preiszugeständnisse. Ihre Kunden sind häufig dazu bereit, für Ihre hervorragenden Produkte und Leistungen einen vergleichsweise höheren Preis zu zahlen. Einschlägige Untersuchungen zeigen, dass Kunden bei besonders guter und enger Betreuung Preiszuschläge in Kauf nehmen.

Die meisten Kunden sind inzwischen über Stundenverrechnungssätze, Fahrt- und Wegezeiten, Fahrzeugkosten, Rüstzeiten sowie Gebühren für Kostenvoranschläge und Reparaturen gut unterrichtet. Dafür sorgen schon die Verbraucherzentralen.

**WICHTIG**

Ihre Mühe ist vergebens, wenn Sie mit Ihren Kunden um die Preise streiten. Dabei spielt es keine Rolle, ob Sie einen Rechtsstreit gewinnen oder verlieren.

### Was es Sie kostet, Ihre Kunden enger an sich zu binden

Es kostet Sie vier- bis fünfmal mehr, einen neuen Kunden zu gewinnen als einen bestehenden zu halten oder einen „schlafenden" Kunden zu wecken. Dennoch widmen zahlreiche Unternehmen der Kundenbindung immer noch zu wenig Aufmerksamkeit. Sehen Sie in Ihrem Kunden daher nicht jemanden, der einmal kauft und für immer verschwindet. Verkaufen Sie einem Kunden ein Produkt oder eine Leistung, behalten Sie vielmehr immer im Auge, wieviel er Ihnen in Zukunft noch abnehmen wird. Fragen Sie sich: „Wieviel gibt ein Stammkunde im Laufe seines Lebens bei meiner Firma aus?"

Können Sie einen Kunden zum Wiederkommen bewegen, erreichen Sie folgende Ziele:

- Sie können Ihre Umsätze besser planen.
- Ihre Verkäufe erhöhen sich.
- Ihre Marktposition festigt sich.
- Sie verringern Ihre Werbekosten.
- Sie klinken sich aus dem Preiskampf aus.
- Der Kunde prüft auch Ihre anderen Erzeugnisse und Leistungen.

Was es kostet, Ihre Kunden an sich zu binden, können Sie nicht genau errechnen: Sie kennen zwar Ihren Einsatz oder Aufwand bei Ihren Bemühungen um Ihre Kunden, der Ertrag bleibt jedoch im dunkeln. So können Sie letztlich nur vermuten, dass es sich lohnt, Ihre Kunden besonders zu betreuen und sie an sich zu binden. Nehmen Sie sich daher ein Beispiel an den Großbetrieben, die sich besonders um ihre Stammkunden bemühen, denn sie verfügen über eine ausgeklügelte Kostenrechnung. Würde sich der Aufwand für einen Stammkunden nicht lohnen, würden sie andere Wege im Umgang mit ihren Kunden einschlagen.

**TIPP**

**Rechnen Sie einmal aus, was eine Serie von zwölf mittelgroßen Anzeigen in Ihrer Tageszeitung kostet, und was Sie für eine Einladung Ihrer Stammkunden zu einem Fachvortrag aufwenden müssen.**

### Wie Sie Ihre Kunden gezielt ansprechen

Bringen Sie regelmäßig Ihre Kundenstammdatei auf den neuesten Stand. Geben Sie alle Informationen, die Sie im Laufe der Zeit über einen bestimmten Kunden erhalten, ein: So sprechen Sie Ihre Kunden richtig an und können ihnen zielgenaue Angebote unterbreiten. Zum üblichen Kundendienst gehören das Angebot von Sitzmöglichkeiten, das Ausschenken von Getränken, die Kinderbetreuung oder das Anerbieten, bei der Finanzierung zu helfen. Kundendienstleistungen nach dem Verkauf sind unter anderem Verpackung, Montage, Zustelldienst, Wartung, Reparatur, Ersatzteilversorgung, Kundenschulung.

Bilden Sie *Teilzielgruppen*, um Ihre Kunden gezielt zu erreichen. Es ist beispielsweise wenig sinnvoll, einen Querschnitt aus allen Ihren Stammkunden zu einem Fachvortrag in Ihren Betrieb einzuladen. Trennen Sie Ihre Kunden besser in Privat-

und Geschäftskunden oder nach Kaufeigenschaften. Sortieren Sie beispielsweise nach:

- A-Kunden (Umsatz-Spitzenreiter, gute Zahler),
- B-Kunden (mittlerer Umsatz, zahlen durch Bankeinzugsermächtigung),
- C-Kunden (bestellen zum ersten Mal bei Ihnen),
- D-Kunden (haben erst einmal bestellt, seitdem nicht wieder),
- E-Kunden (haben einmal bestellt und das Produkt wieder zurückgeschickt),
- F-Kunden (Sonderangebotskäufer, „Schnäppchenjäger").

Je enger Sie Ihre Teilzielgruppen fassen, desto mehr Kundendaten benötigen Sie. Die meisten, besten, genauesten und umfassendsten Daten liefern Ihnen Ihre Buchhaltung sowie Ihre Kunden selbst. Sprechen Sie daher immer wieder – mündlich, telefonisch oder schriftlich – mit ihnen. Die meisten Kunden geben bereitwillig Auskunft, wenn Sie ihnen das Gefühl vermitteln, ernst genommen zu werden und Ihnen dabei auch noch behilflich zu sein. Wichtige Daten sind beispielsweise: Name, Anschrift, Geschlecht, Einkaufsgewohnheiten, Zahlungsweise und -wünsche, Umsatz pro Jahr, Besonderheiten wie Geburtstag, Haustiere und Zahl der Kinder, Steckenpferde, Alter des Ehepartners und der Kinder, Telefon- und Telefaxnummer, Stellung im Unternehmen, Hausbesitzer/Wohnungseigentümer, EDV-Anwender, Zufriedenheit mit den bisherigen Erzeugnissen und Leistungen, Verbesserungsvorschläge für Ihr Unternehmen.

Weitere interessante Fragen sind: Seit wann ist der Betreffende mein Kunde? Welche Erzeugnisse hat er bei meiner Firma gekauft? Wann hat er zuletzt gekauft? Hat er häufig etwas zurückgeschickt? Auf welche Werbung spricht er an?

**WICHTIG**

**Sie sollten die (Stamm-)Daten Ihrer Kunden nicht nur abfragen und sammeln, sondern sie auch zeitnah ordnen, um sie jederzeit abrufen zu können. Dazu eignet sich am besten eine EDV-gestützte Datenbank.**

### Worauf es nach dem Auftrag ankommt

Lassen Sie vor allem die Verbindung zu Ihren Kunden nicht abreißen, wenn der Auftrag erledigt ist. Die eigentliche Betreuung und Bindung des Kunden an Ihre Firma fängt erst an, wenn der Auftrag abgewickelt ist. Bevor Sie sich allerdings für aufwendige *Zusatzleistungen* entscheiden, fragen Sie zunächst Ihre Kunden danach, was sie eigentlich wollen. Suchen Sie deshalb so oft wie möglich das Gespräch mit ihnen und geben Sie ihnen Entscheidungen vor. Aufgeschlossene Kunden wollen mehr wissen als nur die Preise. Entwickeln Sie deshalb Lösungen für die brennendsten Anliegen Ihrer Zielgruppen. Nur auf diese Weise kommen Sie in eine engere Verbindung mit ihnen.

Behalten Sie bei jeder Veranstaltung mit Ihren Kunden das Hauptziel im Auge, so viele Erkenntnisse wie möglich über sie zu

sammeln. Verteilen oder verschicken Sie dazu am besten einen kleinen Fragebogen an ausgewählte Kunden. Tests verzeichnen hier erstaunlich viele Rückläufer, was die grundsätzliche Anteilnahme der Kunden anzeigt. Überlassen Sie Maßnahmen wie Gewinnspiele und Preisausschreiben nicht den Großbetrieben: Auch als Inhaber eines Klein- oder Mittelbetriebs kommen Sie so zu taufrischen Kundendaten.
Am wirkungsvollsten binden Sie Ihre Kunden mit *Erlebnissen*.

### Beispiele

Laden Sie als Möbeltischler beispielsweise zu Werkstattgesprächen ein, bei denen zwei gegensätzlich eingestellte Möbelhersteller Referate halten oder erteilen Sie als Bäckermeister Hausfrauen Backunterricht, bei dem Sie selbst aus erster Hand erfahren, was der Markt verlangt.
Haben Sie beispielsweise als Kraftfahrzeugunternehmer den Ruf, Fachwerkstatt für hoffnungslose Fälle zu sein, können Sie Angehörige des Technischen Überwachungsvereins und Kraftfahrzeugsachverständige zu Seminaren und Vorträgen einladen oder Gutachter einer Versicherungsgesellschaft in Tagesseminaren schulen.
Führen Sie als Malermeister einen Informationsabend für Architekten und Mitarbeiter von Wohnungsbaugesellschaften durch, bei dem ein bekannter Architekturprofessor einen Vortrag über die farbliche Gestaltung von Gebäuden hält.
Weitere bewährte Beispiele sind Notfalldienste (Tag-und-Nacht-Bereitschaft für gute Kunden), ein Geräteverleih, Urlaubsdienste, das Erinnern an feste Termine – beispielsweise für Inspektionen, den TÜV oder die Abgassonderuntersuchung – Sommerfeste, Modenschauen oder eine Vernissage.

Prüfen Sie, welche dieser praxiserprobten Maßnahmen Sie in Ihrer Firma umsetzen können:

- Angebot verbilligter Ware, Treueprämien, Sonderangebote und Gutscheine, Werbegeschenke und Zugaben,
- Ergänzungs-, Vorzugs- und Ausschließlichkeitsangebote,
- Haus- und Kundenzeitschrift,
- Einladungen zu Kultur- oder Sportveranstaltungen,
- Animateur-Programme und Ausflüge,
- Beratungs-, Info- oder Kummertelefon,
- Besichtigungen, Besucherbetreuung,
- Dankschreiben und Dankeschön-Aktionen,
- Einladungen und Empfehlungen aller Art,
- Tag der „offenen Tür“,
- Erfahrungsaustausch,
- Geburtstagsgrüße, Geschenke und Glückwünsche,
- Händlerbeirat,
- Kundenbefragungen, -karten und -treffen,
- Leihgeräte-Angebot, Wartungsdienst,
- Pressebesichtigungen, -fahrten, -konferenzen und -gespräche,
- Seminare,
- Spenden.

Als besonders wirkungsvoll erweisen sich derzeit Clubkarten und Sonderleistungen. Clubausweise für ausgewählte Dauerkunden berechtigen zu Sonder- und Zusatzleistungen aller Art. Beispielsweise erhalten die Stammkunden

- früher als andere Informationen über neue Erzeugnisse und Leistungen Ihrer Firma,
- vor allen anderen Kataloge, Prospekte oder Kundenzeitschriften,
- nur für sie bestimmte Zusatz- oder Sonderleistungen,
- den kostenlosen Eintritt zu Ausstellungen oder Musikereignissen sowie zu Veranstaltungen aus den Bereichen Kultur, Sport oder Mode,
- kostenlos oder zu Sonderbedingungen ein Angebot für Reisen sowie die Möglichkeit, sich etwas auszuleihen.

## CHECKLISTE

**So binden Sie Ihre Kunden langfristig an Ihre Firma**

- Ich gebe meinen Kunden das Gefühl, dass sie bevorzugt behandelt werden.
- Ich belohne die Kunden, die bei mir gekauft haben.
- Ich höre meinen Kunden zu, vor allem, wenn sie sich über meine Firma geärgert haben.
- Ich versuche abgesprungene Kunden zurückzugewinnen, und bemühe mich die Gründe für dieses Verhalten zu erfahren.
- Ich verkaufe „im Dreieck", versuche also Multiplikatoren zu gewinnen, die meine Firma Dritten weiterempfehlen.
- Ich räume meinen Stammkunden Sonderangebote ein, die wirklich nur diese Kunden erhalten.
- Ich behandle meine Spitzenkunden bevorzugt, beispielsweise mit kostenlosen Einladungen zu Veranstaltungen, Seminaren, Preisnachlässen oder Gutscheinen.
- Ich lasse auch nach dem Auftrag nie den Faden zum Kunden abreißen.
- Ich entwickle für meine Kunden zusätzliche Leistungen, beispielsweise eine Kundenkreditkarte für bargeldlosen Einkauf oder eine Clubmitgliedschaft mit besonderen Angeboten.

# So entwickeln Sie Ihr Unternehmen optimal

## Warum Sie bei Ihren Mitarbeitern heute schon an morgen denken sollten

Als kleiner Unternehmer müssen Sie Personal sparen, summieren sich Gehalt und Sozialabgaben doch schnell zu großen Beträgen. Eine zu vorsichtige Personalpolitik führt jedoch schnell zur Arbeitsüberlastung und Abhängigkeit von einzelnen Mitarbeitern. Sie müssen sich dann um vieles selbst kümmern und haben zu wenig Zeit für kreatives Arbeiten. Die Folge: rückläufige Umsätze und unzufriedene Kunden.

Grundsätzlich können Sie von Ihren Mitarbeitern alles fordern, was Sie arbeits- oder tarifvertraglich mit ihnen vereinbart haben. Dazu gehören das zügige Abarbeiten von Aufträgen, das Vertagen privater Unterhaltungen und Telefonate auf die Pausen wie auch das Ableisten gelegentlicher Überstunden.

Sind Ihre Mitarbeiter jedoch überlastet, drohen ein Rückgang der Arbeitsleistung und -qualität sowie – im schlimmsten Fall – die gefürchtete „innere Kündigung“. Gründe zur Unzufriedenheit gibt es viele: Schon das Verbot privater Unterhaltungen am Arbeitsplatz kann die Zufriedenheit der Mitarbeiter verschlechtern, ebenso eine ständige Kontrolle durch den Vorgesetzten. Besonders bei ständiger Überlastung reagieren die Mitarbeiter auf Verbote schnell gereizt. Fühlt sich ein Mitarbeiter überlastet, zeigt er das oft nicht so schnell: Er will seine Aufgabe möglichst gut erfüllen und beweisen, dass er sein Gehalt wirklich verdient, um bei der nächsten Erhöhungsrunde berücksichtigt zu werden. Treten schließlich Fehler auf, ist es oft bereits zu spät, denn gerade gut eingearbeitete Kräfte dulden vielfach keine „Konkurrenten“ neben sich. Führen Sie im Interesse Ihrer Firma daher Kontrollen und Mitarbeitergespräche durch.

Prüfen Sie, ob Ihre Mitarbeiter/innen hinreichend ausgelastet sind, damit sich ihr Gehalt auch wirklich für Sie lohnt. Stellen Sie aber auch im Interesse der Mitarbeiter und damit auch Ihres Betriebs fest, ob sie möglicherweise überlastet sind. Signale sind unter anderem übertrieben hektisches Arbeiten, Arbeitsrückstände und nachlassende Qualität der Arbeitsergebnisse (Flüchtigkeitsfehler). Oft liefern die Mitarbeiter auch selbst entsprechende Hinweise: Sie nehmen beispielsweise an Betriebsfeiern nicht, nur verspätet oder verkürzt teil oder klagen „Was soll ich denn noch alles machen?“

**TIPP**

**Führen Sie mit jedem Mitarbeiter mindestens einmal jährlich ein Gespräch über seinen Arbeitsplatz.**

Auf Ihre Fragen nach der Zufriedenheit, nach möglichen Wünschen und Vorstellungen und nach der Arbeitsauslastung erhalten Sie zwar nicht immer wahrheitsgetreue und zufrieden stellende Antworten, dennoch bekommen Sie hier erste Hinweise, wo Schwierigkeiten auftreten können.

### Warum Sie rechtzeitig mit der Personalsuche beginnen sollten

Stellt sich bei Ihren Kontrollen und Gesprächen die Überlastung eines Mitarbeiters heraus, ist Abhilfe bereits schwierig: Sie haben dann kaum noch die Zeit, einen „Neuen" angemessen einzuarbeiten. Ein unzureichend eingearbeiteter Mitarbeiter liefert jedoch schlechte Ergebnisse, was wiederum zur Unzufriedenheit des vorhandenen Mitarbeiters führt, der sich nach wie vor überlastet fühlt. Ist diese Spirale einmal in Gang gekommen, finden Sie schwer einen Ausweg: Allenfalls eine „Radikalkur" – etwa durch Ausgliedern kompletter Arbeitsbereiche auf neue, entsprechend qualifizierte Mitarbeiter – bringt Ihnen dann noch den gewünschten und notwendigen Erfolg.

Machen Sie sich daher rechtzeitig Gedanken über die Erweiterung Ihres Personalbestands. Üblicherweise liegt der Auslastungsgrad – also der Zeitraum, in dem messbare Arbeitsergebnisse erbracht werden – in Büros zwischen 65 und 85 Prozent. Bemühen Sie sich spätestens dann, wenn die Obergrenze überschritten wird, um zusätzliche Mitarbeiter. Damit erreichen Sie drei Ziele:

- Der bisherige Mitarbeiter wird entlastet.
- Der neue Mitarbeiter kann sich ausreichend einarbeiten.
- Sie stellen bei Krankheit oder Urlaub die Vertretung weitgehend sicher.

Beginnen Sie hingegen mit Ihrer Personalplanung erst, wenn der bisherige Mitarbeiter bereits mit 90 bis 100 Prozent ausgelastet ist, sind in nahezu allen Berufssparten Misserfolge programmiert. Eine planlose Personalsuche bringt Ihnen jedoch keinen Erfolg. Stellen Sie sich vorab vielmehr neun wichtige Fragen:

- *Welche Stellen will ich besetzen?* Überprüfen Sie dazu im einzelnen die Be- und Auslastung der vorhandenen Arbeitsplätze; entscheidend ist auch Ihre künftige Unternehmensstrategie.
- *Wie viele Stellen will ich besetzen?* Es kann sinnvoll sein, mehrere Mitarbeiter gleichzeitig einzustellen. Einerseits sorgt der Konkurrenzkampf meistens für bessere Arbeitsleistungen, andererseits ersparen Sie sich zumindest teilweise den Aufwand für eine mehrfache Einarbeitung.
- *Was ist an diesen Stellen zu tun?* Eine genaue Arbeitsplatzbeschreibung erleichtert es Ihnen, Ihr Stellengesuch zu formulieren und die passenden Bewerber auszuwählen.
- *Wo genügen Teilzeitkräfte, wo sind Vollzeitkräfte erforderlich?* Größere Flexibilität und – dies bedenken nur wenige Unterneh-

mer – eine höhere Arbeitsleistung pro Stunde bieten Teilzeitkräfte. Vollzeitkräfte bringen Ihnen mehr Planungssicherheit und sind – insbesondere bei qualifizierten Aufgaben – meistens kostengünstiger. Aber gerade, wenn Ihre Firma noch klein ist, müssen Sie sich fragen, ob eine Vollzeitkraft ausgelastet ist. Für die Buchhaltung genügt beispielsweise fast immer eine Teilzeitkraft.

- *Welche Kenntnisse und welche Ausbildung setze ich voraus?* Die verlangten Vorkenntnisse tragen entscheidend zum Erfolg Ihrer Stellenausschreibung bei. Seien Sie hier nicht zu streng und verlangen Sie beispielsweise für eine einfache Sekretärinnentätigkeit keine überhöhte berufliche Qualifikation. Gehen Sie jedoch auch nicht zu zurückhaltend vor und akzeptieren Sie beispielsweise keinen Bewerber, dem grundlegende Kenntnisse etwa in der EDV fehlen. Da hochqualifizierte Mitarbeiter teuer sind, müssen Sie ohnehin meist einen Mittelweg zwischen Qualifikation und Gehalt finden.
- *Welche geistigen Voraussetzungen erwarte ich?* Hier ist es ähnlich wie bei den Kenntnissen. Zu den geistigen Fähigkeiten zählen aber beispielsweise auch das Kontaktverhalten zu anderen Mitarbeitern und zu Kunden, ebenso Allgemeinbildung und Ausdruckskraft, die besonders bei Kundengesprächen entscheidend sind.
- *Welche körperlichen Anforderungen stellt der betreffende Arbeitsplatz?* Büroarbeiten erfordern meistens keine besonderen Voraussetzungen; prüfen Sie dennoch, ob beispielsweise körperliche Gebrechen ein Hinderungsgrund sein können, wenn der Mitarbeiter regelmäßig schwere Akten in den Keller tragen muss. Bei handwerklichen und industriellen Tätigkeiten ist es unverzichtbar, die körperlichen Voraussetzungen – zu denen auch das Lebensalter zählen kann – zu prüfen.
- *Wie soll der Mitarbeiter in den Betrieb eingebunden werden?* Je kleiner ein Unternehmen ist, umso wichtiger ist die Harmonie zwischen Ihnen und Ihren Mitarbeitern und den Mitarbeitern untereinander. Stellen Sie daher den Bewerber rechtzeitig den künftigen Arbeitskollegen vor und bitten Sie diese um ihre offene Meinung. Zwar entscheiden nur Sie selbst über Einstellung oder Ablehnung eines Bewerbers, jedoch wird sich der Neue, wenn er das Betriebsklima stört, ziemlich schnell als „Flop“ erweisen.
- *Wo soll der „Neue“ arbeiten?* Einige Unternehmer stellen Mitarbeiter ein, ohne für sie einen festen Arbeitsplatz einzurichten. Das Ergebnis sind schlechte Arbeitsergebnisse und Unzufriedenheit sowohl beim neuen Mitarbeiter wie auch beim Stammpersonal.

**TIPP**

Richten Sie lieber einen Arbeitsplatz zu viel ein, als dass sich zwei Mitarbeiter einen Platz teilen müssen.

### Wie Sie gezielt nach passenden Mitarbeitern suchen

Meinen Sie, im Heer der mehr als vier Millionen Arbeitslosen können Sie leicht die gewünschten Mitarbeiter finden? So sehen jedoch die Tatsachen in den meisten Branchen aus:

- Für Tätigkeiten, die keine oder nur geringe Qualifikationen voraussetzen, finden sich kaum ausreichend Bewerber: Die meisten streben nach qualifizierteren und – vor allem – besser bezahlten Arbeitsplätzen.
- Ähnlich ist es bei Tätigkeiten mit mittlerer Qualifikation; auch hier finden sich nur schwer gute Bewerber: Leistungswillige und -fähige Kandidaten haben einen festen und gesicherten Arbeitsplatz, anderen geht es wiederum mehr um das Geld als um die eigene Leistung.
- In Berufen, die eine hohe Qualifikation erfordern, gibt es zwar durchaus Bewerber. Diese sind jedoch oft stark von ihrem bisherigen Berufsleben geprägt. Da gerade höher qualifizierte Tätigkeiten mit ihren Abläufen sehr eng an einen bestimmten Betrieb gebunden sind, müssen Sie solche neuen Mitarbeiter mit hohem Zeit- und Kostenaufwand einarbeiten.

Leider ist es also ein Trugschluss, offene Stellen müsse man nur an das Arbeitsamt melden, dann kämen die Bewerber scharenweise. Schöpfen Sie daher alle Möglichkeiten aus. Acht erprobte Wege bieten sich dabei an:

- *Persönliche Kontakte:* Auch bei der Personalauswahl kann die Mundpropaganda die erfolgreichste Methode sein, tatsächlich „gute Leute“ zu finden. Doch Vorsicht: Bei einem Fehlschlag können Sie Ihre persönlichen Beziehungen gefährden. Beschäftigen Sie daher möglichst keine Verwandten – mit Ausnahme Ihres Ehepartners und Ihrer Kinder. Andernfalls fordern Sie schnell Streitigkeiten heraus. Beachten Sie auch: Von Ihren Verwandten können Sie sich nicht so leicht wieder trennen wie von Fremden.
- *Unaufgeforderte Bewerbung:* Sie zeigt Ihnen das große Interesse des Bewerbers, der sich meistens über Ihre Firma genau informiert hat. Weisen Sie daher eine solche Chance nie ungeprüft zurück – möglicherweise ergibt sich ja später daraus ein Arbeitsvertrag.
- *Arbeitsamt:* Diese klassische Form der staatlichen Arbeitsvermittlung spielt auch in der Zeit der privaten Vermittler eine entscheidende Rolle. Schon aus finanziellen Gründen sind die meisten Arbeitslosen hier registriert; zunehmend bemühen sich auch die vielfach als „schwerfällig“ kritisierten Ämter darum, Ihnen geeignetes Personal zügig zu vermitteln, etwa mit Hilfe computergesteuerter Auswahl- und Angebotssysteme oder durch Besuche der Vermittler in den nachfragenden Betrieben.
- *Private Arbeitsvermittlungen:* Die meisten privaten Vermittler spezialisieren sich auf bestimmte Marktsegmente und können damit gezielter auf die Kundenwünsche eingehen. Kunden sind dabei Arbeitssuchende und Arbeitgeber. Zudem nennen sie Ihnen – im Gegensatz zu den staatlichen Arbeitsämtern – oft auch Bewerber, die noch in einem Beschäftigungsverhältnis stehen und nur „bei passender Gelegenheit“ wechseln wollen. Einige private Arbeitsvermittler setzen gezielt die Zeitarbeit als Instrument der Vermittlung ein. Vorteile: Sie können einen möglichen neuen Mitarbeiter auf die Probe stellen, ohne ihn (oder sie) gleich fest anstellen zu müssen.

Eine Trennung von ungeeigneten Kandidaten ist problemlos möglich.

- *Arbeitsloseninitiativen:* Sie gibt es bereits in mehreren Städten. Auch hier finden Sie oft sehr engagierte Interessenten, die häufig sogar bereit sind, untertariflich bezahlte Beschäftigungen zu übernehmen, um auf diese Weise wieder in das Berufsleben hineinzukommen. Ob allerdings eine untertarifliche Bezahlung langfristig für Ihr Betriebsklima günstig ist, müssen Sie selbst entscheiden.
- *Personalberater,* manchmal auch „Headhunter" genannt: Ihre Dienste spielen insbesondere bei Tätigkeiten mit höherer Qualifikation und im Management eine Rolle. Sie nehmen Ihnen – je nach Vereinbarung – alle Sucharbeiten weitgehend ab, beispielsweise das Schalten von Anzeigen, die Bewerbersichtung und oft auch die Auswahl selbst. Vielfach werden sie auch aktiv tätig, indem sie beispielsweise Experten von einem anderen Unternehmen abwerben. Vorteil: Ihr Unternehmen bleibt zunächst anonym; die Konkurrenz wird also nicht auf Sie aufmerksam.
Aber Vorsicht: Sie müssen für den neuen Mitarbeiter mit – zum Teil erheblichen Vermittlungskosten rechnen. Meist sind es zwei bis drei Monatsgehälter. Arbeiten Sie dauerhaft mit einem Personalberater zusammen, können Sie meist günstigere Sonderbedingungen vereinbaren.
- *Stellengesuche:* Viele potentielle Bewerber machen es sich leicht, indem sie ihr Stellengesuch in den Tageszeitungen veröffentlichen und auf diese Weise den Aufwand eigener Bewerbungen in Grenzen halten. Das ist jedoch nicht unbedingt negativ: Einerseits beweist der Arbeitssuchende damit, dass er wirklich arbeiten will, andererseits zeigt er mit seinem Vorgehen auch, dass er kostengünstig „arbeiten" kann. Vorteil: Hier entstehen Ihnen keine Kosten. Aber: Achten Sie auf die Formulierungen des Stellengesuchs und den persönlichen Eindruck beim Bewerbungsgespräch. Denn rund 40 Prozent der entsprechenden Gesuche stammen von Gelegenheitsarbeitern, die aufgrund von Finanzknappheit nur einen „schnellen Job" suchen, dann jedoch wieder abwandern. Das kann zwar auch für Ihren Betrieb richtig sein, in der Regel sollten Sie jedoch ein Dauerarbeitsverhältnis vorziehen.
- *Stellenangebote:* Sie sind nach wie vor die häufigste Form, neue Mitarbeiter zu suchen und zu finden. Geben Sie genau an, für welche Tätigkeit Sie einen Mitarbeiter mit welcher Qualifikation suchen. Lassen Sie Gehaltsangebote dabei weg. Vorteile: Soll Ihr Unternehmen im Hintergrund bleiben, können Sie das Inserat auch über Chiffre schalten. Auch bringen Stellenangebote mit vollem Namen und Anschrift Ihrer Firma einen gewissen Werbeeffekt, signalisieren Sie damit doch Mitbewerbern und möglichen Kunden, dass es bei Ihnen gut läuft. Aber: Bei einer eigenen Anzeige müssen Sie mit einer schlechten Erfolgsquote rechnen.

CHECKLISTE

**So suchen und finden Sie geeignete Mitarbeiter**

- Ich überprüfe regelmäßig den Auslastungsgrad meiner Mitarbeiter.
- Ich spreche regelmäßig mit meinen Mitarbeitern über deren Arbeitsbelastung und -zufriedenheit.
- Ich plane meinen Personalbedarf rechtzeitig, also nicht erst, wenn es beispielsweise wegen der Kündigung eines Mitarbeiters bereits „brennt".
- Ich widme meiner Personalplanung ausreichend Zeit.
- Ich ermittle genau die Aufgaben und die dafür erforderlichen Qualifikationen.
- Ich nutze alle Möglichkeiten, um qualifizierte Bewerber zu erreichen.

## Wie Sie mit Ihrer Zeit und Ihrem Geld sparsam umgehen

Viele kleine Unternehmer stecken so tief in der Routine ihres Geschäftsalltags, dass sie kaum Zeit für kreatives Denken und Handeln sowie für die Umsetzung neuer Ideen übrig haben. Dadurch fallen sie im Leistungsniveau allmählich hinter ihre Mitbewerber zurück. Wollen Sie dies vermeiden und Ihr Unternehmen langfristig erfolgreich, rentabel und sicher führen, überprüfen Sie Ihre eigene Arbeitstechnik und rationalisieren Sie bei Bedarf Ihre Arbeitsabläufe. Konzentrieren Sie sich auf die wichtigsten Aufgaben Ihrer Unternehmensführung und nutzen Sie Ihre knappe Chefzeit sinnvoller als bisher. Rechnen Sie mit Ihrer Zeit ebenso wie mit Ihrem Geld: Gewonnene Zeit ist Geld, das Sie nicht versteuern müssen.

Entwickeln Sie also Zeitgeiz, ohne zum „Zeitfetischisten" zu werden, der seinen Tagesablauf in ein starres Schema presst. Gefragt ist vielmehr ein überlegtes Zeitmanagement, mit dem Sie Ihre verfügbare Arbeitszeit optimal einsetzen.

### Wie Sie sich wirksam entlasten

Wollen Sie Ihre unternehmerischen Aufgaben künftig in kürzerer Zeit und erfolgreicher erledigen, müssen Sie bereit sein,

- Ihren Arbeitsstil zu ändern,
- lieb gewordene Nachlässigkeiten aufzugeben,
- sich von einem Teil Ihrer Routineaufgaben zu trennen,
- Ihr Arbeitsumfeld neu zu gestalten.

Schreiben Sie zunächst etwa zwei Wochen lang auf, welche Tätigkeiten Sie an jedem Arbeitstag erledigen. Notieren Sie zu Beginn der Testzeit, was Sie sich für diesen Zeitraum vornehmen und stellen Sie am Ende fest, was Sie nicht erreicht haben.

Zeigt Ihre Auswertung, dass ein Teil Ihrer Arbeiten nicht chefgerecht ist? Vier wesentliche Ursachen hierfür sind: Sie

- wollen in Ihrem Betrieb alles wissen, auch wenn es Sie kaum etwas angeht;
- erledigen Ihre Lieblingstätigkeiten immer zuerst oder verwenden zu viel Zeit darauf, anstatt zuerst mit den unangenehmen Arbeiten zu beginnen;
- beziehen Ihre Mitarbeiter nicht genügend in Ihre Arbeit ein;
- finden auf Ihrem Schreibtisch häufig Dinge, für die Sie nicht zuständig sind.

So entlasten Sie sich wirksam:

- Teilen Sie jeden Tag Ihre Arbeitszeit planvoll ein.
- Trennen Sie sich konsequent von allen nicht chefgerechten Arbeiten, indem Sie Aufgaben und Verantwortung delegieren.
- Überprüfen Sie Ihre persönliche Arbeitstechnik mit dem Ziel, die wirklichen Chefaufgaben rationell zu bewältigen.

Delegieren Sie Verantwortung und trennen Sie sich von der Idee, dass nur das, was Sie selbst erledigen, auch ordentlich und richtig getan ist. Entwickeln Sie mehr Vertrauen zu Ihren Mitarbeitern und verbessern Sie gezielt ihr Wissen. Übertragen Sie feste Aufgaben zusammen mit der entsprechenden Verantwortung auf geeignete Mitarbeiter. Beachten Sie dabei sechs bewährte Grundsätze der Auftragserteilung:

- Beauftragen Sie nur einen Mitarbeiter, der für diese Aufgabe sachlich zuständig und hinreichend qualifiziert ist.
- Erläutern Sie Ihrem Mitarbeiter sorgfältig Inhalt, Sinn, Ziel und Zusammenhänge des Auftrags: Nur dann kann er ihn erfolgreich erledigen.
- Bestimmen Sie einen genauen Termin, damit Ihr Mitarbeiter sich darauf mit seinen übrigen Arbeiten einstellen kann.
- Kontrollieren Sie die fristgerechte Erledigung mit Hilfe einer exakten Wiedervorlage.
- Hat ein Mitarbeiter seinen Auftrag nicht fristgemäß erledigt, stellen Sie die Ursachen fest, etwa Nachlässigkeit, zu kurze Frist, ungenaue Arbeitsanweisung oder fehlende Information.
- Erledigen Sie eine mangelhaft oder nachlässig erfüllte Aufgabe eines Mitarbeiters nie selbst, sondern geben Sie ihm den Auftrag zusammen mit entsprechenden Hinweisen zurück: Nur so erziehen Sie ihn zu verantwortungsbewusstem und sorgfältigem Arbeiten.

## Wie Sie erfolgreich einen Zeitplan entwickeln

Erledigen Sie Ihre eigentlichen Chefaufgaben so rationell und zeitsparend wie möglich. Am wichtigsten sind dabei eine überlegte Zeiteinteilung und eine sinnvolle Organisation Ihrer Arbeit. Überlegen Sie zu Beginn Ihrer täglichen Zeitplanung, welche Arbeiten Sie an diesem Tag bewältigen müssen. Das sind meist mehr, als Sie in der zur Verfügung stehenden Zeit schaffen können. Trennen Sie sich deshalb zuerst von der Vorstellung, möglichst viele Einzelaufgaben erledigen zu wollen. Sonst zerreißen Sie Ihren Arbeitstag in kleine und kleinste Zeiteinheiten und sind am Abend unzufrieden: Das sichtbare Arbeitsergebnis fehlt, obwohl Sie den ganzen Tag

hart gearbeitet haben. Entscheiden Sie sich deshalb jeden Tag für eine oder zwei Schwerpunktaufgaben und führen Sie diese möglichst zu Ende.
Wählen Sie die *Schwerpunktaufgaben* nach Wichtigkeit und Dringlichkeit aus, also danach, welche Ihrem Unternehmen den größten Nutzen bringen. Trainieren Sie also Ihre Fähigkeit, Prioritäten festzulegen.
Auch zur Chefarbeit gehören Routinearbeiten, die jeden Tag wiederkehren, etwa die Erledigung der Korrespondenz, der tägliche Betriebsrundgang, die Tageskontrolle, Geburtstagstelefonate und die Zeitungslektüre.
Bestimmen Sie für diese Arbeiten in Ihrem Tagesplan möglichst gleichbleibende Zeiten. Da *Routinearbeiten* weniger anstrengend sind, sehen Sie dafür die Zeiten nachlassender Spannkraft vor. Erledigen Sie die Schwerpunktaufgaben zu der Tageszeit, zu der Sie besonders leistungsfähig sind.
Berücksichtigen Sie dabei Ihren individuellen Leistungsrhythmus. Beobachten Sie sich einige Tage gezielt, erkennen Sie leicht, wann Sie besonders intensiv arbeiten können und wann Sie schnell ermüden.
Bereiten Sie Ihren nächsten Arbeitstag schon am Vorabend vor. Legen Sie in Ihrem Tagesplan mit genauer Zeitvorgabe zunächst Ihre Schwerpunktaufgaben fest. Sehen Sie dafür eine möglichst störarme und leistungsstarke Zeit vor, etwa die frühen Morgenstunden. Verplanen Sie erst danach einen Teil der verbleibenden Arbeitszeit für wichtige Muss-Aufgaben sowie für die unverzichtbaren Routineaufgaben. Sehen Sie zwischendurch auch die notwendigen Pausen vor.
Wie jeder Plan muss auch Ihre Zeitplanung flexibel sein. Unvorhersehbare und nicht abwendbare Ereignisse oder Störungen können Ihren Tagesplan sonst schnell durcheinanderbringen. Planen Sie deshalb nur etwa zwei Drittel Ihrer Arbeitszeit fest ein. Sehen Sie zwischen den einzelnen Tätigkeitsblöcken Zeitpuffer vor. So kann eine Schwerpunktaufgabe mehr Zeit beanspruchen als Sie planen oder voraussehen; auch können unvorhersehbare Störungen eintreten.
Steht Ihr Tagesplan, halten Sie sich möglichst konsequent daran. Konzentrieren Sie sich unter strikter Beachtung der Reihenfolge der geplanten Arbeiten stets nur auf einen Vorgang. Lassen Sie sich durch eine Störung, einen wichtigen Besucher, den Sie nicht abweisen können, oder eine sofort notwendige Entscheidung nicht ins Schleudern bringen, denn Sie haben ja auch Zeitpuffer eingeplant.
Haben Sie am Abend Ihr Tagesziel erreicht, spornt Sie das zu neuen Leistungen an. Sie sind zufrieden, planen den nächsten Tag und schöpfen am Feierabend Kraft für neuen Erfolg. Nehmen Sie sich dagegen für den Tag zuviel vor und arbeiten dann planlos, sind Sie abends unzufrieden. Beantworten Sie sich deshalb jeden Abend ehrlich die Frage, ob Sie Ihr Tagesziel erreicht haben. Ist das nicht der Fall, erforschen Sie die Ursachen, beispielsweise zu viele Störungen durch Mitarbeiter oder Geschäftspartner, Mangel an Informationen oder ein spontaner Beginn neuer Arbeiten ohne sorgfältige Vorbereitung.
Um den Erfolg Ihres Zeitmanagements zu ernten, benötigen Sie eine gewisse Erpro-

bungs- und Gewöhnungszeit. Hält Ihre Zeitnot jedoch an, stellen Sie sich selbstkritisch acht Fragen:

- Bringe ich genügend Selbstdisziplin auf, um meinen Zeitplan einzuhalten?
- Überziehe ich ständig Termine, weil ich die Zeit für die einzelnen Arbeiten zu kurz bemessen oder die Aufgaben schlecht vorbereitet habe?
- Erledige ich immer noch zu viel selbst, weil ich nicht genug delegiere?
- Schiebe ich unangenehme Arbeiten oder Entscheidungen vor mir her, anstatt sie zuerst zu erledigen?
- Verwende ich zu viel Zeit für Besprechungen, obwohl es rationellere Kommunikationsmöglichkeiten gibt?
- Lasse ich mich häufig stören oder durch spontane Einfälle ablenken, weil ich mich scheue, unangemeldete Besucher höflich aber bestimmt abzuweisen oder weil an meinem Arbeitsplatz keine „Ideenkartei" steht?
- Habe ich in meinen Zeitplan zu wenig Zeitpuffer eingebaut?
- Verbringe ich bei betrieblichen oder privaten Erledigungen zu viel Zeit außer Haus, die mir dann für die Schwerpunktaufgaben fehlt?

### Praxistipps, wie Sie die Effizienz Ihrer Arbeit steigern

1. *Aufgaben delegieren:* Trennen Sie sich von allen Routinearbeiten, die auch geeignete Mitarbeiter erledigen können. Sorgen Sie dafür, dass Ihre Mitarbeiter ausreichend qualifiziert sind. Informieren Sie sie regelmäßig und übertragen Sie ihnen die notwendigen Kompetenzen.
2. *Störungen gezielt abwehren:* Erteilen Sie klare und eindeutige Aufträge und wehren Sie die Rückdelegation übertragener Verantwortung ab. Wirksame Mittel dazu sind beispielsweise genaue Stellenbeschreibungen, einwandfreie Querinformationen und lückenlose Leistungskontrollen.
3. *Störarme Zeiten nutzen:* Erledigen Sie alle Arbeiten, die besondere Konzentration erfordern, in den erfahrungsgemäß störarmen Zeiten des Tages. Bestimmen Sie feste Tageszeiten, zu denen Sie nicht gestört werden dürfen. Berücksichtigen Sie die störarmen Zeiten auch bei Ihren Terminabsprachen mit Vertretern oder Geschäftspartnern.
4. *Störursachen ermitteln:* Halten Sie mehrere Wochen lang fest, wer Sie stört, wie oft und aus welchen Gründen Sie selbst Ihre Arbeit unterbrochen haben.
5. *Ideenkartei anlegen:* Gehen Sie neuen Ideen nicht sofort nach, möglicherweise aus Angst, sie wieder zu vergessen oder einfach aus Begeisterung. Halten Sie besser neue Ideen zunächst in einer nach Sachgebieten gegliederten Ideenkartei fest.
6. *Besprechungen effizient führen:* Klären Sie mit Ihren Mitarbeitern nur Fälle, die eine gemeinsame Lösung erfordern. Nutzen Sie dabei das Wissen Ihrer Mitarbeiter. Bereiten Sie Besprechungen sorgfältig vor und laden Sie nur solche Mitarbeiter dazu ein, die tatsächlich durch Ideenfreude und entsprechende Fachkenntnisse zur Problemlösung beitragen.
7. *Mitarbeiter informieren:* Setzen Sie für Informationen über Ihre Geschäftsentwicklung, organisatorische Änderungen im Betriebsablauf oder ein neues Prämiensystem,

Rundschreiben, Aktenvermerke, Anschläge am Schwarzen Brett und ähnliche Kommunikationsmittel ein.

8. *Teamarbeit nutzen:* Zapfen Sie das Spezialwissen Ihrer Mitarbeiter an. Sorgen Sie dafür, dass Prestigedenken innerhalb des Teams den Erfolg nicht gefährdet, und wecken Sie die Bereitschaft jedes Teammitglieds, mit seinem gesamten Fachwissen zur gemeinsamen Lösung der Aufgabe beizutragen.

9. *Funktionen ausgliedern:* Nutzen Sie Expertenwissen. Ihr Steuerberater kann nicht nur Ihre Buchhaltung erledigen, sondern auch Ihre monatlichen Zwischenbilanzen und betriebswirtschaftlichen Auswertungen erstellen.

10. *Leistungskurve berücksichtigen:* Sehen Sie in Ihrem Tagesplan gezielt Pausen vor, um den Leistungsabfall rechtzeitig aufzuhalten. Halten Sie die Erholungszeiten konsequent ein.

11. *Innerbetriebliche Informationen nutzen*: Werten Sie sorgfältig und zeitnah Ihre innerbetrieblichen Daten aus, besonders Ihr Rechnungswesen, Ihre Statistiken, Kundenkarteien und Berichte. So entscheiden Sie schnell und sicher auf der Grundlage von Tatsachen.

12. *Informationen aus dem betrieblichen Umfeld sammeln:* Werten Sie wichtige Fachzeitschriften und andere Informationsquellen regelmäßig aus. Dazu gehören auch Prospekte, Lieferantennachweise, Werbeschreiben und ähnliche Unterlagen. Halten Sie die Daten jederzeit verfügbar.

13. *Serienarbeit einplanen:* Sammeln Sie gleichartige Arbeiten wie Diktate und Telefongespräche in Vorbereitungsmappen und erledigen Sie sie als Serie hintereinander. So sparen Sie Zeit und zwingen sich zu konzentriertem Arbeiten.

14. *Zeiten vorgeben:* Bestimmen Sie für jede wichtige Aufgabe die Zeit für deren Erledigung und halten Sie diese Zeit möglichst ein. Rechtzeitiges Beendigen einer Arbeit ist wichtiger als höchste Perfektion: Entwickeln Sie auch den „Mut zur Lücke“.

15. *Aufgaben langfristig planen:* Ergänzen Sie Ihren Tagesplan durch einen Ein- oder Zwei-Wochen-Plan. Tragen Sie dort ohne zeitliche Festlegung alle Aufgaben ein, die Sie innerhalb des Planungszeitraums unbedingt erledigen müssen.

16. *Visualisierung nutzen:* Stellen Sie Ihre langfristigen Zeitpläne auch optisch dar. Verwenden Sie dazu praxiserprobte Hilfsmittel, die genügend Platz für Notizen bieten und einen exakten Überblick erlauben, beispielsweise Wandübersichts-, Steckpläne oder Magnettafeln.

17. *Arbeitsplatz organisieren:* Sorgen Sie für einen unmittelbaren Zugriff zu allen ständig benötigten Arbeitsgeräten, Formularen, Unterlagen, Büchern, Listen und Karteien. Verwenden Sie arbeitserleichternde Hilfsmittel wie Gegensprechanlage, Speichertelefon und Anrufbeantworter. Entfernen Sie alles Überflüssige.

18. *Arbeitsplatz richtig gestalten:* Sorgen Sie zur Vermeidung vorzeitiger Ermüdung für optimale Arbeitsbedingungen. Dazu gehören:

- eine ausreichende Luftzirkulation,
- eine gleichmäßig helle, warme und blendfreie Beleuchtung,
- die richtige Beleuchtungsintensität,
- ergonomisch richtige Büromöbel.

19. *Rationell korrespondieren:* Schreiben Sie Briefe vor allem, um schriftliche Unterlagen, etwa für einen Beweis, zu erhalten. Verwenden Sie möglichst Kurzbriefvordrucke mit angekreuzten Aussagen oder Informationen. Verzichten Sie beim Versand von Katalogen, Prospekten und Mustern auf zusätzliche Anschreiben.

20. *Erfolgreich telefonieren:* Schwierige Fragen lassen sich telefonisch oft schneller und kostengünstiger klären als mit einer langwierigen Korrespondenz – auch, wenn Sie sich dafür mehr überwinden müssen. Bestätigen Sie kurz das Gesprächsergebnis. Mit diesen Regeln haben Sie beim Telefonieren Erfolg:

- Telefonieren Sie außerhalb der Hochbetriebszeiten.
- Telefonieren Sie serienweise.
- Kündigen Sie ein wichtiges Gespräch vorher an, damit Sie den Gesprächspartner sofort erreichen.
- Nutzen Sie Durchwahlnummern.
- Bereiten Sie Ihre Telefongespräche sorgfältig vor.
- Notieren Sie sofort nach Gesprächsende das Ergebnis.

21. *Gesprächszeit regeln:* Stellen Sie auf Ihren Schreibtisch eine gut sichtbare Uhr. Versuche zeigen, dass Besuchszeiten dadurch um 10 bis 15 Prozent kürzer werden. Stimmen Sie mit Ihren Gesprächspartnern vorher die Dauer ab.

22. *Checklisten einsetzen:* Bei wiederkehrenden Arbeiten erleichtern Sie damit die Abläufe, verringern das Fehlerrisiko und sparen viel Zeit.

23. *Freizeit sinnvoll gestalten:* Nutzen Sie die mit Ihrem Zeitmanagement gewonnene Freizeit, um sich für den Geschäftsalltag fit zu halten. Machen Sie trotz der vielen Arbeit regelmäßig Urlaub: Mehrere kürzere Urlaubszeiten sind günstiger als ein Jahresurlaub.

24. *Gesundheit erhalten:* Viele Unternehmer vernachlässigen ihre Gesundheit, bis es möglicherweise zu spät ist. Zu einem ausgewogenen Gesundheitsprogramm gehören regelmäßige ärztliche Untersuchungen, eine vernünftige Ernährung, ausreichende körperliche Bewegung und genügend Schlaf.

## CHECKLISTE

**So betreiben Sie ein wirksames Zeitmanagement**

- Ich setze rationelle Arbeitstechniken ein.
- Ich teile mir meine Zeit richtig ein.
- Ich verfüge über alle Informationen, um meine unternehmerischen Entscheidungen abzusichern.
- Ich nutze ausreichend technische Hilfsmittel, um meine Arbeit zu organisieren.
- Ich gliedere geeignete Tätigkeiten auf leistungsfähige Service-Unternehmen aus.
- Ich arbeite bei Bedarf mit Kooperationspartnern zusammen.
- Mein Führungsstil ist für meine Firma richtig.
- Meine Mitarbeiter sind genügend leistungsfähig und -willig.
- Ich setze bei der Personalsuche Stellenbeschreibungen ein.

# Wie Sie Ihre Vorhaben kreativ finanzieren

Bei Ihrer Finanzierung kommt es vor allem auf die Wahl der zu Ihrem Unternehmen passenden Bank oder Sparkasse an. Der größte Fehler, den Sie dabei machen können, ist: einfach in eine Zweigstelle in Ihrer Nähe zu gehen, einen Mitarbeiter anzusprechen und ein Konto zu eröffnen. So sind und bleiben Sie in den Augen „Ihrer" Bank ein kleiner unbekannter Fisch. Welche Folgen das für Ihr Unternehmen haben kann, merken Sie spätestens bei der Abwicklung Ihres ersten Kreditantrags.
Besser ist folgender Weg: Sprechen Sie telefonisch oder persönlich die Zweigstellenleiter aller in Frage kommenden Banken und Sparkassen an. Verlangen Sie ausdrücklich den jeweiligen Leiter. Stellen Sie sich als junger Unternehmer vor, erläutern Sie Ihr Vorhaben und klären Sie, dass Sie eine leistungsfähige Bank suchen und sich über die Serviceangebote und Preise der einzelnen Institute informieren wollen.
Lassen Sie sich von dem Direktor die Vorzüge seiner Bank erläutern. Das hat den Vorteil, dass Sie ihn kennen lernen und er Sie und Ihre Firma kennen lernt.

## Wie Sie mit „Ihrer" Bank richtig umgehen

Ein Bankdirektor ist nicht etwa nur für Großkunden zu sprechen, denn keine Bank kann es sich erlauben, das Neukundengeschäft zu vernachlässigen. Gerade als Jungunternehmer stellen Sie einen Kunden mit „Entwicklungspotential" dar. Je besser der Kontakt zwischen Ihnen und dem Bankdirektor ist, desto größer sind Ihre Chancen, Kredite und in kritischen Situationen auch besondere Gefälligkeiten zu erhalten.
Sämtliche Kreditinstitute wie Banken, Sparkassen, Raiffeisenbanken und auch die Postbank erledigen für Sie die Kontoführung, doch gibt es erhebliche Unterschiede bei den darüber hinausgehenden Dienstleistungen, sowohl im Angebot als auch in der Qualität.
Prüfen Sie daher bei den Gesprächen mit den einzelnen Zweigstellenleitern, welche Bank die Anforderungen Ihres Unternehmens, beispielsweise im Hinblick auf Zahlungsverkehr, Erfahrungen mit staatlichen Kreditförderungsprogrammen oder Beratung bei Import und Export am besten erfüllt. Sie sind auf das Vertrauen und Interesse der Bank an Ihrer Firma angewiesen, denn fast jedes Unternehmen durchläuft einige finanziell kritische Situationen. Das müssen nicht nur Verluste oder Managementfehler sein, auch zu schnelle Expansion kann zu Liquiditätsschwierigkeiten führen.
Außerdem muss Ihre Bank zu Ihrem Unternehmen passen, denn Ihre Bankverbindung ist immer noch ein Anhaltspunkt bei der Beurteilung Ihrer Firma durch Außenstehende.

**TIPP**

Richten Sie sich nach den in Ihrer Branche bei Kunden und Lieferanten üblichen Bankverbindungen.

Dadurch kommen Sie auch schneller zu Ihrem Geld, denn Überweisungen innerhalb eines Banksystems werden schneller ausgeführt als zwischen verschiedenen Systemen.

Viele Banken vermitteln ihren angehenden Kreditkunden das Gefühl, sie seien Bittsteller. Wer sich als Existenzgründer oder Jungunternehmer in diese Rolle drängen lässt, hat schon schlechte Karten. Ein Kreditinstitut handelt mit Geld und will mit seiner Ware Gewinn machen. Treten Sie daher der Bank gegenüber selbstbewusst auf, denn Sie wollen deren Ware Geld kaufen, zahlen schließlich dafür Zinsen und bieten der Bank Sicherheiten und ein gut durchdachtes Unternehmenskonzept. Sie müssen sich nicht etwa untertänig für ein Geschenk bedanken.

Selbstbewusstsein verschaffen Sie sich, wenn Sie gut vorbereitet erscheinen. Haben Sie alle Unterlagen – säuberlich geordnet – beisammen, dann überlegen Sie, an welches Kreditinstitut Sie sich wenden wollen. Das muss nicht immer Ihre Hausbank sein. Es empfiehlt sich, mindestens drei Institute zu testen. Haben Sie sich entschieden, dann stimmen Sie rechtzeitig telefonisch mit dem jeweiligen Leiter der Kreditabteilung einen Termin ab. Legen Sie nicht alle Besprechungstermine auf einen Tag, denn ein konzentriertes Kreditgespräch ist recht anstrengend und spätestens nach dem zweiten Gespräch schleichen sich leicht Fehler in Ihre Argumentation ein. Kleiden Sie sich für die Termine korrekt, denn die meisten Bankmitarbeiter haben eine konservative Grundhaltung. Erscheinen Sie daher zu salopp gekleidet, kann Sie das schon einen Sympathiepunkt kosten.

In der Bank merken Sie schnell, welcher Geist in dem betreffenden Haus herrscht. Führt der Kreditexperte das Gespräch im Trubel der Schalterhalle, hat er offenbar wenig Interesse an der Geschäftsverbindung mit Ihnen. Lässt er Sie lange warten, obwohl Sie pünktlich erschienen sind, ist das ebenso ein schlechtes Zeichen. Reagiert Ihr Gesprächspartner mürrisch, lässt er sich ständig von Mitarbeitern und Telefonaten stören, erhebt er Einwände gegen alles, was Sie vortragen, zeigt er Ihnen damit ebenfalls sein mangelndes Interesse an Ihrem Vorhaben. In diesen Fällen hat es wenig Sinn, sich noch weiter mit dieser Bank zu befassen. Bedanken Sie sich für das Gespräch und gehen Sie auf Nimmerwiedersehen.

Nur wer sich Ihnen und Ihrem Vorhaben eingehend widmet, dürfte auch in Zukunft ein angenehmer und kompetenter Gesprächspartner sein. Legen Sie sich dennoch nicht sofort fest. Nutzen Sie vielmehr auch weitere Möglichkeiten, sich über Banken und ihre Leistungsfähigkeit zu informieren. Fragen Sie beispielsweise andere Unternehmer nach ihren Erfahrungen mit Kreditinstituten. Dabei kann der Kaufmann an der Ecke Ihnen ebenso wertvolle Tipps geben wie beispielsweise Ihr Bäcker. Auch Ihr Steuerberater eignet sich gut als Anlaufstelle, denn er hat häufig mit den Instituten seiner Mandanten zu tun.

Verlassen Sie sich im übrigen nicht nur auf eine einzige Bank. Insbesondere wenn sich die Bank ihrer Sache zu sicher ist, müssen Sie mit unangenehmen Überraschungen rechnen. Das gilt vor allem, wenn Sie in neuen, wenig bekannten Branchen ein Unternehmen gründen wollen.

**TIPP**

**Haben Sie schließlich die richtige(n) Bank(en) gefunden, sollten Sie die Beziehungen sorgsam pflegen. Oberstes Gebot ist dabei absolute Offenheit und stetige Zuverlässigkeit.**

Was Sie Ihrem Bankier an Zahlen und Fakten mitteilen, muss stimmen. Nur dann kann er Ihnen helfen, sollten Sie einmal unvermutet unter finanziellen Druck geraten. Geben Sie ruhig zu, wenn Sie sich in einer Sache geirrt haben, und halten Sie immer Ihre Zusagen ein. Denken Sic an die Grundregel: Nichts ist für eine Bankverbindung gefährlicher als gegenseitiger Vertrauensschwund aufgrund von Missverständnissen und Halbwahrheiten.

### So erhalten Sie den größtmöglichen Kredit von Ihrer Bank

Bankinstitute sind die preiswerteste Quelle für Kredite. Dafür sind sie aber auch sehr wählerisch, denn sie verlangen ordentliche Sicherheiten. Dennoch sollte „Ihr“ Bankdirektor für Sie kein Halbgott mit Geld sein, denn er muss Geld verleihen, weil das sein Geschäft ist. Betrachten Sie ihn besser als Finanzierungsfachmann, als Angestellten einer Großorganisation mit strengen Richtlinien. Je besser Sie sich ihm darstellen, desto mehr kann er für Sie tun.
Am besten erhalten Sie Geld, wenn Sie es gerade nicht benötigen. Verhandeln Sie daher schon frühzeitig über einen möglichen Kredit. Das setzt Sie zum einen weniger unter Druck, und zum anderen erkennt der Banker Ihre Fähigkeit vorauszuplanen.
Nennen Sie bei Ihrem Kreditgespräch nicht gleich die Summe, die Sie benötigen. Das bringt Sie in die bessere Position. Sagen Sie beispielsweise: „Ich brauche 100 000 DM“, wird Ihr Gesprächspartner versuchen, den Betrag herunterzuhandeln und Ihnen zu beweisen versuchen, dass es auch mit 70 000 DM geht. Aus seiner Sicht ist dann das Risiko wesentlich geringer. Dass er damit oft das Gegenteil erreicht, sieht er nicht – deshalb ist er ja auch Bankangestellter und nicht Unternehmer geworden. Sprechen Sie daher den Fachmann in Ihrem Banker an. Legen Sie ihm gut vorbereitet Ihre Zahlen auf den Tisch und erläutern Sie ihm genau Ihr Vorhaben. Fragen Sie ihn, welchen Kreditbetrag er als Experte für angemessen hält. Meist liegt dieser Betrag höher, als Sie dachten.
Für die meisten Existenzgründer gehört es zu den größten Schwierigkeiten, Geld für ihre Gründung zu beschaffen. Zugleich stellt das aber auch eine der größten Herausforderungen an die Hartnäckigkeit und den Einfallsreichtum des Gründers dar. Trotz staatlicher Förderprogramme und markiger Worte deutscher Bankvorstände sieht die Welt für den einzelnen Kreditsachbearbeiter meist ganz anders aus: Dingliche Sicherheiten zählen weit mehr als *Unternehmergeist*. Das ist eigentlich paradox, denn Deutschlands Banken quellen über vor Geld, während viele aussichtsreiche Unternehmensgründungen und -vorhaben nur deshalb unterbleiben, weil die

Unternehmer das erforderliche Kapital nicht zusammenbekommen. Wenn Sie die folgende Checkliste aber vollständig berücksichtigen, steigen Ihre Chancen.

CHECKLISTE

**So wird Ihr Bankbesuch zum Erfolg**

- Ich habe folgende Unterlagen vorbereitet:
  - ☐ eine genaue Beschreibung meines Produkts oder meiner Dienstleistung,
  - ☐ aktuelle Daten über Umsatzziele,
  - ☐ Angaben über momentane Löhne und Gehälter,
  - ☐ Angaben über meinen Materialeinkauf,
  - ☐ meine Kalkulationsunterlagen,
  - ☐ Kunden- und Interessentenlisten,
  - ☐ Vertriebsplan,
  - ☐ eine Aufstellung meiner privaten Ausgaben.
- Ich achte insbesondere auf:
  - ☐ die Auszahlungsquote des gewünschten Darlehens,
  - ☐ die Höhe des möglichen Überziehungskredits,
  - ☐ die zu erwartenden Kontokorrent- und Darlehenszinsen,
  - ☐ eine klare Gebührenregelung, am besten durch Pauschalsatz,
  - ☐ eine kurze Bearbeitungszeit der Kontovorfälle (Wertstellung),
  - ☐ die genaue Aufstellung der Sicherheiten in meinen Kreditverträgen,
  - ☐ das Image des ausgewählten Instituts in dessen Einzugsbereich.

Im Gegensatz zu Deutschland hat sich in den USA vielfach die Erkenntnis durchgesetzt, dass eine gute Geschäftsidee, verbunden mit persönlichen Fähigkeiten des Gründers, meist mehr Sicherheit für das von der Bank ausgeliehene Geld bietet als eine scheinbar sichere Immobilie.
Vermitteln Sie Ihrer kreditgebenden Bank daher unbedingt das Gefühl der Sicherheit und bereiten Sie sich auf das Kreditgespräch gut vor. Erscheinen Sie mit einem schriftlich ausgearbeiteten Unternehmensplan und können Sie auch im persönlichen Gespräch Ihre Fähigkeiten sicher darstellen, steigen Ihre Chancen, den gewünschten Kredit auch zu erhalten. Überlegen Sie sich vorher, was der Banker fragen könnte.

## Welche Quellen Sie außerdem anzapfen können

Gerade bei der Geldbeschaffung zahlt sich Ihr Einfallsreichtum aus, denn Kredite von der Bank sind ja nicht die einzige Möglichkeit, an Geld zu kommen. Zu den wichtigsten Finanzierungsquellen zählen:

- staatliche Fördermittel,
- private Beteiligungen,
- Leasing,
- Factoring,
- Lieferantenkredite,
- das schnelle Eintreiben von Forderungen,
- Wechselkredite.

### Fördermittel

Am wichtigsten sind die *staatlichen Förderungsprogramme*, die Ihnen bares Geld bringen können, wenn Sie die Vergabebedingungen erfüllen. Die Mittel werden in Form von Zuschüssen, zinsgünstigen oder

zinslosen Darlehen beziehungsweise Beteiligungen zu Sonderkonditionen vergeben. Für bestimmte Regionen wie die neuen Bundesländer und strukturschwache Gebiete gibt es weitere, oft noch günstigere Hilfen. Die wichtigsten Programme sind:
*Eigenkapitalhilfe:* Mit diesem Programm fördert die Deutsche Ausgleichsbank (DtA) alle Unternehmer, die einen Betrieb gründen, übernehmen oder sich in Form einer Vollexistenz beteiligen. Das Darlehen stellt gegenüber anderen Gläubigern voll haftendes Eigenkapital dar. Der Antragsteller sollte zehn bis 15 Prozent der Investitionssumme als Eigenkapital vorweisen können. Kleiner Wermutstropfen: Bei der Neuauflage des Programms für die alten Bundesländer wurde aufgrund eines Einspruchs der Europäischen Union (EU) die Zinsvergünstigung gestrichen, so dass hier die marktüblichen Konditionen gelten.
*ERP-Existenzgründungsprogramm*: Gründer im Alter zwischen 21 und 50 Jahren erhalten für den Einstieg in die Selbständigkeit ein Darlehen der Kreditanstalt für Wiederaufbau (KfW) für

- die Errichtung oder den Kauf eines Betriebs,
- die Übernahme einer tätigen Beteiligung,
- die Beschaffung eines ersten Warenlagers oder einer Büro-Grundausstattung sowie
- die entsprechenden Anschlussinvestitionen in den ersten drei Jahren.

*KfW-Mittelstandsprogramm:* Klein- und Mittelbetriebe sowie Freiberufler erhalten für Errichtungs-, Sicherungs- und Erweiterungsinvestitionen zinsvergünstigte Darlehen.
*ERP-Umweltprogramm:* Investitionen auf den Gebieten Abfallwirtschaft, Abwasserreinigung, Energiesparen und Luftreinhaltung fördert die DtA mit zinsverbilligten Krediten. Bei Unternehmen in den neuen Ländern ist eine vierzigprozentige Haftungsfreistellung möglich.
*KfW-Liquiditätshilfeprogramm:* Hier erhalten Unternehmer in den neuen Ländern in den ersten Jahren nach der Gründung zinsvergünstigte Überbrückungskredite, um die notwendigen Betriebsmittel zu beschaffen.

**INFO**

Ausführliche Informationen über alle Förderprogramme und die aktuellen Konditionen finden Sie in der Broschüre „Die Finanzierungshilfen des Bundes und der Länder an die gewerbliche Wirtschaft", die im Verlag Fritz Knapp, Frankfurt am Main, erscheint. Auch das Bundesministerium für Wirtschaft, Referat Öffentlichkeitsarbeit, sowie die Deutsche Ausgleichsbank helfen Ihnen gern mit aktuellen Informationsschriften weiter. Die Adressen finden Sie im Kapitel „Welche Gründungshelfer Sie einsetzen können".

Sie dürfen mit der Umsetzung Ihres Vorhabens erst nach der Antragstellung beginnen.Überhaupt sind die Vergabebedingungen der wunde Punkt dieser ansonsten für kleine Unternehmen recht nützlichen Programme. Viele Unternehmer haben Schwierigkeiten, die Anträge zur Zufriedenheit der Vergabestellen auszufüllen. Fälle, in denen wegen geringer Formfehler auf die zugesagten Mittel zwei Jahre und mehr gewartet werden musste, sind leider keine Seltenheit.

**TIPP**

**Achten Sie bei der Auswahl Ihrer Bank auf ein Institut, das Erfahrung mit Anträgen auf öffentliche Finanzierungshilfen hat, denn Sie müssen Ihren Antrag immer über Ihre Hausbank stellen.**

Vor allem die großen überregionalen Tageszeitungen, aber auch die regionale Presse, bieten in ihren Anzeigenspalten einen vielfältigen *Beteiligungsmarkt* für alle diejenigen, die nicht über reiche und beteiligungswillige Familienmitglieder und Freunde verfügen. Eigene Anzeigen bringen oft eine erstaunliche Zahl von Zuschriften, die allerdings oft von „Horchern" stammen, die sich nicht ernsthaft für das Angebot interessieren, sondern nur neue Möglichkeiten zur Geldvermehrung kennen lernen wollen.
Einem ernsthaften Interessenten müssen Sie meist ausführlich Rede und Antwort stehen. In der Regel sitzt Ihnen ein Steuerberater oder Wirtschaftsprüfer gegenüber, für den professionelles Management mehr zählt als gute Ideen. Es geht nicht um gute Beziehungen oder leuchtende Titel, sondern um volle Konzentration auf das Vorhaben. Erfahrene Kapitalanleger setzen vor allem auf Partner mit dem Willen zum Erfolg und nachweisbaren Leistungen.
Eine Liste seriöser Kapitalbeteiligungsgesellschaften erhalten Sie beim Bundesverband deutscher Kapitalbeteiligungsgesellschaften e.V., Karolingerplatz 10-11, 14052 Berlin, Telefon: 030/30 69 82-0 Fax: 030/30 69 82-20.
Beim *Leasing* binden Sie nicht Ihr knappes Kapital und bleiben flüssig. Heute können Sie fast alle Güter leasen, wobei in den meisten Fällen nicht der Hersteller selbst die Vermietung übernimmt, sondern spezielle Leasinggesellschaften. Je nach Mietdauer verpflichten Sie sich, dieser Gesellschaft monatlich zwei bis drei Prozent des Anschaffungspreises zu zahlen.Leasing ist zwar etwas teurer als ein entsprechender Bankkredit, jedoch erfolgt die Finanzierung anders als bei den meisten Bankkrediten zu hundert Prozent.
Während beim Leasing der gemietete Gegenstand Eigentum der Leasinggesellschaft bleibt, geht er beim *Mietkauf* in Ihr Eigentum über. Was für Sie günstiger ist, lässt sich nur im Einzelfall entscheiden. Fragen Sie wegen der steuerlichen Bedeutung dieser Verträge Ihren Steuerberater um Rat.
Bei der Finanzierung durch *Factoring* bilden die Außenstände Ihrer Firma die Sicherheiten. Die Factoringgesellschaft kauft oder bevorschusst laufend Ihre Kundenrechnungen. Sie erhalten diese Rechnungen mit einem Abschlag sofort bezahlt. Je nach Vertragsgestaltung übernimmt die Gesellschaft auch das Ausfallrisiko und treibt die Rechnungen für Sie ein. Adres-

sen erfahren Sie bei Ihrer Bank oder beim Deutschen Factoringverband e.V., Rheinallee 3d, 55116 Mainz, Tel.: 06131/287 70-70, Fax: 06131/287 70-99. Factoring lohnt sich erst bei einem relativ großen Rechnungsvolumen, denn die Abschläge sind bei geringem Rechnungsaufkommen und kleinen Beträgen sehr hoch. Zudem ist es nur sinnvoll, wenn Sie eine große Zahl von Ihnen meist unbekannten Kunden haben, bei denen durch das unpersönliche und rigorose Mahnwesen des Factors kein größerer Flurschaden angerichtet werden kann.

*Lieferantenkredite* sind grundsätzlich die teuersten Kredite. Aufs Jahr umgerechnet ergeben sich Effektivzinsen bis zu 70 Prozent. Nutzen Sie daher besser die Skonti Ihrer Lieferanten, indem Sie deren Zahlungsziele bis zum letzten Tag ausnutzen. Es lohnt sich für Sie immer, einen Bankkredit aufzunehmen, um die Rechnungen mit Skonto rechtzeitig zu bezahlen.

Haben Sie allerdings den Kreditrahmen bei Ihrer Bank bereits voll ausgenutzt, stellt der Lieferantenkredit oft die einzige Möglichkeit der zusätzlichen Kreditaufnahme dar. Dabei zahlt sich Ehrlichkeit in jedem Fall aus: Sagen Sie Ihren Lieferanten klipp und klar, wenn Sie seine Rechnung statt in 30 erst in 60 Tagen bezahlen können und vereinbaren Sie gegebenenfalls Teilzahlungen. Erkennt ein Lieferant, dass Sie Ihre Zahlungsverpflichtungen einhalten, ist er oft zu weiteren Krediten bereit.

*Zahlungsunwillige und -unfähige Kunden* sind für jeden Kaufmann unangenehm. Mahnen Sie sie zu eindringlich, verlieren Sie sie als Kunden, tun Sie es nicht, verlieren Sie Ihre Liquidität. Wann, wie oft und in welcher Form Sie mahnen, müssen Sie letztlich selbst entscheiden. Achten Sie jedoch immer auf einen angemessenen Ton. Viele Unternehmen schwören darauf, nur einmal zu mahnen und dann gleich einen Mahnbescheid vom Gericht schicken zu lassen.

### TIPP

Lassen Sie sich nicht von Drohungen einschüchtern, etwa wenn ein Kunde einen Rechtsanwalt herbeiziehen oder seine Geschäftsbeziehungen zu Ihrer Firma beenden will. Ein fauler Kunde ist für Sie immer teurer als gar kein Kunde.

Der *Wechsel* ist ein im Geschäftsleben gern genutztes Werkzeug, weil er wegen der strengen Wechselbestimmungen relativ sicher ist. Außerdem liegen die Zinsen um zwei bis drei Prozentpunkte unter denen eines vergleichbaren Kontokorrentkredits. Sie können den Wechsel als Eigen- oder Solawechsel auf sich selbst ausstellen, dem Lieferanten zusenden und von diesem „querschreiben“ lassen. Auf diese Weise können Sie sofort zahlen, müssen jedoch das Geld erst am Ende der Laufzeit des Wechsels hinlegen. Der Lieferant kann sofort über das Geld verfügen, wenn er den Wechsel an seine Bank weitergibt, die ihn diskontiert, oder wenn er ihn an seine Vorlieferanten zur Bezahlung weiterreicht. Informieren Sie sich über die Einzelheiten des Wechselkredits bei Ihrer Bank.

CHECKLISTE

**So haben Sie mit Ihrem Antrag auf Fördermittel Erfolg**

- Ich will als Gründer das Eigenkapitalhilfeprogramm der Bundesregierung in Anspruch nehmen und habe die fachliche Stellungnahme eines Sachverständigen, Betriebsberaters oder einer Kammer eingeholt.
- Ich halte bereit:
  - ☐ eine kurze und präzise Beschreibung meines Vorhabens,
  - ☐ einen tabellarischen Überblick meines beruflichen Werdegangs,
  - ☐ einen Kostenplan mit meinen voraussichtlichen Investitionskosten für Anlagen und Betriebsmittel,
  - ☐ eine Umsatz- und Rentabilitätsvorschau für die nächsten drei Jahre,
  - ☐ gegebenenfalls einen Mietvertrag oder -vorvertrag,
  - ☐ gegebenenfalls einen Gesellschaftsvertrag oder dessen Entwurf,
  - ☐ bei Übernahme einer bestehenden Firma oder dem Erwerb einer tätigen Beteiligung deren Jahresabschlüsse der letzten beiden Jahre.

## Welche Bankkredite Ihrer Firma auf die Sprünge helfen

Im Verlauf Ihres Unternehmerlebens müssen Sie Ihre Investitionsziele meist mit der entsprechenden Kreditfinanzierung umsetzen. Grundsätzlich bieten Ihnen die Kreditinstitute zwei Arten von Krediten an:

- Beim *Darlehen* leiht Ihnen die Bank einen festen Geldbetrag.
- Im Rahmen eines *Kontokorrentkredits* gewährt Ihnen die Bank einen Kreditrahmen von beispielsweise 100 000 DM. Um diesen Betrag dürfen Sie dann Ihr Konto überziehen.

Der Kontokorrentkredit hat den Vorteil, dass die Zinsen nur auf den tatsächlichen Minusstand Ihres Kontos berechnet werden. Wenn Ihr Kontostand also nur kurzfristig ins Minus rutscht, ist ein Kontokorrentkredit trotz seines höheren Zinssatzes preiswerter als ein Darlehen.

### Welche Darlehen Sie nutzen können

Langfristige (Investitions-)Ratenkredite von Banken und Sparkassen dienen der Finanzierung Ihrer Investitionen im Betrieb oder anderer größerer Anschaffungen. Die Bank sichert diese Kredite oft grundbuchlich ab – nach eventuell vorhandenen vorrangigen Hypothekendarlehen.

Solche langfristigen Kredite oder Darlehen gewährt Ihnen die Bank als *Annuitäten-* oder als *Tilgungsdarlehen.* Bei einem Annuitätendarlehen heißen die Raten Annuitäten und setzen sich aus einem Zins-

und einem Tilgungsanteil zusammen. Diese Annuitäten bleiben immer gleich, unabhängig davon, ob Sie diese Raten monatlich oder vierteljährlich zahlen. Die Zinsen berechnet die Bank vom jeweils verbleibenden Restschuldbetrag; deshalb erhöht sich der Tilgungsanteil innerhalb der Rate mit der Kreditlaufzeit.

Ein typisches Annuitätendarlehen ist das *Hypothekendarlehen.* Solche Darlehen gewährt meistens eine spezielle Hypothekenbank für ein zu finanzierendes Haus oder einen Gewerbebetrieb. Es handelt sich für die Bank um sehr sichere Kredite, da ihr Betrag meistens 60 Prozent des Verkehrswertes oder der Baukosten nicht überschreitet und die Bank daher im Notfall immer ihr Geld zurückbekommt, und zwar mit Zins und Zinseszins.

Die Sicherheit, nämlich die Hypothek, ist ein Pfandrecht, das die Bank vor einem Notar zugunsten des Gläubigers bestellt und aufgrund der Notarurkunde beim zuständigen Amtsgericht in das Grundbuch Ihres Betriebs eintragen lässt.

Beim Tilgungsdarlehen mindern sich die Jahresraten, ganz gleich, ob Sie diese monatlich, vierteljährlich oder jährlich zahlen, während der Tilgungsanteil hier gleich bleibt: Durch die Tilgungen sinkt Ihre Restschuld, so dass Ihre Zinslast ständig kleiner wird.

Typische Beispiele für Tilgungsdarlehen sind *Kredite aus öffentlichen Programmen*, beispielsweise der Kreditanstalt für Wiederaufbau, der Deutschen Ausgleichsbank oder auch Kredite aus Mitteln Ihres Bundeslandes. Im allgemeinen sind diese Kredite ein bis drei Prozent billiger als Darlehen von privaten Instituten. Nehmen Sie die öffentlichen Kredite in Anspruch, sparen Sie also je Prozent und 100 000 DM im Jahr 1 000 DM. Dafür lohnt sich schon der leidige Papierkrieg.

**WICHTIG**

**Bevor Sie über Ihre Hausbank öffentliche Kreditmittel beantragen, dürfen Sie mit Ihrem Investitionsvorhaben nicht beginnen.**

Zu den kurzfristigen Krediten zählen insbesondere der Kontokorrent- und der Überziehungskredit, aber auch Kunden- und Lieferantenkredite (Skonti).

### Welche Kosten bei einem Kredit auf Sie zukommen

Prüfen Sie kritisch die Höhe Ihrer Bankgebühren, insbesondere der Zinsen: Diese liegen bei Kontokorrentkrediten zwischen acht und 15 Prozent. Zinsen für langfristige Darlehen liegen langjährig – bei Zinsfestschreibungen zwischen fünf und zehn Jahren – je nach Kreditgeber zwischen sieben und zehn Prozent für öffentliche Mittel. Daneben fallen Gebühren an. Üblich sind bei kleinen Kontokorrentkrediten Kreditprovisionen bis zu drei Prozent pro Jahr auf das Kreditlimit, unabhängig davon, ob Sie den Kredit in Anspruch nehmen oder nicht. Beanspruchen Sie ihn, ist Ihre Zinslast jedoch geringer als bei einem normalen Kredit.

*Kontoführungsgebühren* zahlen Sie für jede Buchung auf Ihrem Gehalts- oder Ge-

schäftskonto. Einige Banken berechnen auch Pauschalen. Verhandeln Sie mit Ihrer Bank nicht nur über die Zinsen, sondern auch über Art und Höhe der Gebühren, und vergleichen Sie die Kosten. Sonderleistungen, die ein übliches Maß an Arbeit im Rahmen der Kundenbetreuung übersteigen, müssen Sie gesondert bezahlen.
Hinzu kommt das *Disagio,* ein zusätzliches Entgelt für Kredite oder Darlehen neben dem Zins. Üblich ist es hauptsächlich bei Hypotheken- oder Bauspardarlehen und bei Krediten beispielsweise aus dem Mittelstandsprogramm der Kreditanstalt für Wiederaufbau.
Das Disagio verteuert Ihren Kredit: Kommt bei Ihrem Darlehen zu dem Zinssatz von neun Prozent pro Jahr, Zinszahlung jährlich nachträglich, noch ein Disagio von drei Prozent hinzu, beträgt der Auszahlungskurs 97 Prozent. Die Kosten dieses Disagios verteilen sich auf zehn Jahre, die Laufzeit der Zinsfestschreibung; somit beträgt Ihr effektiver Zinssatz nicht neun, sondern rund 9,6 Prozent.

## Wie die Bank Ihre Kreditfähigkeit und Kreditwürdigkeit prüft

Bei der Prüfung Ihrer Kreditfähigkeit geht es der Bank zunächst darum, ob Sie geschäftsfähig sind und ob Ihre Firma im Handelsregister eingetragen ist. Aus dem Handelsregisterauszug ergibt sich Ihre Vertretungsbefugnis als Inhaber Ihrer Firma.
Bei der Prüfung der Kreditwürdigkeit spielt Ihr persönlicher Eindruck eine große Rolle, ebenso Ihr fachliches Können. Der Kreditsachbearbeiter besucht wenn möglich auch Ihr Geschäft.
Er sieht sich Ihre Zahlen und Unterlagen genau an: Haben Sie die voraussichtliche Entwicklung Ihres Unternehmens zutreffend dargestellt? Sind Ihre Investitionen in die Firma sinnvoll, Ihre Planansätze realistisch? Wie haben Sie bisher mit der Bank zusammengearbeitet? Ist die jetzige und künftige Rentabilität und Liquidität Ihrer Firma gesichert, sind Ihre Kapital- und Vermögensverhältnisse geordnet? Sind die angebotenen Sicherheiten werthaltig?
Der Bankmitarbeiter beachtet dabei auch die äußere Form Ihrer Unterlagen: Haben Sie die Werte ordentlich, vollständig und übersichtlich zusammengestellt? Betreiben Sie auch in Ihrem Privatbereich eine kluge Vermögenspolitik? Sorglose Unternehmer höhlen oft durch hohen privaten Verbrauch ihre gesunde Firma aus.

## Was in Ihrem Kreditvertrag stehen sollte

Waren Sie erfolgreich, stellt Ihnen die Bank den Kreditvertrag aus. Er enthält

- die genaue Anschrift Ihrer Firma,
- die Konten, auf denen Sie den Kredit in Anspruch nehmen können,
- den Hinweis auf die Allgemeinen Geschäftsbedingungen der Bank,
- die Art und Höhe Ihrer Kredite,
- die genauen Fristen für die Kreditabsprachen,
- den Verwendungszweck Ihres Kredits,
- die Kreditkosten und den Abrechnungsmodus,
- die vereinbarten Sicherheiten,
- die Modalitäten für die Einreichung Ihrer Unterlagen, beispielsweise der künftigen Geschäftszahlen,

- gegebenenfalls den Zusatz, dass Sie den Kredit erst nach Vorliegen weiterer Unterlagen oder Voraussetzungen beanspruchen können,
- bei einem Darlehensvertrag zusätzlich die Tilgungsabsprache und die Angabe der Zinsfestschreibungsfrist.

Prüfen Sie die Kreditzusage genau, bevor Sie den Vertrag unterschreiben: Haben Sie alles richtig verstanden? Entspricht die Vereinbarung der mündlichen Absprache? Halten Sie auch die vorgegebenen Verlängerungstermine sowie die Fälligkeiten der Zinsen und Tilgungsraten genau fest.

## CHECKLISTE

**So gehen Sie mit Ihrer Bank bei Ihrem Kreditgespräch richtig um**

- Ich habe mein Bankgespräch gründlich vorbereitet und mir rechtzeitig einen Termin geben lassen.
- Ich weiß, was ich der Bank vortragen will.
- Ich habe mein Investitionsvorhaben genau dargestellt, insbesondere seine Gründe und die sich daraus ergebenden Marktchancen.
- Ich habe einen Finanzierungsplan erstellt und dabei auch öffentliche Mittel berücksichtigt.
- Ich habe meine Einnahmen und Ausgaben gründlich geplant.
- Ich lege einen Liquiditätsplan vor.
- Ich händige der Bank außerdem folgende Unterlagen aus:
  - ☐ meine Bilanzen der letzten drei Jahre,
  - ☐ meine Zwischenzahlen des laufenden Jahres, insbesondere eine vorläufige Gewinn- und Verlustrechnung sowie EDV-Summen- und Saldenlisten, eine betriebswirtschaftliche Auswertung, eventuell Zwischenbilanzen,
  - ☐ gegebenenfalls einen Handelsregisterauszug,
  - ☐ eine Aufstellung meines privaten Vermögens und meiner privaten Schulden, gegebenenfalls auch einen Grundbuchauszug.
- Ich habe meine Kreditunterlagen sorgfältig zusammengestellt, ein Inhaltsverzeichnis vorangestellt, alle Blätter numeriert und mit meinem Namen versehen.
- Ich habe die banküblichen Sicherheiten zusammengestellt, wie:
  - ☐ Bürgschaften,
  - ☐ Abtretungen von Kundenforderungen; Lebensversicherungen,
  - ☐ Sicherungsübereignungen,
  - ☐ Grundschulden,
  - ☐ Wertpapiere.
- Ich habe eine zielgerichtete Gesprächsstrategie und weiß,
  - ☐ mit welchem Bankmitarbeiter ich sprechen werde,
  - ☐ wie stark meine Verhandlungsposition ist,
  - ☐ welche Qualität meine Geschäftszahlen haben,
  - ☐ ob ich die benötigten Kredite notfalls auch aus einer anderen Quelle bekomme.

# Wie Sie mit Ihrem Unternehmen auch in schwierigen Zeiten überleben

## Wie Sie Unternehmenskrisen sofort erkennen und bewältigen

„Wissen ist Macht", dieses alte Sprichwort gilt in der heutigen schnelllebigen Zeit für den erfolgreichen Unternehmer mehr denn je. Nur wenn Sie über die für Ihre Firma wichtigen Informationen verfügen, schaffen Sie es,

- Ihren Wettbewerbern immer um eine Nasenlänge voraus zu sein,
- auf die richtigen Produkte oder Dienstleistungen zu setzen,
- die Vor- und Nachteile neuer Gesetze für Ihre Firma zu erkennen,
- Marktlücken oder -nischen frühzeitig zu entdecken und für Ihre Firma zu nutzen.

### Welche Informationen Sie benötigen

Sie müssen aus der Flut von Informationen, die Tag für Tag auf Sie einstürzen, die wichtigen von den weniger wichtigen unterscheiden. Trennen Sie die Spreu vom Weizen und sammeln Sie die richtigen Informationen aus dem Umfeld Ihres Betriebs. Halten Sie besonders die folgenden Felder im Auge:

- Wirtschaft,
- Technik,
- Recht und Politik,
- sozio-kulturelle Moden und Entwicklungen wie etwa Umweltbewusstsein, Körper- und Gesundheitsbewusstsein, Esoterik/Psychowelle, Dienstleistungen.

Ergänzen Sie diese allgemeinen durch spezielle Beobachtungen, beispielsweise über

- Ihren Markt und Ihre Kunden,
- Ihren Geschäftszweig,
- die Konkurrenzlage,
- die Lieferanten,
- die Kapitalgeber,
- staatliche Institutionen,
- den Standort Ihres Betriebs.

Stellen Sie die folgenden Fragen, um an Informationen zu gelangen:
*Wirtschaft:* Will die Bundesregierung demnächst neue Maßnahmen in ihrer Wirtschafts- und Finanzpolitik durchführen? Wie werden sich die wirtschaftlichen Eckdaten voraussichtlich entwickeln?
*Technik:* Sind technische Entwicklungen im Gange, die die Produktionstechnik Ihres Unternehmens ungünstig beeinflussen könnten? Berühren neue technische Größen Ihre Verwaltungsabläufe, beispielsweise im Büro, bei den Computern oder anderen technischen Geräten?

*Recht und Politik:* Stehen in absehbarer Zeit wichtige neue Gesetze ins Haus, beispielsweise beim Arbeits- und Sozialrecht, beim Umweltschutz oder dem Wettbewerbsrecht? Welche politischen Entwicklungen beobachten Sie zur Zeit?
*Sozio-kulturelle Trends:* Verändert sich das allgemeine Konsumverhalten und betrifft das auch Ihr Unternehmen? Wie und wo greifen neue Informations- und Kommunikationsmöglichkeiten in Ihre Betriebsabläufe ein?
*Markt und Kunden:* Wird sich die Nachfrage nach Ihren Produkten oder Dienstleistungen voraussichtlich verändern? Zeigt sich das saisonal, zeitlich oder am Umsatz an einzelnen Wochentagen bzw. in bestimmten Monaten? Welche für Ihr Unternehmen wichtigen Veranstaltungen finden in nächster Zeit in Ihrem Einzugsgebiet statt? Wie wird sich Ihr preislicher Spielraum in Zukunft entwickeln? Erwarten Sie, dass die Struktur Ihrer Zielgruppe sich ändert?
*Branche und Wettbewerb:* Erwarten Sie, dass sich die Lage bei Ihren Wettbewerbern ändert? Müssen Sie in Kürze in Ihrem Einzugsgebiet mit größeren Aktionen, beispielsweise in der örtlichen Presse, rechnen, die Ihren Geschäftszweig insgesamt beeinflussen? Wie zieht Ihre Branche Erwerbssuchende und Ausbildungssuchende an?
*Lieferanten:* Erhalten Sie Hinweise auf ein verändertes Verhalten?
*Kapitalgeber:* Ändern sich bei den Geldgebern Ihres Unternehmens die Konditionen für lang- und kurzfristige Kredite?

### Wie Sie auch kostenlos an wichtige Informationen gelangen

Als mittelständischer Unternehmer können Sie es sich meistens nicht leisten, ein Marktforschungsinstitut zu beauftragen. Auch die Beschäftigung von geschulten Spezialisten ist für Sie häufig zu teuer. Beschaffen Sie sich daher die notwendigen Informationen aus der Fülle von Quellen, die Ihnen häufig auch kostenlos zur Verfügung stehen.

- Lesen Sie regelmäßig die *Tageszeitung*, insbesondere den Wirtschaftsteil.
- Verfolgen Sie die einschlägigen *Fachzeitschriften.*
- Bestellen Sie für Ihre Firma *allgemeine Studien*, die Ihnen zahlreiche Institutionen und Berufsverbände zusenden. Auch branchenbezogene Fachzeitschriften stellen häufig Studien vor, die für Ihren Geschäftszweig wichtig sind. Sie können sie kostenlos oder für wenig Geld beziehen. Die Bezugsadressen stehen dabei.
- Viele *Branchendienste* erstellen Vergleiche einzelner Geschäftszweige und Regionen. Auskunft erhalten Sie bei Ihrer zuständigen Industrie- und Handelskammer oder bei dem für Ihre Branchen zuständigen Arbeitgeberverband, falls Sie dort Mitglied sind.
- Sprechen Sie über *Messen und Ausstellungen* regelmäßig mit Vertretern öffentlicher Gremien, beispielsweise Ihrem Stadt- oder Gemeinderat, einem Ihnen bekannten Kommunalpolitiker, einem Mitglied des zuständigen Verbands oder der Industrie- und Handelskammer.
- Halten Sie gute *persönliche Kontakte* zu Kapitalgebern, Konkurrenten, anderen Un-

ternehmern und Kommunalpolitikern. Besonders aktuelle Hinweise erhalten Sie oft auf informellen Wegen und über persönliche Beziehungen.

**TIPP**

Führen Sie immer ein Notizbuch mit sich. Notieren Sie alle Hinweise sofort und tragen Sie die gesammelten Infos in regelmäßigen Abständen in Ihren Fragenkatalog ein. Gehen Sie dabei systematisch nach dem besonderen Bedarf Ihrer Firma vor. Nur so sind Sie sicher, nichts zu vergessen.

So bekommen Sie Ihre Informationen in den Griff:

- Legen Sie wichtige Beobachtungsbereiche für Ihr Unternehmensumfeld fest.
- Erweitern Sie den Fragenkatalog um Fragen, die speziell auf Ihren Betrieb und Ihre Branche zutreffen.
- Halten Sie fest, wie die einzelnen Informationen Ihren Unternehmensablauf beeinflussen und wie Sie am sinnvollsten darauf reagieren können.
- Gehen Sie den Fragenkatalog in regelmäßigen Abständen durch und ergänzen Sie ihn.
- Halten Sie die Veränderungen in Ihrem Geschäftszweig systematisch fest.
- Werten Sie die kostenlosen Studien und Informationsdienste aus.
- Sprechen Sie regelmäßig mit wichtigen Personen, so mit Ihrem Ehepartner, Mitarbeitern, Geschäftsfreunden, Ihrem Steuer- oder Unternehmensberater.

## Wie Sie eine eigene Unternehmenskrise rechtzeitig verhindern

Mit aktuellen und gründlich ausgewerteten Informationen erkennen Sie wichtige Trends rechtzeitig und können bei Gefahren für Ihre Firma sofort gegensteuern. Besonders innerbetriebliche Engpässe können Ihre Firma in ihrer Existenz bedrohen. Nehmen Sie daher auch innerbetriebliche Gefährdungssignale ernst und erarbeiten Sie vorausschauend ein umfassendes und wirksames Programm zur Abwehr von Insolvenzgefahren.

### Konkursursachen

Vermeiden Sie so in Ihrer Firma die neun wichtigsten Konkursursachen:

- *Unternehmensführung:* Mit ständiger Weiterbildung, umfassenden Informationen sowie einem rationellen Arbeitsstil schätzen Sie Geschäftsrisiken richtig ein und sichern Ihre unternehmerischen Entscheidungen ausreichend ab. Legen Sie im Rahmen Ihres Marketingkonzepts Ihre Umsatzziele fest und vermitteln Sie Ihren Kunden Ihr klares Angebotsprofil.
- *Märkte:* Beobachten Sie sorgfältig Ihren Beschaffungs- und Absatzmarkt sowie das Verhalten Ihrer Mitbewerber und Kunden. So können Sie bei Änderungen kurzfristig und wirksam reagieren und beispielsweise Ihr Angebot, Ihre Preispolitik und Ihre Werbung rasch anpassen.
- *Kunden:* Stellen Sie Ihre Kunden in den Mittelpunkt Ihrer Überlegungen und Entscheidungen. Halten Sie sich immer wieder vor Augen: Ihre Leistungen müssen nicht Ihnen, sondern Ihren Kunden gefallen. Denken Sie deshalb stets aus der Sicht Ih-

rer Kunden und prüfen Sie bei jeder Marketingmaßnahme, ob diese den Nutzen für Ihre Kunden erhöht.

- *Betriebsblindheit:* Fragen Sie sich regelmäßig kritisch, ob Sie mit den Erfolgen der Vergangenheit auch künftig rechnen können. Analysieren Sie Ihre Betriebsstruktur und Ihre Betriebsergebnisse und planen Sie vorausschauend Ihre Investitionen, Ihren Rohstoff- und Warenlagerbestand sowie Ihre privaten Entnahmen. So vermeiden Sie Existenzgefahren durch zu hohe Kapitalbindung sowie Liquiditätsengpässe.
- *Finanzierungsmängel:* Sorgen Sie deshalb durch solide Finanz- und Liquiditätsplanung für ein ausgewogenes Verhältnis von Einnahmen und Ausgaben. Achten Sie auf eine ausreichende Eigenkapitalbasis und eine krisensichere Finanzierung Ihres Unternehmens. Berechnen Sie bei der Aufnahme von Fremdkapital die Effektivverzinsung und nutzen Sie alle Skontierungsmöglichkeiten, da der Lieferantenkredit die teuerste Finanzierungsform darstellt.
- *Mitarbeiter:* Qualifizierte, engagierte und motivierte Mitarbeiter stützen wesentlich die Sicherheit Ihres Unternehmens. Sorgen Sie deshalb für ausreichende Weiterbildung, erhöhen Sie die Leistungsanreize, stärken Sie das Kostenbewusstsein Ihrer Mitarbeiter und praktizieren Sie einen kooperativen Führungsstil.
- *Kennzahlen:* Mit einer gut eingerichteten innerbetrieblichen Leistungs- und Ertragskontrolle erkennen Sie Krisensignale sofort. Ihre kurzfristige Erfolgsrechnung, die Kennzahlen der Bilanz und der Gewinn- und Verlustrechnung sowie betriebliche Leistungskennziffern vermitteln Ihnen die notwendigen Informationen. Vergleichen Sie Ihre Betriebsergebnisse mit den entsprechenden Zahlen aus ähnlichen Unternehmen. So erkennen Sie rechtzeitig eine mögliche Verschlechterung Ihrer wirtschaftlichen Situation.
- *Rechnungswesen:* Sorgen Sie für eine einwandfreie Organisation Ihrer Buchhaltung und Ihres Rechnungswesens, damit Sie jederzeit aktuelle und exakte Informationen etwa über Kundenforderungen, Verbindlichkeiten, Kassenbestand, Bankguthaben und -schulden sowie Waren- und Rohstoffbestand abrufen können. Lassen Sie sich von Ihrem Steuerberater kurzfristig Monats- und Jahresabschlüsse vorlegen und sprechen Sie mit ihm über Veränderungen und Fehlerquellen sowie die notwendigen Konsequenzen.
- *Organisation:* Mit einer zweckmäßigen Personal-, Sach- und Ablauforganisation vermeiden Sie Fehlleistungen Ihrer Mitarbeiter, Doppelarbeit, überflüssige Kosten, Verluste und Wettbewerbsnachteile. Zeigen Sie auch Ihren Kunden, wer für welche Aufgaben zuständig ist, und dass Sie schnell, zuverlässig und kundenorientiert arbeiten.

### Was Sie bei einer Unternehmenskrise Ihrer Geschäftspartner tun können

Etwa ein Drittel der Unternehmenszusammenbrüche gehen nicht auf eigene Fehler des insolventen Unternehmens zurück, sondern als „Domino-Effekt“ auf die Zahlungsunfähigkeit von Geschäftspartnern. Vor allem die Forderungsausfälle wegen der Insolvenz eines großen Kunden können die Existenz Ihrer Firma bedrohen. Werden Sie insbesondere bei folgenden Warnsignalen misstrauisch:

Ein gefährdeter *Kunde*

- ändert auffällig sein Bestellverhalten oder verringert seine Bestellmengen: Sie erhalten etwa statt regelmäßiger Aufträge nur noch sporadische Bestellungen;
- verzichtet auf einen Skonto-Abzug und nimmt stattdessen den Lieferantenkredit in Anspruch;
- überschreitet den eingeräumten Kreditspielraum oder das vereinbarte Zahlungsziel;
- nimmt mit fadenscheinigen Gründen Abschlagszahlungen vor, und Sie müssen die Restzahlung mehrfach anmahnen;
- versucht mit vermehrten oder häufig unbegründeten Reklamationen seine Zahlung hinauszuzögern;
- schließt einzelne Betriebsteile oder Filialen.

Ein gefährdeter *Lieferant*

- erfüllt seine Lieferverpflichtungen nicht mehr einwandfrei;
- verändert seine Lieferwege oder schaltet einen Zwischenlieferanten ein.

Beobachten Sie weitere Signale bei Ihren Geschäftspartnern: Ein Unternehmen

- ändert seinen Firmennamen oder seine Rechtsform,
- verlegt seinen Standort,
- entlässt einen Teil seiner Mitarbeiter,
- sucht neue Teilhaber und Kapitalgeber,
- schränkt seine Informationsbereitschaft ein, stellt also beispielsweise das Erscheinen seiner Firmenzeitschrift ein.

Stellen Sie fest, dass ein Kunde im Zahlungsverzug ist oder längere Zeit das von Ihnen eingeräumte Zahlungsziel überschreitet, rechnen Sie bei ihm mit einer verringerten Bonität. Beobachten Sie das Verhalten dieses Kunden besonders aufmerksam. Achten Sie dabei vor allem auf

- die Höhe des eingeräumten Kredits,
- das Zahlungsziel,
- die Zahlungsart, also Überweisung, Scheck oder Wechsel.

Beschaffen Sie sich rechtzeitig Informationen. Analysieren Sie dazu insbesondere die Konten Ihrer Schuldner und stellen Sie jede Woche Ihre offenen Forderungsposten zusammen. Mahnen Sie konsequent sofort bei Ablauf der Zahlungsfrist. Reagiert ein säumiger Schuldner nicht darauf, versuchen Sie die Forderung persönlich einzutreiben. Schalten Sie bei eindeutig unstrittigen Forderungen gegebenenfalls ein Inkassobüro ein oder beauftragen Sie notfalls einen Anwalt mit deren Eintreibung. Untermauern Sie Ihre Forderungen notfalls durch weitere Sicherheiten. Können Sie weder einen Eigentumsvorbehalt noch eine Sicherungsübereignung durchsetzen, treffen Sie weitere Maßnahmen:

- Stornieren Sie anstehende Aufträge.
- Stellen Sie Lieferungen ein.
- Brechen Sie schlimmstenfalls die Geschäftsbeziehung ab.

Pflegen Sie gute Kontakte zu Ihrer Bank und schalten Sie gegebenenfalls eine seriöse Auskunftei ein. So erkennen Sie Schwierigkeiten bei Ihren Geschäftspart-

nern und durchschauen deren mögliche Verschleierungstricks, bevor womöglich gravierende Probleme auf Ihr eigenes Unternehmen übergreifen.
Beachten Sie: Verschlechterte wirtschaftliche Rahmenbedingungen oder innerbetriebliche Mängel führen nicht spontan zum Zusammenbruch eines Unternehmens. Vielmehr stellt ein Konkurs fast immer das Ende einer langen negativen Entwicklung dar.

## CHECKLISTE

**So erkennen Sie rechtzeitig Gefahren und wenden sie erfolgreich ab**

- Ich kenne die Frühindikatoren der künftigen Wirtschaftsentwicklung.
- Ich habe eine klare Finanz-, Kosten-, Liquiditäts-, Investitions- und Entnahmeplanung.
- Ich stelle bei meiner Firma keine Nachfrageverschlechterung und keine verminderte Leistungs- und Konkurrenzfähigkeit fest.
- Ich verzeichne keine Umsatzeinbußen, Gewinnrückgänge und Betriebsverluste.
- Meine Bank macht mir bei meiner Finanzierung keine Schwierigkeiten.
- Meine Personalkosten sind in letzter Zeit nicht stärker gestiegen als die Mitarbeiterleistung.
- Ich konnte höhere Kosten ausgleichen, ohne dass meine Rendite gesunken ist.
- Ich beobachte fortlaufend meine Konkurrenz.
- Ich kontrolliere meine Betriebsleistung mit Hilfe von Leistungskennzahlen und Betriebsvergleichsdaten.
- Meine Organisation entspricht der gewachsenen Betriebsgröße meiner Firma.
- Ich verbessere meine Betriebsausstattung und meine Arbeitsmethoden ständig und ausreichend.
- Meine Personal- und Raumkapazität sowie meine Lagerbestände an Waren und Rohstoffen sind nicht stärker gewachsen als meine Produktion und mein Umsatz.
- Ich habe langfristige Investitionen nicht mit kurzfristigen Krediten finanziert.
- Ich liefere meinen Mitarbeitern motivierende Leistungsanreize.
- Ich nutze bewährte Hilfsmittel zur Krisenabwehr, etwa Erfahrungsaustausch, Weiterbildung und Betriebsvergleich.
- Ich nutze alle Skontierungsmöglichkeiten.
- Meine Rechnungen gehen pünktlich heraus.
- Ich habe mein Mahnwesen im Griff.
- Meine maßgebenden Kunden und Lieferanten befinden sich nicht in wirtschaftlichen Schwierigkeiten und haben ihr Geschäftsgebaren nicht auffallend geändert.
- Ich habe erkennbare Risiken ausreichend durch Rückstellungen oder Versicherungsverträge abgesichert.

## Welche Spartips Sie gerade in der Krise nutzen sollten

Fressen die Kosten ihr Ergebnis, handeln viele Unternehmer hektisch: Statt zu analysieren, woher die plötzlichen Kostentreiber kommen, setzen sie radikal den Rotstift an. Sie sparen nicht nur an der falschen Stelle, sondern verärgern Mitarbeiter und Lieferanten. Damit kommt die Kostenschraube erst richtig in Gang: Die Mitarbeiter arbeiten lustlos, die Produktivität sinkt und die Lohnkosten pro Stunde steigen.
Ähnlich ist es mit den Lieferanten: Wird der Druck auf die Preise zu stark, suchen sie nach Ausweichmöglichkeiten. Häufig leiden dann Produktqualität und Service, was wiederum die Kosten beim Abnehmer in die Höhe treibt. Klären Sie daher die in Ihrem Betrieb anfallenden Kosten und betreiben Sie statt Kahlschlag eine gezielte Kostenstrategie.

### Wo Sie den Rotstift ansetzen können

Der größte Kostenblock in den meisten Betrieben sind die nicht direkt einem Produkt zurechenbaren Fix- und Gemeinkosten, etwa die Kosten für Verwaltung und Vertrieb. Diese Kosten machen bei Klein- und Mittelbetrieben rund ein Drittel der Gesamtkosten aus.
Wegen der fehlenden Zurechenbarkeit wächst dieser Kostenblock häufig unbemerkt. Gelingt es Ihnen allerdings, ihn zu kontrollieren, zeigen sich hier erfahrungsgemäß die meisten Einsparmöglichkeiten. Verschaffen Sie sich zunächst einen Überblick über die in Ihrem Betrieb anfallenden Kostenarten. Dazu zählen alle mit Ihrer Geschäftstätigkeit verbundenen Ausgaben, vom Material über Löhne bis zu Versicherungen und Mieten. Halten Sie alle Kostenarten schriftlich fest, am besten in Kostengruppen.
Klären Sie dann, an welchen Stellen die einzelnen Kosten anfallen. Auch für einen kleinen Betrieb lohnt sich eine Kostenstellenrechnung nach betrieblichen Aufgaben, also Kosten für Büro, Verkauf, Werbung, Fuhrpark, Material und anderes. Prüfen Sie in Ihrer *Kostenstellenrechnung* kritisch, wieviel die einzelnen Stellen zum Betriebsergebnis beitragen.
Stellen Sie fest, welches Produkt oder welche Dienstleistung welche Kosten verursacht. Die *Kostenträgeranalyse* hilft Ihnen, mögliche Ladenhüter in Ihrem Angebot zu entlarven. Setzen Sie dazu die pro Produkt anfallenden Kosten ins Verhältnis zu seinem Umsatz. Die Differenz zwischen Umsatz und Kosten, also der Deckungsbeitrag, sollte positiv sein. Der *Deckungsbeitrag* zeigt Ihnen, wieviel das betreffende Produkt zur Deckung der Gemeinkosten oder zum Gesamterfolg beiträgt.
Nehmen Sie alle Erzeugnisse mit negativem Deckungsbeitrag möglichst umgehend aus Ihrer Produktpalette heraus. Konzentrieren Sie sich auf die Angebote mit dem höchsten Deckungsbeitrag, berücksichtigen Sie dabei jedoch auch die Wechselwirkungen zwischen Ihren Angeboten.

## So bekämpfen Sie Kostentreiber von A bis Z

Die folgenden Tipps helfen Ihnen dabei, auf den wichtigsten unternehmerischen Feldern Ihre Kosten besser und auf Dauer im Griff zu halten.

### Abschreibungen

Je mehr Sie abschreiben können, umso geringer sind Ihr Gewinn und Ihre Steuerlast. Geringwertige Wirtschaftsgüter mit einem Nettowert bis 800 DM, die Sie selbständig nutzen, können Sie noch im Jahr der Anschaffung voll abschreiben.
Bei höheren Anschaffungskosten können Sie zwischen verschiedenen Abschreibungsarten wählen: Bei der *linearen Abschreibung* verteilen Sie die Anschaffungs- oder Herstellungskosten gleichmäßig über die gesamte Nutzungsdauer. Dadurch vermindert sich Ihr Gewinn während der gesamten Laufzeit jährlich um den gleichen Betrag. Ihre Steuervorteile sind am Anfang nicht allzu groß, obwohl hier die größten Ausgaben anfallen.
Wählen Sie daher möglichst die *degressive Abschreibung*: Hier sparen Sie in den ersten Jahren mehr Steuern als bei der linearen Abschreibung. Grundsätzlich gilt: Je kurzlebiger ein Wirtschaftsgut – etwa ein Computer – ist, desto sinnvoller ist die degressive Abschreibung.
Die Abschreibung nach der tatsächlichen Leistung dürfen Sie nur bei beweglichen Gütern vornehmen. Sie lohnt sich bei Gütern, deren Nutzen mit der Zeit abnimmt, beispielsweise einem Pkw, den Sie zunächst für Fernfahrten und später vorwiegend für kürzere Entfernungen einsetzen.

### Auslagern

Grundsätzlich lohnt sich das Auslagern bei Dienstleistungen oder anderen Arbeiten, die andere preiswerter und besser erledigen können. Beispiele: Lohn- und Gehaltsbuchhaltung, Büro- und Schreibarbeiten, Telefonmarketing, Forschungs- und Entwicklungsarbeiten, Reinigung, Personalsuche und -einstellung.
Analysieren Sie Ihre Stärken und Schwächen und vergleichen Sie dabei den wünschenswerten Zustand (Soll) mit dem tatsächlichen Zustand (Ist). Wo die Unterschiede am größten sind, ist Auslagern sinnvoll. Bestimmen Sie genau die Schnittstellen, um die Zusammenarbeit mit einem Dienstleister reibungslos zu gestalten. Je klarer Sie die künftige Aufgabenverteilung vertraglich festlegen, desto größer sind Ihre Vorteile beim Auslagern.

### Autokosten

Schon bei der Anschaffung gilt: Die traumhaften Angebote von Leasingfirmen der Autohersteller mit Effektivzinsen von weniger als sechs Prozent sind nicht so günstig, wie es auf den ersten Blick scheint: Was Sie an Zinsen sparen, holt sich der Verleaser des Herstellers beim Preis meist wieder zurück. Die freien Leasingunternehmen hingegen geben ihre vom Hersteller eingeräumten Mengenrabatte meist vollständig an den Kunden weiter, verlangen dafür jedoch einen marktgerechten Zins und sind im Ergebnis daher oft günstiger als die „Autobanken".
Rechnen Sie die Alternativen Barkauf und Leasing vor Ihrer Entscheidung – gegebenenfalls zusammen mit Ihrem Steuerbera-

ter – genau durch. Grundsätzlich ist der Barkauf zu empfehlen, wenn Sie den Firmenwagen deutlich länger nutzen, als die Leasingzeit beträgt. Schaffen Sie Ihren Firmenwagen in der ersten Jahreshälfte an, können Sie die volle Jahresabschreibung in Anspruch nehmen.

### Bankleistungen

Lohnt es sich, die Bank nur wegen der Gebühren zu wechseln? Sind Sie mit ihren übrigen Leistungen zufrieden, wohl kaum. Dennoch müssen Sie sich nicht mit den hohen Gebühren abfinden, sondern sollten vor allem bei hohem Buchungsaufkommen nach Alternativen suchen.
Stark im Kommen ist *Electronic banking:* Mit Hilfe einer geeigneten Software bereiten Sie dabei die Daten auf einem Datenträger – Diskette oder CD-Rom – für die Bank zur Überweisung vor. Sprechen Sie darüber mit Ihrer Bank, denn Einsparungen bis zu 50 Prozent gegenüber herkömmlichen Zahlungsformen sind durchaus möglich. Rechnen Sie allerdings die Kosten für das Programm dagegen, die sich jedoch umso schneller amortisieren, je größer Ihr Zahlungsverkehr ist.

### Bürokosten

Hier gilt die Devise „Kleinvieh macht auch Mist“. Wer noch nie selbst dafür zahlen musste, glaubt nicht, zu welchen Beträgen sich Kleinigkeiten wie Papier, Aktenordner, Stifte, Scheren, Klebstreifen usw. sich summieren können. Der saloppe Spruch „Was draußen verdient wird, haut das Büro wieder auf den Kopf“ hat durchaus seine Richtigkeit.

Suchen Sie sich ein Bürobedarfsgeschäft, das Ihnen Ihre Bestellungen auf Anruf oder Fax ins Haus bringt und einmal im Monat eine Sammelrechnung schreibt. Holen Sie möglichst viele Angebote ein – je nach Abnahmemenge erhalten Sie 10 bis 20 Prozent Rabatt. Preislich gut im Rennen liegen auch die Büroartikel-Versender, die sich in ihren umfangreichen Katalogen gegenseitig mit Discountpreisen unterbieten. Vergleichen Sie aber genau, bestellen Sie nicht alles beim gleichen Anbieter und berücksichtigen Sie auch die Versandkosten.
Wichtig: Qualität geht vor Preis. In den Kaufhäusern finden Sie zwar auch allerlei Büroartikel, doch eignen sich die meisten Sachen nur für den Hausgebrauch, nicht jedoch für die ständige Belastung im Büro.
Ein heikler Punkt in vielen Betrieben ist das Büromaterial, das gern für den privaten Gebrauch zweckentfremdet wird. Beauftragen Sie daher einen zuverlässigen Mitarbeiter mit der Verwaltung Ihres Büromaterials.

**TIPP**

**Bewährt hat sich ein festes Budget fürs Büro. Dabei hält der für das Material verantwortliche Mitarbeiter alle Ausgaben fest. Ist er an der von Ihnen vorgegebenen Grenze angelangt, muss er mit Ihnen sogleich Rücksprache halten.**

Ein weiterer wichtiger Kostenfaktor sind Ihre Bürogeräte. Die Alternativen heißen wieder Kauf oder Leasing. Benötigen Sie immer die neuesten Geräte, ist Leasing sinnvoll, weil Sie damit leichteren Zugang zur neuesten Technik haben. Schließen Sie in jedem Fall einen Wartungsvertrag ab, damit bei Störungen sofort ein Techniker zur Stelle ist.

### Finanzierung

Lesen Sie hierzu das Kapitel „Wie Sie Ihr Vorhaben kreativ finanzieren").

### Korrespondenzkosten

Oft hilft ein kurzer Anruf weiter als ein aufwendiger Brief. Viele Sachverhalte lassen sich per Telefon schneller klären, weil Sie Zusatzfragen sofort stellen können. Je nach Unternehmen bestehen 50 bis 90 Prozent aller Briefe – bis auf ein, zwei Sätze – aus Standardtexten. Hier lassen sich mit Textbausteinen, die Sie immer wieder neu zusammensetzen können, erhebliche Zeit- und Kosteneinsparungen erzielen. Der Zeitaufwand, sich gerade mit diesem Teil Ihres Textverarbeitungsprogramms zu beschäftigen und für Ihre Firma spezifische Textteile zusammenzustellen, lohnt sich für Sie auf jeden Fall.

Beachten Sie: Es gibt kaum ein Gebiet, auf dem mehr gesündigt wird als beim Briefstil. Der Fehlerkatalog reicht von der umständlich auszufüllenden – weil falsch angelegten – Bezugszeile bis zu nichtssagenden Schlussformeln. Oft kommt es eher auf eine schnelle Antwort an als auf die äußere Form Ihrer Briefe. Wenn möglich: immer sofort antworten, nachfragen, bestätigen – ganz schnell und ohne Floskeln. Verwenden Sie Telegrammstil und scheuen Sie sich nicht, auch einmal eine Blitznachricht mit der Hand zu schreiben. Setzen Sie beispielsweise einen handlichen Stempel ein, den Sie auf das Originalschreiben drücken und dieses noch am Eingangstag zurückschicken oder -faxen, am besten als Blitznachricht: „Um Ihnen sofort zu antworten, haben wir diese Form gewählt. Sollte in dieser Sache weitere Korrespondenz notwendig sein, fügen Sie dieses Schreiben wieder bei."

**TIPP**

**Für Ihre tägliche Post gilt: (Fast) jedes Fax ist billiger als der Standardbrief für DM 1,10. Faxen Sie daher so viel wie möglich und nutzen Sie besonders die Zeit ab 18 Uhr oder den Speichermodus für Versendungen ab 2 Uhr nachts. Zudem liegt Ihre Mitteilung auf diese Weise schwarz auf weiß vor – sehr wichtig zur Vermeidung von Missverständnissen.**

Sparen Sie sich den lästigen Gang zum Faxgerät durch ein an den Computer angeschlossenes *Faxmodem,* mit dem Sie ohne Ausdruck senden können.

Der Hauptvorteil eines *Postfachs* besteht darin, dass Sie Ihre Post morgens früher abholen können. Das Postfach kostet Sie eine geringe Grundgebühr, jedoch sind bei vielen Postämtern die Fächer knapp. Lassen Sie sich daher rechtzeitig auf die Warteliste setzen und fragen Sie von Zeit zu Zeit nach.

Der *Zusteller* ist für Sie der wichtigste Mann bei der Post. Versuchen Sie mit

Ihrem Briefträger gut auszukommen. Es lohnt sich. Denn er kann Sendungen, die nicht korrekt adressiert wurden, auch zurückgehen lassen oder verspätet zustellen. Lassen Sie sich daher gerade beim traditionellen „Neujährchen" nicht lumpen.

### Lagerkosten

Gelagerte Ware kostet Sie Zinsen, Lagerfläche und Personalkosten. Auch tragen Sie hohe Risiken durch Schwund, Beschädigungen und Modewechsel. Versuchen Sie deshalb Ihre Lagerbestände so gering wie möglich zu halten. Mit Hilfe eines EDV-Programms zur Lagerverwaltung, das bei Unterschreiten vorgegebener Mindestmengen automatisch Alarm schlägt, verbessern Sie Ihre Lagerhaltung. Sprechen Sie auch mit Ihren Lieferanten über die Möglichkeit, auf Zuruf zu liefern (just-in-time), um sich von unnötigen Lagerkosten zu entlasten.

### Personalkosten

Lesen Sie hierzu das Kapitel „Warum Sie bei Ihren Mitarbeitern heute schon an morgen denken sollten".

### Rabatte

Immer noch versuchen viele Unternehmer durch großzügige Rabatte Aufträge zu erhalten. Beachten Sie jedoch: Ihr Kunde gewöhnt sich an die Rabatte und fordert beim nächsten Auftrag wieder den gleichen Abzug. Halten Sie daher Ihre Rabattgewährung in Grenzen. Andernfalls geraten Sie leicht in die Verlustzone und gelten in Ihrer Branche als „billiger Jakob".

### Rechnungen

Überwachen Sie Ihre Zahlungseingänge regelmäßig und richten Sie ein mehrstufiges Mahnwesen ein. Lehnen Sie Aufträge von „zahlungsfaulen" Kunden entweder gleich ab oder arbeiten Sie nur gegen Vorauskasse. Sehen Sie bei langfristigen Aufträgen Abschlagzahlungen vor. Setzen Sie Ihren Kunden kurze Zahlungsziele, damit Sie Ihr Geld schnell in die Kasse bekommen.
Im sich vereinigenden Europa müssen Sie sich allerdings auf unterschiedliche Zahlungsgewohnheiten einstellen. In Italien und Frankreich sind beispielsweise Zahlungsfristen von 90 oder gar 120 Tagen absolut normal. Hier hilft nichts anderes, als dass Sie in Ihrer Preisbildung für Kunden in diesen Ländern an einen Aufschlag für den Zinsverlust denken.

### Steuern

Hier möchten Sie natürlich gern sparen. Doch Vorsicht: Wer kein Steuerexperte ist, sollte sich lieber an einen Steuerberater wenden. Fragen Sie bei Bekannten und Geschäftskollegen nach einem empfehlenswerten Berater, der auch mit kleinen Betrieben Erfahrungen hat und das Beste für Sie herausholt.

**TIPP**

Sammeln Sie auch Belege, die Sie für unwichtig halten. Lassen Sie lieber den Fachmann entscheiden, was er beim Finanzamt geltend macht.

## Telefonkosten

Informieren Sie sich über zeitgünstige Gebühren und überlegen Sie, welche Ihrer Telefonpartner Sie vielleicht auch außerhalb der normalen Geschäftszeiten ansprechen können. Ein Anrufbeantworter darf heute in keiner Firma fehlen und die Geräte werden immer günstiger. Achten Sie beim Kauf vor allem auch auf die Möglichkeit einer Fernabfrage. Und denken Sie unbedingt an E-mail (elektronische Post), die häufig sehr nützlich sein kann.

## Versandkosten

Nutzen Sie die Möglichkeiten des preiswerten Postversands und beschaffen Sie sich bei Ihrem Postamt das aktuelle Info-Blatt. Interessant ist besonders die *Infopost,* bei der die Post – und in Zukunft sicher auch private Anbieter – schriftliche Mitteilungen und Unterlagen desselben Absenders, wenn diese bestimmte Mindestmengen pro Versandvorgang einhalten, wesentlich billiger befördert. Verkaufswaren, die sich zum Versand als Infopost eignen, sind Broschüren, Bücher, Zeitungen und Zeitschriften. Sendungen mit einem Einzelgewicht bis zu 100 Gramm müssen inhaltsgleich, Sendungen mit Freimachungsvermerk format- und gewichtsgleich sein.

Als *Postwurfsendungen* eignen sich aufschriftlose Sendungen mit gleichem Inhalt oder von gleicher Beschaffenheit. Sie werden verteilt

- an alle Haushalte oder
- an alle Haushalte, die am Zustelltag Tagespost erhalten, oder
- an alle Abholer von Briefsendungen.

Als inhaltsgleich gelten auch Sendungen, die sich durch vervielfältigte Ordnungsbezeichnungen auf jedem Stück voneinander unterscheiden. Das kleinste Verteilungsgebiet wird nach den örtlichen Gegebenheiten festgelegt, in der Regel ist es der Zustellbezirk.

Bei Postwurfsendungen nennt die Post keine verbindlichen Zustellungstermine. Liefern Sie daher Ihre termingebundenen Sendungen so rechtzeitig ein, dass sie die Empfänger auch fristgerecht erreichen.

Vergleichen Sie auch die Angebote von Prospektverteilagenturen am Zielort, ebenso die Kosten für eine Beilage in einer regionalen Tageszeitung.

Als *Warensendungen* können Sie Proben, Muster oder kleine Gegenstände versenden. Sie dürfen kurze, den Inhalt kennzeichnende Angaben, eine Rechnung und die entsprechenden Zahlungsverkehrsvordrucke beilegen sowie Druckstücke, unabhängig von der Art ihrer Vervielfältigung, beifügen. Vorsicht: Briefliche Mitteilungen sind in Warensendungen auch nicht in gedruckter Form zugelassen.

*Büchersendungen* stellen die billigste Versandart dar. Sie können dabei Bücher, Broschüren, Notenblätter und Landkarten versenden. Zulässige Beilagen sind Rechnungen mit inhaltsgleicher Durchschrift, ein Zahlscheinvordruck sowie eine Umhüllung mit der Anschrift des Absenders für die Rücksendung, nicht jedoch briefliche Mitteilungen. Nicht als Büchersendung erkennt die Post den Versand von Vervielfältigungen sowie von Durchschriften und Durchdrucken aller Art an. Nicht zulässig ist auch der Versand von Büchern zu ge-

schäftlichen Zwecken, beispielsweise von Werbebroschüren mit der Firmenbezeichnung im Titel sowie von Geschäftsberichten. Hierunter fallen auch von gewerblichen Unternehmen herausgegebene Bücher, wenn der Hauptzweck des Unternehmens nicht die Verlegertätigkeit ist.
Haben Sie nur wenige Sendungen, fragen Sie sich: Ist dies wirklich so dringend oder hat es noch zwei Tage Zeit? Vergleichen Sie auch in diesem Fall die Kosten der Post mit denen der privaten Kurierdienste.
Die Post ist nicht immer die schnellste und häufig nicht die preiswerteste Versandform. Prüfen Sie daher bei Bedarf die Zusammenarbeit mit einem privaten *Kurierdienst* und fragen Sie unbedingt nach Rabatten.

### Versicherungen

Findige Versicherungsvertreter meinen, für jeden Vertrag gebe es gute Gründe und verstecken überflüssige Policen im Paket. Prüfen Sie kritisch jeden Bestandteil: Welche Versicherungen brauchen Sie wirklich? Überlegen Sie sich, ob Sie nicht besser mit einem Versicherungsmakler einen Vertrag abschließen sollten. Der Makler ist imstande, für jedes Sachgebiet die günstigste Versicherung herauszufinden. Er stellt Ihnen für seine Tätigkeit keine Rechnung, sondern lebt von Provisionen der Versicherungen, die er anbietet.

### Verträge

Überprüfen Sie alle wichtigen Verträge regelmäßig. Halten Sie die entsprechenden Fristen fest und nehmen Sie sich die Zeit für Alternativen. Berücksichtigen Sie auch

**ÜBERSICHT VERSICHERUNGEN**

| | Notwendig | Prüfen | Unwichtig |
|---|---|---|---|
| **Betriebliche Altersversorgung** | | x | |
| **Betriebshaftpflicht** | x | | |
| **Betriebsunterbrechung** | | x | |
| **Einbruch/Diebstahl** | | x | |
| **Elektronik** | | x | |
| **Feuer** | x | | |
| **Glas** | | | x |
| **Lebensversicherung** | x | | |
| **Leitungswasser** | | | x |
| **Maschinen** | | x | |
| **Produkthaftpflicht** | | x | |
| **Sturm** | | x | |
| **Transport** | | x | |

mögliche Kündigungsfristen, um bei automatisch sich verlängernden Verträgen, etwa bei Versicherungsverträgen, keinen Handlungsspielraum zu verschenken.

### Vertriebskosten

Beschäftigen Sie Mitarbeiter im Vertrieb, denken Sie auch hier über Sparvorteile nach: Brauchen Sie eine eigene Mannschaft oder reicht ein freier Handelsvertreter aus? Ihre Mitarbeiter können Sie besser überwachen und schulen, während die freien Vertreter meist provisionsbezogen arbeiten, was sich günstig auf Ihre fixen Personalkosten auswirkt. Sorgen Sie in jedem Fall mit einem gestaffelten Prämiensystem für die notwendige Verkaufsmotivation.
*Telefonmarketing* kann eine sinnvolle und kostengünstige Alternative zum Direktverkauf sein. Beachten Sie jedoch die strengen gesetzlichen Vorschriften: Insbesondere „kalte Anrufe" bei bisher nicht mit Ihnen in Geschäftsbeziehung stehenden Privatleuten sind verboten und nur bei gewerblichen Kunden zulässig. Legalisieren Sie Ihren Anruf bei Privatpersonen und versenden Sie vorab Mailings mit Rückantwort. Zeigt sich Ihr neuer Kunde schriftlich an weiteren Angeboten interessiert, können Sie bedenkenlos telefonisch nachfassen.

### Werbeerfolgskontrolle

Beim Bemühen um neue Kunden verschwenden viele Unternehmer ihr Geld. Dabei können Sie den Erfolg leicht messen: Setzen Sie die auf Ihr Mailing eingehenden Anfragen ins Verhältnis zur Zahl der ausgesandten Werbebriefe. Experten nennen das die Responsequote.

**TIPP**

Werte deutlich unter einem Prozent sind ungenügend; wiederholen Sie das Mailing nicht in der gleichen Form.

Schwieriger ist die Erfolgskontrolle bei Anzeigen, Flugblättern oder Bandenwerbung. Fragen Sie oder Ihre Mitarbeiter daher möglichst jeden Kunden, wie er auf Ihren Betrieb aufmerksam wurde. Nehmen Sie diese Daten in Ihre Kundendatei auf und überprüfen Sie regelmäßig, welche Aktionen am besten ankommen.

### Zeitplanung

Keine Zeit zu haben ist modern. Beachten Sie jedoch: Wer den Kopf nicht mehr frei hat für Muße, Spaß und Sport, sieht bald auch geschäftlich den Wald vor lauter Bäumen nicht mehr. Planen Sie daher Ihren Tag und schaffen Sie sich Freiräume für Privates. Befreien Sie sich möglichst von Routinearbeiten. Auch wenn es Ihnen schwer fällt: Gönnen Sie sich Freizeit und Urlaub! Sie werden sehen, auch während Ihrer Abwesenheit läuft das Geschäft weiter, weil andere diese Herausforderung gern annehmen.
Auf dem Zeitplan-Markt gibt es viele Systeme mit unterschiedlichen Schwerpunkten. Sinnvoll ist meist ein halb- oder eintägiges Tagesseminar. Ganz nebenbei erhalten Sie dabei auch wertvolle Tipps zum persönlichen Zeitsparen (siehe auch Kapitel „Wie Sie mit Ihrer Zeit und Ihrem Geld sparsam umgehen").

CHECKLISTE

**So wehren Sie Kostentreiber in Ihrem Betrieb erfolgreich ab**

- Ich wähle für jedes Anlagegut die günstigste Abschreibungsart.
- Ich prüfe regelmäßig, was andere besser übernehmen können.
- Ich vergleiche beim Autokauf Leasing und Kauf und achte auf den Anschaffungszeitpunkt.
- Ich habe mit meiner Bank über Electronic banking gesprochen, um Gebühren zu sparen.
- Ich bestimme ein festes Budget für Bürogeräte und -material, das ich regelmäßig überwache.
- Ich denke bei meiner Korrespondenz auch an die Alternativen Blitz- oder Faxnachricht.
- Mein Lager ist aufgeräumt und übersichtlich.
- Ich überprüfe regelmäßig und kritisch meine Rabattpolitik.
- Ich überwache alle Zahlungsvorgänge und reagiere bei Verzug sofort mit Mahnungen.
- Ich kontrolliere regelmäßig die Leistungen meines Steuerberaters.
- Ich nutze günstige Telefonzeiten und setze auch kostensparende Geräte ein.
- Ich wähle immer die günstigste Versandform und denke dabei auch an die Alternative Kurierdienst.
- Ich prüfe regelmäßig meine Versicherungsverträge daraufhin, ob ich sie wirklich brauche.
- Ich habe den Einsatz von Telefonmarketing erwogen.
- Ich überprüfe systematisch den Erfolg jeder Werbeaktion.
- Ich setze bei meiner Werbepost kostengünstige Versandarten ein.
- Ich teile meinen Tag und meine Jahresarbeitszeit sinnvoll ein.

## Wie Sie auch in der Flaute Ihre Kunden binden und neue gewinnen

Schlechte Zeiten können Ihr Unternehmen jederzeit bedrohen. Dann drücken weniger Aufträge, geringere Auslastung und höhere Lagerbestände Ihren Gewinn. Während Kunden mit geringerem Einkommen einfach den Gürtel enger schnallen und noch mehr auf die Preise achten, sind die „Besserverdienenden“ beim Kauf zurückhaltender und lassen sich nur von absoluter Qualität überzeugen. Wer also auch in wirtschaftlich schwierigen Zeiten neue Kunden gewinnen will, muss seine Marketingstrategien an die veränderten Marktbedingungen anpassen.

Geschickte Unternehmer versuchen daher nicht, diejenigen zu umwerben, die ohnehin keine Kaufkraft mehr haben; sie konzentrieren sich vielmehr voll auf die schwerer zu überzeugende, dafür aber zahlungskräftigere Zielgruppe.
Machen Sie sich jedoch bewusst: Mit einem schnellen Marketing-Strohfeuer lassen sich zwar kurzfristige Rezessionsschäden „ausbügeln", langfristig kann ein Unternehmen jedoch nur bestehen, wenn eine echte und glaubhafte Strategie dahintersteht. Nur wer es schafft, den Kunden ein ums andere Mal von sich und seiner Leistung zu überzeugen, kann ihn auf Dauer halten. Damit sich die im Vergleich zur Kundenpflege teure Akquisition von Neukunden lohnt, müssen beide Maßnahmen nahtlos ineinandergreifen.

## Wie Sie neue Kunden gewinnen

Damit Sie überhaupt eine Chance haben, neue Kunden von Ihrem Angebot zu überzeugen, müssen Sie entscheiden, wen Sie überhaupt umwerben wollen. Denn nur wenn Ihr Angebot exakt die Bedürfnisse der Zielgruppe trifft, entsteht bei den potentiellen Kunden ein Bedarf nach Ihrer Leistung. Erforschen Sie daher zunächst Ihren Markt.
Dafür gibt es kein griffiges Rezept. Der Weg zum Markterfolg hängt vielmehr von Ihrem Produkt und Ihrem Kundenkreis ab. So muss ein vorwiegend auf den lokalen Markt ausgerichteter Bäcker eine andere Ansprache suchen als ein bundesweit tätiger Händler mit einem neuartigen Fensterputzgerät. Mit diesen bewährten Mitteln gewinnen Sie neue Kunden:

### Werbebriefe

Sie sind der beste Weg für alle, die ihre Zielgruppe sehr genau bestimmen können. Die für den Versand benötigten Adressen beschaffen Sie relativ leicht über Adressverlage; bei Entwurf und Gestaltung der Briefe ist es sinnvoll, sich von einer Werbeagentur unterstützen zu lassen. Vorteil: geringe Streuverluste durch gezielte Ansprache. Nachteil: vor allem beim ersten Mal teuer, da hohe Entwicklungskosten.

### Anzeigen

Je nach Produkt und Einzugsgebiet führen hier unterschiedliche Wege zum Erfolg: Wer beispielsweise wie ein Bäcker Waren für alle auf einem eng begrenzten Markt anbietet, sollte in der Lokalzeitung oder den örtlichen Anzeigenblättern inserieren. Lässt sich die Zielgruppe fachlich einschränken, etwa bei einem Produkt für Radsportler oder Hobbygärtner, ist der Weg über die einschlägigen Fachzeitschriften wegen der geringeren Streuverluste vorzuziehen. Für beide Wege gilt gleichermaßen: Nur eine gut gemachte Anzeige, die aus der Masse heraussticht, löst das erwartete Echo aus. Vorteile: Thema und Motiv der Anzeige ohne Aufwand beliebig veränderbar, Rabatte bei „Abonnement-Schaltung". Nachteil: Handgestrickte Lösungen bringen wenig, daher empfiehlt sich die Einschaltung einer – nicht ganz billigen – Agentur.

### Prospekte

Das Produkt oder die Dienstleistung sollte möglichst viele Kunden auf einem eingeschränkten lokalen Markt ansprechen. Was sich also für den Gastwirt, Schuster, Uhrmacher oder Hifi-Verkäufer durchaus lohnt, ist für einen weniger auf die allgemeinen Verbraucherinteressen abzielenden Unternehmer (wie den Verkäufer von industriellen Reinigungsanlagen) kaum geeignet. Vorteil: kostengünstig, da wenig Herstellungsaufwand. Nachteil: kann bei der Papierflut in den Briefkästen leicht untergehen.

### Schaufenster

Haben Sie die Chance, Passanten in Ihr Ladengeschäft zu ziehen, gestalten Sie Ihre Außenfenster mit viel Sorgfalt. Haben Sie den potentiellen Kunden erst einmal aufmerksam gemacht und betritt er den Laden, haben Sie schon halb gewonnen. Häufig wechselnde Dekoration weckt beim Kunden die Neugier, nach dem Motto „Was haben die denn jetzt schon wieder ausgestellt?“ Vorteile: zahlreiche Gestaltungsmöglichkeiten, steuerbar nach Wetter und Saison. Nachteile: hoher Aufwand durch ständigen Wechsel, nur für Unternehmer mit Ladengeschäft geeignet.

### Telefonmarketing

Sind Ihnen potentielle Kunden beispielsweise über ein Gewinnspiel oder eine Fragebogenaktion mit Adressen und Telefonnummer bekannt, können Sie durch telefonisches Nachfassen den Kunden zum Käufer machen. „Kalte“ Anrufe bei Leuten, die noch nie mit Ihnen in Kontakt waren, untersagt der Gesetzgeber allerdings. Vorteil: Persönlicher Kontakt garantiert bei geschickter Ansprache eine hohe Erfolgsquote. Nachteil: Adressen der möglichen Kunden müssen bekannt sein.

### Messen und Ausstellungen

Regionale Verbraucherausstellungen mit starkem Publikumsverkehr können Anbieter von Produkten nutzen, die viele Konsumenten ansprechen (Kunsthandwerk, Möbel). Wer dagegen auf ein Fachpublikum abstellt, für den lohnen sich überregionale Fachmessen. Vorteil: direkter Blickkontakt zum Kunden, der wiederum das Angebot persönlich prüfen kann. Nachteile: insbesondere bei Fachmessen hohe Gebühren für die Standflächen, großer Aufwand für Stand und Personal.

### Plakate

Einfache Produkte mit wenig Erklärungsbedarf, die dem Auge als Blickfang dienen, eignen sich neben Veranstaltungen am besten zur Plakatwerbung. Als Faustregel gilt: Je weniger und größer der Text und je ansprechender das Foto, desto erfolgreicher ist dieses Werbemittel. Vorteil: geringe Herstellungskosten. Nachteile: je nach Produkt hohe Streuverluste, Gefahr des Zerstörens oder Überklebens.

### Funk- und Fernsehspots

Die Zahl der lokalen Radio- und Rundfunksender wächst ständig; damit werden diese Medien auch für den kleineren Unternehmer zunehmend wichtig. So nutzen viele lokale Händler auf der „grünen Wiese“, beispielsweise Autohäuser, mittlerweile die lokalen Medien, um Kunden aus den überfüllten Stadtzentren anzulocken. Vorteil: zum Teil hohe regionale Akzeptanz der privaten Sender macht die Spots „glaubhaft“. Nachteil: sehr hohe Kosten für die Sendesekunde.

### Kinowerbung

Nutzen Sie die Chance, Ihr Angebot zu präsentieren, während die Zuschauer auf ihren Film warten. Anders als beim Fernsehen sind Sie sich hier der ungeteilten Aufmerksamkeit des Zuschauers sicher. Auch dieses Medium eignet sich am besten für Unternehmer mit einem regionalen Markt, der sich weitgehend mit dem Einzugsgebiet des Kinos deckt. Vorteil: durch die Art des Films Zielgruppe genau bestimmbar. Nachteil: Erstellung des Spots erfordert hohen organisatorischen und finanziellen Aufwand.

### Weiterempfehlung

Eine wirksame Mund-zu-Mund-Propaganda ist der Traum vieler Unternehmer. Denn sie ist die kostengünstigste und glaubhafteste Form der Kundenwerbung. Damit Sie der Kunde jedoch seinen Freunden und Bekannten empfiehlt, muss er zunächst hundertprozentig mit Ihrer Leistung zufrieden sein. Jeder unzufriedene Kunde schadet Ihrem Image und erschwert daher die Ansprache neuer Kunden. Vorteil: glaubhaft und nahezu kostenlos. Kein Nachteil.

*TIPP*

Diese „klassischen" Wege der Kundenwerbung unterliegen natürlich einem gewissen Verschleiß. Kunden reagieren zunehmend gleichgültig und sogar immun auf eine unpersönliche Ansprache. Heben Sie sich daher gerade in wirtschaftlich schweren Zeiten durch ein geschicktes Marketing-Mix von Ihren Wettbewerbern ab.

*CHECKLISTE*

**So halten Sie sich an die sieben goldenen Verkaufsregeln**

- Ich konzentriere mein Angebot auf eine bestimmte Zielgruppe, damit meine Kunden und mein Unternehmen zu einer Einheit werden.
- Ich verfolge alle Kontakte hartnäckig und bleibe auch nach Geschäftsabschluss mit meinen Kunden in Verbindung.
- Ich plane gemeinsame Erlebnisse mit meinen Kunden.
- Ich nutze Veranstaltungen, beispielsweise ein abendliches Treffen, eine Messe oder ein Kundenseminar, gezielt zum Aufbau von Kontakten.
- Ich erweise meinen guten Kunden kleine Gefälligkeiten und erbringe bei Bedarf Zusatzleistungen, um sie zu einer Gegenleistung zu verpflichten.
- Ich baue eine dauerhafte Kundenbeziehung mit Informationen über meine Firma, meine Geschäftspolitik und neue Trends auf, beispielsweise mit einer Hauszeitschrift oder einem Info-Blatt.
- Ich verkaufe „im Dreieck" und lasse meine Kunden meine Firma und mein Angebot weiterempfehlen.

## Wie Sie Ihr Servicepaket passgenau schnüren

Damit Ihr Marketing zum Erfolg führt, müssen die angebotenen Serviceleistungen die Bedürfnisse Ihrer Zielgruppe treffen.

**TIPP**

Sind Sie nicht ganz sicher, was für Ihre Kunden das Richtige ist, befragen Sie diese gezielt: Stellen Sie dabei den Befragten mehrere Möglichkeiten zur Wahl, die sie von „sehr wichtig" bis „unwichtig" bewerten können.

Was Sie im einzelnen anbieten, hängt natürlich auch von Faktoren wie Branche, Sortiment, Betriebsgröße, Standort, Finanzkraft und Konkurrenzangeboten ab. Buntgemischte Beispiele für mögliche Serviceangebote sind: Angezahltes zurücklegen, Auslieferungsdienst, Sammelrechnungen, Einpackservice, Frei-Haus-Lieferung, Geschenkgutscheine, Ratenkauf, Reservierung von Waren, telefonische Vorbestellung, Meckerkasten, Kundengarderobe, Paketaufbewahrung, Hundeboxen, Änderungsatelier, Inzahlungnahme gebrauchter Waren, Hobby- und Bastelkurse, Gesprächskreise, Ersatzteil-Service, Maßanfertigungen.

Achten Sie jedoch bei aller Phantasie auf zwei wesentliche Dinge:

1. Die gefühlsmäßige Ansprache und die Zuwendung müssen echt sein und dürfen sich nicht in hohlen Werbeslogans und Versprechungen verlieren. Zum richtigen Beziehungsmanagement gehört neben dem Verkaufen auch das Zuhören – wenn es sein muss, auch ohne Kommentar.
2. Die Rücknahme einmal eingeführter Serviceleistungen ist schwer möglich, da sie den Kunden enttäuscht. Überlegen Sie daher in aller Ruhe, bevor Sie Neues einführen:

- Welche Leistungen sind dringend erforderlich, welche gehören zum Image meiner Firma und welche sind wirklich verkaufsfördernd?
- Wie hoch müssen Qualität und Intensität meiner Leistungen sein?
- Kann meine Firma die Leistungen selbst erbringen oder muss ich Dritte einschalten?
- Kann ich die Leistungen gesondert berechnen?

Gerade der letzte Punkt führt häufig zu Missverständnissen, da für viele Unternehmer ein kostenloser Service selbstverständlich ist. Für die meisten Kunden ist jedoch das Angebot selbst wichtiger als dessen Preis. Sie sehen kostenlose Leistungen manchmal gar als minderwertig an, nach dem Motto: „Was nichts kostet, ist auch nichts wert."

### Wie Sie das Kundeninteresse wachhalten

Maßgebend für den Erfolg einer Aktion ist in erster Linie die originelle Idee. Was bei Ihren Kunden und Interessenten ankommt, hängt auch davon ab, welcher Einkaufstyp vorherrscht. Man unterscheidet dabei:

- *Erlebniskäufer*: Für ihn ist das Kauferlebnis entscheidend. Er kauft deshalb in Geschäften ein, die eine große Auswahl bieten und in denen das Einkaufen Spaß macht.
- *Qualitätskäufer*: Am wichtigsten sind für ihn Qualität und Produktmarke, nicht der Preis.
- *Preiskäufer*: Er nutzt vor allem Sonderangebote und informiert sich vor dem

Kauf, wo das gewünschte Produkt am günstigsten ist.

- *Mischtypen*: Je nach Produkt und Situation wechselt er seine Vorlieben; einmal entscheidet der Preis, ein anderes Mal das Einkaufserlebnis.

INFO

Unternehmer mit einem hohen Anteil an Erlebnis- und Mischkäufern haben besonders gute Chancen, mit originellen Aktionen Kunden zu gewinnen und zu halten. Demgegenüber interessiert sich der Qualitätskäufer vor allem für das Produkt, ein aufwendiges Drumherum empfindet er eher als störend. Das gleiche gilt für den Preiskäufer, den eine Aktion besonders dann anlockt, wenn es etwas umsonst gibt.

### Wie Sie Ihre Kunden versöhnen

Viele Unternehmer merken zu spät, dass ihre Stammkunden ausbleiben. Ist der Kontakt jedoch einmal abgerissen, können sie ihn nur mit großem Aufwand wiederherstellen. So erkennen Sie ein verändertes Kaufverhalten rechtzeitig:

- Ermitteln Sie für jeden Tag der Woche die Kundenfrequenz und vergleichen Sie laufend die Daten.
- Halten Sie bei den wichtigsten Kunden den Umsatz pro Kunde fest. Geht die Kurve nach unten, werden Sie sofort aktiv.

Sieht der Kunde, dass Sie sich um ihn bemühen, kehrt er möglicherweise zu Ihnen zurück. Versuchen Sie zunächst die Ursachen für den Kundenrückgang aufzuspüren. Fragen Sie Ihre Kunden schriftlich, telefonisch oder persönlich nach ihren Wünschen und Erwartungen. Ist Ihnen bei einer solchen Befragung etwas unwohl, beauftragen Sie eine neutrale Person, die die Kunden beim Verlassen Ihres Geschäfts anspricht und sie nach ihrem Eindruck befragt. Auch Testkäufer, die ihre Erfahrungen direkt an Sie weitergeben, sind ein vielversprechender Weg, um Schwachstellen aufzudecken.

Haben Sie so die Ursache für den Umsatzrückgang aufgespürt, packen Sie das Übel bei der Wurzel. Folgende Gegenmaßnahmen haben sich in der Praxis bewährt:

- Wickeln Sie Ihre Aufträge schneller ab: Nutzen Sie flaue Zeiten, um die vorhandenen Aufträge besonders schnell und reibungslos abzuwickeln. Das spricht sich herum und lockt neue Kunden an.
- Bearbeiten Sie Reklamationen kulant: Handeln Sie dabei nach dem Grundsatz „Der Kunde hat immer recht!“
- Schulen Sie Ihre Mitarbeiter verstärkt: Häufig sind die Mitarbeiter und deren Verhalten der Hauptgrund für unzufriedene Kunden.

TIPP

Investieren Sie in Ihre Mannschaft, das Bindeglied zu Ihrem wichtigsten Kapital, dem Kunden.

## CHECKLISTE

**Mit sieben erprobten Maßnahmen binden und gewinnen Sie auch in schweren Zeiten Ihre Kunden**

- Ich erkunde gründlich das Marketing-Verhalten meiner unmittelbaren Konkurrenten.
- Ich überlege, wie ich mein Angebot durch ein auf meine Zielgruppe zugeschnittenes „Beziehungsmarketing" davon abheben kann.
- Ich überprüfe meine Service-Angebote und entwickle reizvolle Zusatzleistungen.
- Ich überwache laufend meine Kundenfrequenz und die Umsätze meiner Stammkunden.
- Ich forsche auch bei leichten Rückgängen sofort nach den Ursachen.
- Ich versuche abgesprungene Kunden mit schneller Auftragsabwicklung, kulanter Reklamationsbearbeitung und zuvorkommender Bedienung zurückzugewinnen.
- Ich motiviere meine Mitarbeiter dazu, sich besonders kundenfreundlich zu verhalten.

# Welche neuen Trends Sie wieder an die Spitze bringen

Manchmal sieht es für Ihre Firma nicht gut aus: Ihre Verkaufszahlen stagnieren, Ihre Konkurrenz hat die Preise spürbar gesenkt und Ihre wichtigsten Produkte verlieren deutlich an Attraktivität. Lassen Sie sich jedoch dadurch nicht niederdrücken, sondern bedenken Sie: Jede Veränderung im Kundenverhalten eröffnet Schnellentschlossenen eine Fülle neuer Geschäftsmöglichkeiten.

### Wie Sie auf die veränderte Nachfrage reagieren sollten

Zahlreiche Merkmale und Verhaltensweisen beeinflussen die Wünsche und Vorstellungen Ihrer Kunden wie beispielsweise Anspruchsniveau, Modebewusstsein, Ernährungsverhalten und Wertvorstellungen, aber auch Kaufkraft, Alter und Haushaltsgröße. Die Bedeutung dieser Nachfragegrößen unterliegt einem stetigen Wandel. Marktforscher und Branchenexperten aus Forschung und Praxis haben wichtige Trends erkannt, die in den nächsten Jahren die Nachfrage nach Waren und Dienstleistungen aller Art prägen werden. Stellen Sie sich rechtzeitig mit Ihrer gesamten Leistungspalette ertragbringend darauf ein. Prüfen Sie die wichtigsten neuen Trends daraufhin, ob sie für Ihre Branche und speziell für Ihr Unternehmen zutreffen. Und fragen Sie sich, wie Sie diese Entwicklung aufnehmen und für sich sinnvoll nutzen können:

- *Der kritische und anspruchsvolle Konsument:* Durch intensive Aufklärung und Information können Verbraucher die Qualität von Waren- und Dienstleistungen besser beurteilen als frühere Konsumentengenerationen. Sie sind wählerischer, beanstanden häufiger und verlangen mehr Ehrlichkeit. Verlangen Sie überhöhte Preise, liefern Sie schlechte Qualität, arbeiten Sie mit falschen Versprechungen oder Täuschungen, verwenden oder verarbeiten Sie umweltschädliche Stoffe, wehren sich die Abnehmer nachdrücklich oder halten sich beim Kauf zurück.
Ihre Kunden legen immer mehr Wert auf Vertrauen und persönlichen Kontakt und fordern mehr als früher Umweltverträglichkeit, Vermeidung von Tierversuchen, Recycling und Verzicht auf Verpackung. Richten Sie sich darauf auch mit der Einführung eines Qualitätssicherungssystems wirksam und überzeugend ein. Stellen Sie Ihre Leistungen stärker auf eine klar abgegrenzte Zielgruppe und deren Bedürfnisse ab und beteiligen Sie auch Ihre Kunden und Mitarbeiter an Ihren Marketingentscheidungen. Stellen Sie sich im Handel, Handwerk oder als Dienstleister besonders auf einen anspruchsvollen und kritischen Verbraucher ein.
- *Wachsendes Gesundheitsbewusstsein:* Die längere Lebenserwartung weckt bei immer mehr Menschen den Wunsch, möglichst gesund alt zu werden. Das zeigt sich auch an zunehmender Angst vor Luftverschmutzung, unsauberem Wasser, Krankheiten und umweltbelasteten Nahrungsmitteln. Gleichzeitig wächst die Bereitschaft, selbst mehr für die eigene Gesundheit zu tun und auch die dafür notwendigen Entscheidungen selbst zu treffen.
Dieser Trend wirkt sich insbesondere auf das Ernährungsbewusstsein und die vermehrte Nachfrage nach Lebensmitteln und Getränken aus biologischem Anbau, Diätartikeln sowie generell ökologisch einwandfreien Produkten aus. Er zeigt sich außerdem in einem verstärkten Fitness-Trend. Schwimmen Sie auf diesen Wellen mit, wenn Sie auf den Gebieten Ernährung, Körperpflege, Wohnung oder Bekleidung tätig sind. Überzeugen Sie Ihre Kunden beispielsweise von den Vorteilen des Verzichts auf chemische Konservierungsstoffe zugunsten von Frische und zeigen Sie Ihre Fachkompetenz bei ökologisch einwandfreien Produkten. Damit bauen Sie für Ihre Firma ein hohes Vertrauenskapital auf.
- *Länger jung bleiben:* Auch der zunehmende Anteil älterer Menschen an der Gesamtbevölkerung verändert die künftige Nachfrage. Schon jetzt ist annähernd ein Viertel der deutschen Bevölkerung älter als 60 Jahre. Diese Altersgruppe verfügt häufig über eine hohe Kaufkraft aus Altersversorgung, angespartem Kapitalvermögen und ausgezahlten Lebensversicherungen. Außerdem lässt gegenüber früheren Generationen die Bereitschaft nach, das selbst erworbene Vermögen weiter zu vererben. Nehmen Sie daran teil, wenn Sie Nahrungsmittel oder Freizeitprodukte anbieten. Dieser Trend führt zu einer ausgeprägten Konsumbereitschaft bei Gütern, die das Alter bequem, angenehm und lebenswert machen. Überzeugen Sie die Senioren, dass sie noch fit, lebenstüchtig und anspruchsvoll sind.

**INFO**

**Gerade Senioren verhalten sich aufgrund ihrer bereits langjährigen Konsumerfahrung besonders kritisch, achten trotz hoher Kaufkraft auf ein günstiges Preis-Leistungs-Verhältnis, prüfen und wählen sorgfältig und verwenden dafür einen Großteil ihrer vielen Freizeit.**

- *Rückzug ins eigene Heim:* Diesem in den USA „Cocooning“ (Kokon-Dasein) genannten Trend zufolge verbringen die Verbraucher künftig mehr Zeit in ihrem Haus oder ihrer Wohnung. Wohnen und Wohnqualität erhalten damit einen höheren Stellenwert. Der Wunsch nach flexibler Arbeitszeit und bessere Kommunikationsmöglichkeiten bei sinkenden Kosten machen das eigene Heim künftig auch vermehrt zum Arbeitsort.
Gleichzeitig bevorzugen immer mehr Familien wegen der Vorteile für Gesundheit und Lebensqualität Wohnstandorte auf dem Land, während eine zunehmende Zahl alleinlebender Menschen lieber in der Stadt wohnt. Gebremst wird dieser Trend jedoch durch das immer größere Angebot an Freizeitaktivitäten und durch den Mangel, große Wohnungen für die Familie zu bezahlbaren Mieten zu finden.
Nutzen Sie diesen Trend insbesondere, wenn Ihre Leistungen am Lifestyle ausgerichtet oder sogar darauf spezialisiert sind, wenn Sie also Produkte oder Dienste anbieten, die dem Trend nach geselligem, entspanntem und gepflegtem Leben zu Hause entsprechen oder das Heim verschönern. Dies gilt insbesondere für Heimlieferdienste aller Art, Lifestyle-orientierte Ausstattung mit den Schwerpunkten Beleuchtung, Elektrogeräte, Möbel für Wohn- und Schlafzimmer, Küche und Bad sowie für den Direktvertrieb von Waren- und Dienstleistungen per Katalog oder während einer kommerziell-geselligen Veranstaltung zu Hause mit Club- oder Familienatmosphäre.
- *Zunehmende Zeitknappheit:* Die stark zunehmende Zahl von Singles kann keine Aufgaben der Haushaltsführung weitergeben und leidet daher besonders unter dem Zwang, in seiner Freizeit möglichst viel zu erleben oder unter der Angst, etwas zu verpassen. Um die vielfältigen Möglichkeiten intensiv zu nutzen und damit auch die hohen Aufwendungen für die Freizeit zu rechtfertigen, müssen in Zukunft zeitsparende Produkte und Dienstleistungen den notwendigen Ausgleich schaffen. Das gilt beispielsweise für Methoden oder Hilfsmittel zur Zeitplanung, Menüservice, Drive-in-Geschäfte und -gaststätten, Schnellreparaturdienste, Multifunktionsprodukte, Einkaufen per Telefax und Multimedia sowie Informations- und Schnelldienste für Leistungen aller Art.
Erfüllen Sie mit Ihren Angeboten gleichzeitig die Ansprüche an Fitness, Selbstverwirklichung, Umweltbewusstsein, hohes Einkommen, Mobilität und ständige Erreichbarkeit. Besonders gute Chancen haben Sie, wenn Sie statt nur Waren oder Dienstleistungen Komplettangebote oder Problemlösungen liefern und dabei auch die Bequemlichkeit Ihrer Kunden anspre-

chen, etwa durch eine Kundenkarte für den bargeldlosen Einkauf.

- *Zwei-Klassen-Gesellschaft:* Auch der Trend zur Zwei-Klassen-Gesellschaft verstärkt sich weiter. Zur Zeit sprechen Sie mit Ihren Leistungen noch eine breite Mittelschicht an, künftig wird jedoch der Abstand zwischen hohen und niedrigen Einkommen größer. Einerseits vergrößern hohe Arbeitslosenzahlen und mehr Rentner mit niedrigen Altersbezügen die Zahl der Niedrigpreiskäufer. Andererseits gibt es mehr Verbraucher mit hohen Einkommen, die zwar preisbewusst kaufen, jedoch prestigeträchtige und teure Luxusgüter bevorzugen.

Überprüfen Sie Ihre Preispolitik und legen Sie Ihr Angebot auf ein bestimmtes Preissegment fest. Bieten Sie hochwertige und preisgünstige Leistungen nebeneinander an, werden Sie beim Verbraucher schnell unglaubwürdig. Entscheiden Sie sich deshalb für eine preispolitische Strategie, vor allem dann, wenn Sie Güter und Dienstleistungen für den nicht-alltäglichen Bedarf anbieten. Aber Vorsicht: Auch die große Zahl möglicher Kunden, die über keine hohe Kaufkraft verfügt, stellt insgesamt ein erhebliches Konsumpotential dar.

- *Geringere Haushaltsgrößen:* In den nächsten Jahren hält der Trend zur immer kleineren Durchschnittshaushaltsgröße an. Zur Jahrtausendwende werden mehr als 60 Prozent der Haushalte nur aus ein oder zwei Personen bestehen. Gründe:
- Der Anteil alleinlebender älterer Menschen nimmt erheblich zu.
- Junge Menschen lösen sich immer früher vom Elternhaus.
- Immer mehr Ehen werden geschieden und die Partner leben dann allein.

Der Trend zum Kleinhaushalt wirkt sich insbesondere auf die Nachfrage nach haushaltsabhängigen Gütern und Dienstleistungen aus. Gute Chancen haben Sie hier als Anbieter von Ausstattungsgütern für kleine Wohnungen und von teuren Einzelstücken. Bei Nahrungsmitteln geht es um kleine Abpackmengen oder Vorratspackungen.

**TIPP**

**Profilieren Sie Ihre Firma in Single-Haushalten insbesondere mit Dienstleistungen, die der Bequemlichkeit oder dem Zeitmangel entgegenkommen. Das gilt beispielsweise für Zustell-, Montage- oder Installationsdienste, Information, telefonische Beratung sowie Bestellung und Versand per Katalog.**

- *Ablenkung vom Alltag:* Mehr Lebensfreude zur Ablenkung vom Alltagsgeschehen und Erlebniskonsum, dazu eine aktive und gesellige Freizeitgestaltung, etwa durch Computerspiele, Aktivurlaub und Fernreisen bestimmen diesen Trend. Nutzen Sie diese Entwicklung und führen Sie Ihre Kunden in eine Traum- oder Phantasiewelt oder wecken Sie ihre nostalgischen Erinnerungen. Dies gilt beispielsweise für Folkloremusik, exotische Küchenangebote, Basar-Atmosphäre sowie alles, was Seltenheitscharakter hat oder was Sie in einer ungewöhnlichen Umgebung anbieten. Der

Verbraucher besinnt sich zudem wieder stärker auf sich selbst, bedingt durch den Wunsch nach mehr Ruhe, Muße und Ausgeglichenheit. Meditation, Mentaltraining, Esoterik, positives Denken, Bewusstseinserweiterung und fremde Religionen spielen dabei eine große Rolle.
Nutzen Sie Ihre Chancen in der Verbrauchergunst mit allen Angeboten, die ökologisch, kreativ, intellektuell, glücksbringend, freudespendend oder bewusstseinserweiternd sind. Machen Sie Ihren Kunden auch deutlich, dass sich Ihr Unternehmen besonders für die Kulturförderung im weitesten Sinne engagiert. Schalten Sie beispielsweise Künstler oder Designer in Ihre Absatzmaßnahmen ein oder beschäftigen Sie Mitarbeiter aus dem Land, dessen Waren oder Leistungen Sie anbieten.
Die Sehnsucht nach mehr Individualität drückt sich auch im Wunsch nach den „kleinen Genüssen" des täglichen Lebens und der Erfüllung exklusiver Ideen aus. Der Verbraucher will sich selbst verwöhnen und hat sich das, wie er glaubt, durch Stress und Arbeitsalltag verdient. Feinkost, Designer-Kleidung und was sonst das Leben verschönt oder die Stimmung verbessert gehören dazu. Kaloriensünden am Wochenende werden durch bewusste Ernährung in der Arbeitswoche ausgeglichen. Profitieren Sie von diesem Trend mit individuellen Angeboten, die Ihren Kunden die Unterscheidung von ihren Mitmenschen und der Massengesellschaft ermöglichen. Aber Vorsicht: Auch Qualität und Preis spielen eine wichtige Rolle. Häufig spart der Verbraucher für den Exklusivkauf vorher durch Discountkonsum.

CHECKLISTE

**So ziehen Sie aus den wichtigen Trends sieben richtungsweisende Schlüsse für Ihr Unternehmen**

- Ich richte meine Angebote strategisch an den neuen Trends aus.
- Ich biete mit meiner Firma wirkliche Hilfen an, beispielsweise mit einem Service rund um die Uhr.
- Ich frage meine Kunden regelmäßig, was sie von meinem Unternehmen wünschen oder erwarten.
- Ich weise meine Kunden klar erkennbar auf die Neuheit meiner Angebote hin.
- Ich demonstriere mit meiner Firma Offenheit, Verantwortungsbewusstsein, persönlichen Service und Individualität.
- Mein Unternehmen spricht dieselbe Sprache wie meine Kunden.
- Ich werbe für meine Leistungen informativ und ehrlich.

## Welche Megatrends schon heute für Sie interessant sind

Beschäftigen Sie sich schon heute mit zehn globalen Entwicklungen, die Ihre geschäftlichen Entscheidungen beeinflussen sollten.

### Trend Eins – vom Nationalismus zur Globalisierung

Viele Unternehmen, die sich bisher nur auf ihren nationalen Märkten bewegten, finden ihren Platz nun auch in der blühenden globalen Wirtschaft. Sie nutzen die einmalige historische Chance des Abbaus von Zollschranken und gesetzlichen Hürden, wobei Freihandelsabkommen überall durch marktwirtschaftliche Reformen ersetzt werden. Stagnierende Inlandsmärkte führen zur Neuordnung der Wettbewerbslandschaft in allen Branchen. Dabei lässt sich die globale Wettbewerbsfähigkeit auf wenige Kernpunkte reduzieren: früh im Markt Fuß fassen, die nötige Flexibilität aufbringen, um schnell zu reagieren, wirksames Kostenmanagement betreiben und bewegliche anpassungsfähige Verteilungsnetze einrichten. Damit finden sich vermehrt Partnerschaften, bei denen sich etablierte kapitalkräftige Investoren mit kleinen innovativen Unternehmen verbinden. Aber Vorsicht: Je mehr die unterschiedlichen Kulturen zusammenfinden und die nationalen Grenzen aufgehoben werden, desto mehr wächst bei vielen Menschen auch das Bedürfnis, zu ihren Wurzeln zurückzukehren: etwa in Japan, wo mit dem wirtschaftlichen Abschwung auch die Vorliebe für internationale Küche, Reisen und Kulturen zurückgeht. Dieses neue kulturelle Bewusstsein nehmen amerikanische Produzenten bereits auf: Ihre Anzeigen erinnern beinahe an Zen, setzen ausschließlich japanische Begriffe ein und kommen nahezu ohne posierende Körper aus.

### Trend Zwei – vom Status quo zur Flexibilität

In zahlreichen Branchen beobachten Sie ein Denken in neuen Arbeitsstrukturen; so erhalten beispielsweise im medizinischen Bereich Krankenschwestern und Arzthelfer ein höheres Maß an Verantwortung. Dieser Trend ergibt sich schon aus der Notwendigkeit, Zeit zu sparen. Dementsprechend werden in den nächsten Jahren vor allem solche Produkte und Dienstleistungen erfolgreich sein, die es den Anwendern ermöglichen, mit weniger Zeit auszukommen. Solche Angebote sind beispielsweise neue Automaten, Chipkarten und Lesegeräte. Damit werden etwa Geldautomaten auch für die regionale Direktwerbung wie Warengutscheine und Werbebriefe interessant. Zusätzlich wird die Zahl der Dienstleistungen, die – sowohl elektronisch über die Datenautobahn als auch persönlich – ins Haus gebracht werden, stark zunehmen. Mini-Einkaufszentren, die zu Firmen und Veranstaltungen fahren, werden diesen Trend noch verstärken.

### Trend Drei – vom Stilbewusstsein zum Preisbewusstsein

Der neue Verbrauchertyp ist daran gewöhnt, sich rundum zu informieren und ständig auf Rabatte zu achten, ohne dabei die Qualität der Angebote aus den Augen zu verlieren. Damit ist die Zeit der jährlichen Preiserhöhungen, der hohen Gewinnaufschläge und der Herrschaft der Markenprodukte auch in Deutschland endgültig vorbei. „Preiswert“ ist ein Schlagwort mit hoher Anziehungskraft, das einen dauerhaften Umschwung im Verbraucherbewusstsein anzeigt. Findige Unternehmer entdecken laufend neue Möglichkeiten, um preisbewusste Kunden mit Gewinn anzuziehen.

### Trend Vier – von der Einheitlichkeit zur Vielfalt

Der Verbrauchergeschmack verlangt immer mehr Abwechslung, neue Stilrichtun-

gen, Technologien und Lifestyle-Angebote aus anderen Kulturen. Weitsichtige Unternehmer versuchen, die Mauern zwischen den einzelnen Geschlechtern, Altersgruppen, Rassen sowie sozialen und nationalen Zugehörigkeiten abzubauen. Insbesondere die kulturelle Verschiedenheit birgt blühende Geschäfte, etwa für Workshops, Berater und „multikulturelle Koordinatoren". Anzeichen für diesen wachsenden Trend zeigen sich beispielsweise in den Lehrplänen der Hochschulen mit Angeboten wie „Kulturelles Bewusstsein" oder „Interkulturelles Management".
Beachten Sie: Gerade dieser globale Trend wird sich dauerhaft durchsetzen und teilweise dramatisch auf alle Bereiche der Wirtschaft und der Unternehmensstrukturen auswirken.

### Trend Fünf – vom Verwaltungsstaat zum Unternehmerstaat

Die Regierungen der westlichen Industriestaaten stecken zwar in Liquiditätsschwierigkeiten, müssen jedoch für mehr Produktivität sorgen. Andererseits sind die Steuerzahler nicht bereit, immer höhere Steuern und Gebühren für öffentliche Dienstleistungen zu zahlen, die ihrer Meinung nach unsinnig oder übertrieben sind. Die Behörden beziehungsweise deren privatwirtschaftlich organisierte Nachfolger müssen zunehmend mit anderen privaten Unternehmen konkurrieren. Diese Entwicklung, die sich heute schon bei Kurier- und Paketdiensten sowie der kommunalen Entsorgungswirtschaft zeigt, wird bald noch zahlreiche weitere Märkte erfassen. Dieser Trend vom Behörden- zum Unternehmerstaat ist zwar nicht ganz neu, beschleunigt sich aber noch aufgrund der schwachen Konjunkturlage und neuer Technologien.

### Trend Sechs – von der Verwundbarkeit zum Selbstschutz

Wirkliche oder vermeintliche Bedrohungen dringen – insbesondere über die Medien – immer mehr ins öffentliche Bewusstsein vor und sorgen dafür, dass die Menschen sich verwundbarer fühlen und fest entschlossen sind, alles zu tun, um sich und ihre Interessen zu schützen. Vor allem die Angst vor Kriminalität erfasst jetzt auch bisher sichere Bereiche wie Familie, Haus, Auto und Arbeitsplatz. Daraus ergibt sich ein wachsender Trend zur „Festungsmentalität", deren Auswirkungen beispielsweise auf das Kaufverhalten, die Wohnort- und Urlaubszielwahl, die Investitionsbereitschaft und die Wünsche für den Ruhestand Sie kennen und nutzen sollten.

### Trend Sieben – von der Passivität zur Interaktion

Schon bald wird auch in Deutschland – wie jetzt bereits in den USA – ein Drittel aller Haushalte über Kabelfernsehen an ein interaktives Netz angeschlossen sein. Diese Interaktion bietet riesige unternehmerische Möglichkeiten als flexibles Marketinginstrument, mit dem Sie Spitzen-Umsatzergebnisse erzielen, Spontankäufe anregen und Verbraucheranalysen durchführen können, etwa durch den Einsatz völlig neuer Werbemittel wie „adressierbarer" Werbespots (die nur an interessierte Kunden geschickt werden), „smarter" Werbung (in jeder gewünschten Sprache) sowie von

Druckern, die auf Anforderung Coupons erstellen.

### Trend Acht – vom Wettbewerb zur Kooperation

In den nächsten Jahren wird die Zahl der Firmenfusionen, -kooperationen, -übernahmen, Joint-Ventures und strategischen Bündnisse immer neue Rekordmarken erreichen. Gerade kleine Unternehmen können sich dabei insbesondere auf lokalen Märkten behaupten, ihre Stärken nutzen und lukrative Marktnischen besetzen.

### Trend Neun – vom Massen- zum Mikromarketing

Mit dem Beginn des Informationszeitalters ging die kulturelle Solidarität zu Ende, jedoch überzeugen pauschale Aussagen über „die" Jugend, Frauen, Ausländer, Unternehmen und Organisationen immer weniger. Wachstumsorientierte Unternehmen ersetzen daher das Massenmarketing zunehmend durch Mikromarketing, um eine Nische innerhalb einer Nische zu finden. Beispiele: besondere Sportschuhe für jede Sportart, eigens produzierte Sonnenbrillengläser für jeden Zweck, vom Skifahren bis zum Autofahren. Die dynamischsten Mikromarktanbieter sind dabei diejenigen, die Märkte ausfindig machen und bedienen, die von den etablierten Unternehmen übersehen wurden.

### Trend Zehn – von der menschlichen Arbeitskraft zu noch mehr Automatisierung

Die Weiterentwicklung der Software ermöglicht immer schnellere Fortschritte in der Automatisierung. Insbesondere ist hier der Einsatz in schmutzigen, schwierigen und gefährlichen Bereichen, aber zunehmend auch bei den Dienstleistungen und im Haushalt, gefragt. Dabei werden zwar bestimmte Tätigkeiten wie Kassieren und Verwalten von Automaten vorgenommen, doch zeichnet sich ab, dass die Automatisierung den Menschen eher hilft als sie ersetzt.

*CHECKLISTE*

**So nutzen Sie mit sieben gezielten Aktionen die neuen globalen Trends für Ihr Unternehmen**

- Ich passe mein Angebot den sich wandelnden Marktanforderungen an.
- Ich entwickle Produkte und Leistungen, die den neuen Verbraucherwünschen und dem veränderten Konsumverhalten entsprechen.
- Ich sichere meine Planung durch Zahlen und Fakten ab – auch als vertrauensbildende Maßnahme für meine Geschäftspartner und Kreditgeber.
- Ich mache mir die günstigen Immobilienangebote in aufstrebenden Regionen zu Nutzen.
- Ich investiere möglichst in neue Industrien und Unternehmen, solange diese noch in der Startphase sind.
- Ich suche und entwickle Geschäftsbereiche, die auch in Jahren noch florieren werden.
- Ich denke auch über neue Geschäftsideen für meinen Ruhestand und als Zusatzeinkommen nach.

# Register

**Umgangsformen heute**
Von H.-G. Schnitzer, 275 S.,
ca. 120 Fotos, 17 Illustrationen,
gebunden
**ISBN:** 3-8068-**4876**-9
**Preis: DM 29,90**

Gute Umgangsformen, Takt und Hilfsbereitschaft sind nicht aus der Mode gekommen – ob bei Tisch oder am Arbeitsplatz, auf der Party oder beim Besuch der Schwiegermutter. Dieses nach Sachthemen gegliederte Handbuch versteht sich eher als Verhaltensempfehlung denn als „Benimm"-Vorschrift.

**ABC der modernen Umgangsformen**
Von I. Wolff, 222 S.,
132 zweifarbige Zeichnungen,
gebunden
**ISBN:** 3-8068-**4754**-1
**Preis: DM 29,90**

Umgangsformen – wir alle brauchen sie täglich. Aber wie das Leben, wandeln sich auch die Regeln des Zusammenlebens. Für alle, die eine klare und verlässliche Antwort auf die Frage „Was ist angebracht?" suchen, ist dieses Lexikon eine wertvolle Hilfe.

**Der gute Ton im Privatleben**
Von R. Bartels, 104 S.,
50 s/w-Zeichnungen, kartoniert
**ISBN:** 3-635-**60097**-0
**Preis: DM 12,90**

Die Spielregeln für den zwischenmenschlichen Umgang haben sich gewandelt, geblieben ist jedoch die Forderung, sich auch im Privatleben um rücksichtsvolles Verhalten zu bemühen. Dieser Ratgeber berät Sie in allen Fragen, die sich im modernen Miteinander ergeben.

**Business-Knigge von A bis Z**
Von I. Wolf, 152 S.,
zweifarbig, gebunden
**ISBN:** 3-8068-**4887**-4
**Preis: DM 39,90**

Von **A** wie Abendkleidung bis **Z** wie Zwischenbescheid – dieser Berufsknigge gibt zeitgemäße Empfehlungen für stilsicheres und korrektes Auftreten im Berufsleben. In 150 ausführlichen Stichwortartikeln kommt „der gute Ton" zu Wort; denn der spielt eine immer wichtigere Rolle für Karriere und Betriebsklima.

**Richtig auftreten im Beruf**
Von G. Teusen, 144 S.,
7 s/w Zeichnungen, kartoniert
**ISBN:** 3-8068-**1657**-3
**Preis: DM 19,90**

Eine gute Ausbildung, Selbstständigkeit und Selbstbewusstsein sind heute für die meisten berufstätigen Frauen zur Selbstverständlichkeit geworden. Unsicherheit herrscht hingegen häufig im Bereich der Umgangsformen. Woran soll frau sich orientieren? Dieser kompetente Knigge hilft und verrät, welche Verhaltensregeln zeitgemäß sind.

**Krawatten**
Von M. Adam, 48 S.,
vierfarbig, zahlreiche Fotos und
Zeichnungen, gebunden
**ISBN:** 3-8068-**1519**-4
**Preis: DM 14,90**

Ob dezent gemustert oder farbenfroh bedruckt – mit der Krawatte lässt sich individueller Stil demonstrieren. Für alle Männer, die ihrem textilen Halsschmuck den letzten Pfiff geben wollen, ist dieser attraktiv illustrierte Ratgeber eine verlässliche Hilfe.

FALKEN